Brandpunt aarde

Gabrielle Walker
en Sir David King

Brandpunt aarde

Hoe we de wereld kunnen redden zonder het licht uit te doen

Vertaald door Mirjam Westbroek

2008
Uitgeverij Contact
Amsterdam/Antwerpen

5 5 6
W A C K

© 2008 Gabrielle Walker en Sir David King
© 2008 Nederlandse vertaling door Mirjam Westbroek
Oorspronkelijke titel *The Hot Topic*
Omslagontwerp ViaVermeulen / Rick Vermeulen
Typografie Wim ten Brinke BNO
ISBN 978 90 254 2699 6
D/2008/0108/944
NUR 740
www.uitgeverijcontact.nl

Voor Rosa Malloy en Jane Lichtenstein

Inhoud

Voorwoord

De Noordpool van de planeet Aarde is een bijzondere plek, een groezelige cirkel bevroren oceaan omgord door de landmassa's van Siberië, Noord-Amerika en Europa. Zo nu en dan verschijnt er een scheur aan het oppervlak, waar het ijs uiteen is gereten door de wind en het water van de onderstroom. Maar voor het overgrote deel is de grijswitte façade hard als steen. Je kunt erop lopen en stampen, en er zelfs een vliegtuig op laten landen. Als je het noordpoolgebied met eigen ogen ziet, lijkt het verre van kwetsbaar; het oogt bewegingloos, stil en sterk, alsof het water voorgoed in steen is veranderd.

En toch hebben satellietfoto's nu overtuigend aangetoond wat wetenschappers al tientallen jaren vrezen: de Noordpool is aan het smelten. Elke zomer neemt het areaal aan zee-ijs weer iets af. Het verdwijnt onder de poten van de ijsberen vandaan. Als we dit proces geen halt toeroepen, zou het ijs, met ijsberen en al, aan het eind van deze eeuw weleens verdwenen kunnen zijn.

Het verhaal over de opwarming van de aarde heeft zich in de afgelopen paar jaar ontwikkeld van speculatie tot vermoeden tot een koud, hard feit. We weten nu zeker dat de temperatuur stijgt op ieder bewoond continent op aarde. Ieder jaar, ieder decennium wordt het een beetje warmer. Iets, of iemand, zet de verwarming hoger.

Moeten we daarvan wakker liggen? Tenslotte is het klimaat al zo vaak veranderd in de loop van de miljarden jaren dat onze planeet bestaat. Het geologische verleden heeft ijstijden, wereldwijde overstromingen en hittegolven gekend. Bovendien zijn er gedurende de gehele aardgeschiedenis winnaars en verliezers geweest:

sommige soorten zijn uitgestorven, andere zijn blijven bestaan en hebben zich vermenigvuldigd.

Maar dit keer is het anders. Als de huidige golf van veranderingen vrij spel krijgt, zullen niet alleen de ijsberen daaronder lijden. De menselijke beschaving is nooit eerder geconfronteerd geweest met een klimaat dat zo snel of zo onstuimig verandert. De dreiging is urgent geworden. In 2004 veroorzaakte een van ons (David King) grote consternatie door de klimaatverandering te omschrijven als 'het ernstigste probleem waarmee we te maken hebben, ernstiger nog dan de dreiging van het terrorisme'.[1] Sindsdien is de omvang van het probleem alleen maar duidelijker geworden.

Daarnaast heeft de hoeveelheid informatie vrijwel onbeheersbare proporties aangenomen. Boeken, kranten, radio, televisie – iedere dag zijn er weer nieuwe belangrijke feiten te melden. Het is bijna onmogelijk geworden te selecteren wat er werkelijk toe doet.

Te midden van deze kakofonie gaat er nog altijd een handvol stemmen op die volhouden dat er geen sprake is van opwarming, of dat de temperatuurstijging niet door mensen wordt veroorzaakt. Anderen zien overal rampen opdoemen en verliezen zich in de meest gruwelijke scenario's. 'Klimaatporno' worden die verhalen wel genoemd. Met geen van beide benaderingen zijn wij het eens. Er is wel degelijk sprake van een klimaatverandering en de mensheid is daar voor een groot deel verantwoordelijk voor. We geloven echter niet dat een ramp onvermijdelijk is. Een paar glimmende nieuwe milieuvriendelijk auto's zullen de mensheid niet redden, net zomin als collectief onze koppen in het zand steken. Maar als we snel ingrijpen en hard werken, hebben we nog voldoende tijd om de meest desastreuze aspecten van de klimaatveranderingen het hoofd te bieden.

In dit boek zullen we een weg zoeken door het oerwoud van informatie en desinformatie rond de opwarming van de aarde, waarbij we ieder punt zo duidelijk mogelijk toelichten. We hebben beiden een wetenschappelijke achtergrond en onze benadering is dan ook wetenschappelijk: we onderzoeken de relevante gegevens en kennen daarbij het meeste gewicht toe aan diepgaand onderzoek dat bekrachtigd is door collegiale toetsing.

Hoewel we samen gepokt en gemazeld zijn in de media en de politiek, zijn we activisten noch politici, en hebben we geen persoonlijke agenda. We zullen het fundamentele verhaal rond de opwarming van de aarde volledig ontrafelen: wat wij mensen hebben gedaan, hoe we het hebben gedaan, hoe we ons zullen moeten voorbereiden op de veranderingen die we niet meer kunnen tegenhouden en hoe we erger kunnen voorkomen. Het is ons streven alles over het broeikaseffect te vertellen wat je altijd al wilde weten maar nooit hebt durven vragen.

We zijn echter geen milieuactivisten, en dit boek gaat niet over algemene 'groene' kwesties. De meeste maatregelen ten behoeve van efficiency en afvalreductie dragen bij aan het gevecht tegen de opwarming van de aarde, al is het maar een beetje, maar dit boek is geen pleidooi voor het milieu in het algemeen. Het zet een zeer specifieke reeks oplossingen op een rijtje voor een zeer specifiek, zij het verstrekkend probleem.

We willen vooral aantonen dat het verhaal niet noodzakelijkerwijs slecht afloopt. De opwarming van de aarde is een ernstig probleem, misschien wel het ernstigste waar het menselijk ras als collectief ooit mee te maken heeft gehad, maar we kunnen er nog altijd iets aan doen. Dit is niet de tijd voor pessimisme of ontkenning. Het is een tijd voor constructief, besluitvaardig ingrijpen.

DEEL I

Het probleem

Voordat we bespreken hoe we ons uit de klimaatellende kunnen redden, moeten we het probleem eerst uiteenzetten. Rond het wetenschappelijk onderzoek naar klimaatveranderingen heersen extreme verwarring en desinformatie. Dat mag verrassend heten, aangezien het een van de weinige wetenschapsgebieden is waarop onderzoekers het vrijwel unaniem met elkaar eens zijn. De volgende hoofdstukken zijn gewijd aan de wetenschap van de opwarming van de aarde. Wat is er aan de hand? Hoe weten we wat de oorzaak is? Welke veranderingen zijn inmiddels onvermijdelijk en welke veranderingen kunnen we nog voorkomen?

1

Een warmere wereld

Klimaatveranderingen zijn niets nieuws. Onze planeet is rusteloos en zijn toestand blijft zelden lang stabiel. In het verre verleden zijn er tijden geweest waarin de hoeveelheid koolstofdioxide veel groter was dan tegenwoordig en Antarctica een tropisch paradijs was. Er zijn ook tijden geweest waarin het koolstofdioxidegehalte veel lager lag en zelfs de evenaar met ijs was bedekt.

De laatste 10.000 jaar, even lang als de menselijke beschaving oud is, is het klimaat op aarde echter ongebruikelijk evenwichtig. Wij mensen zijn gewend aan een wereld waarin de dingen zijn zoals ze min of meer zullen blijven, althans wat temperatuur betreft. Met andere woorden, we hebben geluk gehad.

Nu is ons gelijkmatige, betrouwbare klimaat aan het veranderen en dit keer ligt de schuld niet bij de natuur. Maar hoe weten we zo zeker dat de wereld warmer wordt en hoe kunnen we vaststellen wie of wat de boosdoener is?

Het wordt ons heet onder de voeten

Als je probeert te meten of de temperatuur op aarde stijgt, is het grootste probleem welk signaal je uit de 'achtergrondruis' moet pikken. Zelfs in onze relatief stabiele tijden zijn de temperaturen van dag tot dag, van seizoen tot seizoen, van jaar tot jaar en van plek tot plek aan schommelingen onderhevig. Als je zeker wilt weten dat de onderliggende trend verandert, moet je op vele verschillende plaatsen overal ter wereld precieze metingen doen, en dat gedurende een zeer lange tijd.

Er bestaan temperatuuroverzichten over langere periodes,

dankzij personen die hoopten dat iemand er ooit profijt van zou hebben. Het oudste overzicht ter wereld is de Central England Temperature Record, een eerbetoon aan het obsessieve verzamelen van gegevens waar zeventiende-eeuwse Britse natuurwetenschappers bekend om stonden. De gegevens zijn afkomstig uit een driehoekig gebied tussen Londen, Bristol en Lancashire, en lopen terug tot 1659. Dit indrukwekkende archief geeft duidelijke indicaties van een temperatuurstijging, vooral tegen het eind van de twintigste eeuw.

Het overzicht beslaat echter slechts een klein deel van de aardbol. Veranderingen in Engeland zeggen niet noodzakelijkerwijs iets over veranderingen in de Verenigde Staten of in Brazilië. Bovendien gaan de gegevens niet ver genoeg terug in de tijd om aan te geven hoe ongebruikelijk onze huidige hoge temperaturen nu eigenlijk zijn. Hoe verhouden ze zich bijvoorbeeld tot de duidelijk warmere periode in de middeleeuwen, toen de Vikingen zich vestigden in een lommerrijk, aangenaam 'Groenland' en er wijngaarden waren in het noorden van Engeland? Of tot de zogenoemde Kleine IJstijd halverwege het afgelopen millennium, toen de rivier de Theems in Londen zo dichtbevroren was dat er ijsfeesten op het solide wateroppervlak gehouden werden?

Op zoek naar een antwoord op deze vragen hebben onderzoekers ingenieuze methoden bedacht waarmee ze de gegevens geografisch kunnen uitbreiden en verder terug kunnen laten lopen in de tijd. Sommigen hebben geprobeerd geschreven archieven te interpreteren die geen daadwerkelijke temperaturen vermelden,[1] maar de beste benadering is het bestuderen van de data die door de natuur zijn opgetekend in plaats van door de mens.

Ieder jaar groeit er rond de gemiddelde boom één nieuwe houtring. In een goed jaar is die ring dikker, in een slecht jaar dunner.[2] Onderzoekers boren een klein gat in de flank van de boom met een diameter ongeveer ter grootte van de kurk van een wijnfles; daar verwijderen ze het hout, en dan gaan ze tellen en meten. Door monsters te nemen van bomen van verschillende leeftijden, en zelfs van bomen die al lang dood zijn, maar bewaard zijn gebleven in veenpoelen, hebben ze een temperatuuroverzicht geconstrueerd over meer dan duizend jaar van gebieden in het noorden van Europa, Rusland en Noord-Amerika.

Voor meer tropische gebieden is een vergelijkbare rol weggelegd voor koralen, omdat die net als bomen elk jaar een nieuwe ring ontwikkelen. En ook in het ijs in het bevroren noorden en zuiden (en op de besneeuwde toppen van tropische bergen) is een overzicht opgeslagen van het klimaat uit het verleden. Ieder jaar valt er verse sneeuw over de sneeuw van het voorgaande jaar. Als de temperatuur laag genoeg is, blijft de sneeuw lang genoeg liggen om tot ijs samengedrukt te worden. Daar de sneeuwkristallen 's zomers groter zijn dan 's winters en omdat de wind in de winter meer stof meeneemt, ontstaan er duidelijke jaarlagen. De hoeveelheid gevallen sneeuw, en vooral veranderingen in de zuurstofatomen die in het ijs zijn opgeslagen,[3] geven een indicatie van hoe warm het was toen de sneeuw viel.

Een andere ingang zijn veranderingen in het plantenleven, zoals die terug te vinden zijn in de modder op de bodem van meren. Al naar gelang temperatuurstijgingen en -dalingen komen er verschillende planten tot bloei, die elk hun pollen afgeven aan de wind. Een deel van die pollen landt op het oppervlak van nabijgelegen meren en zakt dan langzaam weg in de modder op de bodem. Als je een gat in die modder boort en de pollen uit de verschillende lagen verzamelt en analyseert, krijg je ook weer een overzicht van temperatuurveranderingen door de tijd.

Onderzoekers hebben inmiddels een grote verscheidenheid aan methoden ontwikkeld om al deze verschillende metingen te analyseren en samen te voegen, en allemaal komen ze tot opmerkelijk gelijkluidende conclusies over de temperaturen in de afgelopen 1000 jaar.[4] De elfde eeuw was inderdaad relatief warm, geheel in overeenstemming met het Middeleeuws Klimaatoptimum. (Het 'lommerrijke' Groenland bleek meer een pr-stunt dan de werkelijkheid. IJskernen uit het hart van de Groenlandse ijskap wijzen uit dat een substantieel deel van het ijs er al hon-

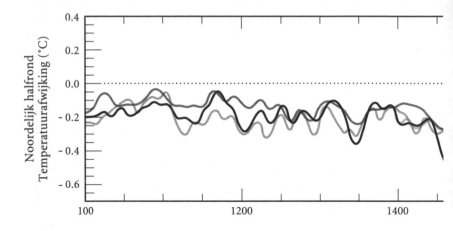

Temperatuursveranderingen op het noordelijk halfrond in °C voor de afgelopen 1000 jaar, in relatie tot de gemiddelde waarde van 1961-'90. De verschillende lijnen weerspiegelen gegevens uit verschillende bronnen en verkregen door verschillende methodes, maar alle-

derdduizenden jaren ligt. De Vikingen die voor de hype vielen, moeten bij aankomst een onaangename schok hebben gekregen.)

Conform de Kleine IJstijd was de temperatuur in de zeventiende eeuw inderdaad lager, net als in de negentiende eeuw. Naar het zich laat aanzien, waren deze warme en koele periodes vrij wijd verspreid, zij het dat ze waarschijnlijk minder opvallend waren op het zuidelijk halfrond.[5]

Pas in de twintigste eeuw schoten de temperaturen echter flink omhoog. De opwarming was niet geleidelijk, maar kende twee uitbarstingen – en dat blijkt van groot belang. De eerste vond plaats aan het begin van de twintigste eeuw en liet zich duidelijk voelen. In 1939 schreef het tijdschrift *Time*: 'Al die oude mannetjes die beweren dat toen zij nog klein waren de winters strenger waren, hebben helemaal gelijk [...] Weerdeskundigen twijfelen er niet aan dat de wereld op dit moment warmer wordt.'[6] In de daaropvolgende decennia daalde de temperatuur echter weer

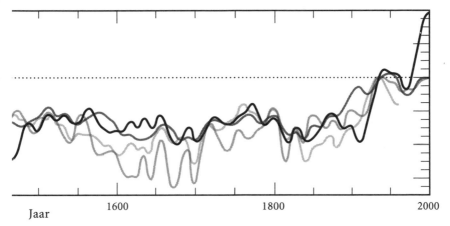

Jaar

maal laten ze een spectaculaire temperatuurstijging zien in de afgelopen decennia. (Bron: P. D. Jones, T.J. Osborn en K.R. Briffa, 'The Evolution of Climate over the last Millennium', *Science* vol. 292 (5517; 27 april 2001), pp. 662-7.

licht, in elk geval op het noordelijk halfrond, en de publieke belangstelling vervloog.

De tweede uitbarsting begon in de jaren zeventig van de vorige eeuw en heeft sindsdien een hoge vlucht genomen. De temperaturen die we tegenwoordig ervaren, zijn hoger dan ze het afgelopen millennium ooit zijn geweest. Zelfs tijdens het Middeleeuws Klimaatoptimum was het koeler dan tegenwoordig.[7]

Laten we hier eens wat cijfers aan toevoegen: wereldwijd stegen de temperaturen tussen 1910 en 1950 met gemiddeld ongeveer 0,35 °C. Daarna vond er een verkoeling van ongeveer 0,1 °C plaats, en sinds 1970 is de wereld nog eens 0,55 °C warmer geworden.[8] Deze getallen klinken misschien niet indrukwekkend, maar ze zijn desalniettemin van groot belang. Hoewel de temperatuur in je woonplaats binnen een paar uur of een paar dagen aanzienlijk sterker kan fluctueren, is het veel zorgelijker wanneer de jaargemiddelden wereldwijd onverbiddelijk een opwaartse trend

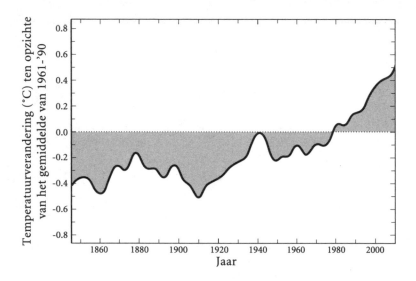

Temperatuurveranderingen van de afgelopen 150 jaar in °C, ten opzichte van het gemiddelde van 1961-'90. (Bron: ipcc)

laten zien. Door op deze manier gemiddelden te berekenen, worden kortetermijnschommelingen gladgestreken en kunnen we zien wat er werkelijk gaande is. Dat is de reden dat een kleine verandering in de gemiddelde mondiale temperatuur een enorme verschuiving in het klimaat kan weerspiegelen. In mondiale gemiddelden gesproken zijn we slechts een paar graden Celsius verwijderd van de steenkoude wereld van de laatste ijstijd.[9]

Hoewel de zogenoemde *proxy records* van boomringen, ijskernen en dergelijke een goede indicatie geven van de gemiddelde temperatuur op een tijdschaal van een aantal decennia, zijn ze niet zo secuur wat betreft de temperatuur voor afzonderlijke jaren. Dus hoewel we kunnen stellen dat de temperatuur momenteel hoger is dan in de afgelopen 1000 jaar het geval is geweest, is het veel moeilijker vast te stellen hoe 2005 zich verhoudt tot bijvoorbeeld 1105. Voor een dergelijke precisie heb je een door mensen bijgehouden archief nodig. Goede uitgebreide gegevens zijn

HET PROBLEEM

beschikbaar sinds ongeveer 1850 en zodoende kunnen we de laatste paar jaar in het perspectief plaatsen van de afgelopen 160 jaar of daaromtrent. Andermaal is de boodschap grimmig. De warmste jaren ooit gemeten zijn 1998 en 2005. Ze ontlopen elkaar nauwelijks en men is het er niet over eens welk van de twee met recht het warmste genoemd mag worden. De jaren 2002, 2003 en 2004 komen respectievelijk op de derde, vierde en vijfde plaats. Feitelijk staan maar liefst elf van de afgelopen twaalf jaar in de toptwaalf geregistreerd.[10]

(Recentelijk ontstond er een enorme consternatie naar aanleiding van het nieuws dat uit een aanpassing van NASA-gegevens bleek dat het in 1934 in de Verenigde Staten, het jaar van de rampzalige stofstormen in Oklahoma, net iets warmer was dan in 1998. Terwijl sceptici beweren dat dit het onderzoek naar de opwarming van de aarde onderuithaalt, is daar in werkelijkheid geen sprake van. Dat er tussen deze twee jaren in het overzicht van lokale Amerikaanse temperaturen slechts een paar honderdste graden verschil bestaat, was al langer bekend, maar wereldwijd bekeken zijn 1998 en 2005 nog altijd de recordhouders. Regionale gegevens kunnen interessant zijn, maar ze zeggen niets over het mondiale verhaal.)

Het Intergovernmental Panel on Climate Change (IPCC) is een internationale organisatie van toonaangevende klimaatwetenschappers en regeringsadviseurs uit de gehele wereld. In 2007 kreeg het de Nobelprijs voor de vrede op grond van zijn onderzoek naar de oorzaken van de opwarming van de aarde. Aangezien de rapporten van het IPCC gebaseerd dienen te zijn op consensus onder de talrijke deelnemers, heeft het een conservatieve reputatie. Het wordt ook wijd en zijd erkend als de onbetwiste wetenschappelijke autoriteit op het gebied van de klimaatverandering.

Het laatste rapport van het IPCC, uit 2007, noemt de opwarming van de afgelopen decennia 'onmiskenbaar'.[11] Er is niet langer ruimte voor twijfel. De wereld wordt inderdaad warmer. Wat we nu te weten moeten komen is waarom.

Mensen die in kassen wonen

De hoofdverdachte van de opwarming is natuurlijk het beruchte 'broeikaseffect'. Aan dit verschijnsel danken wij het vermogen het klimaat te beïnvloeden; als het niet zou bestaan, zouden we zoveel brandstof kunnen verbruiken als we willen zonder dat de planeet daar iets aan zou overhouden. Om die reden krijgt het broeikaseffect vaak de rol van 'slechterik' toebedeeld. Verrassend genoeg is het op zichzelf juist een uiterst positief fenomeen.

Als het broeikaseffect niet zou bestaan, zou de aarde totaal bevroren zijn.

Als je naar Mars en Venus kijkt, onze naaste planetaire buren, krijg je gemakkelijk de indruk dat onze planeet het beste plekje heeft in het zonnestelsel. Venus staat dichter bij de zon dan wij en is zo heet dat lood zou smelten op het oppervlak; Mars staat verder van de zon en 's winters is het daar zo koud dat staal er zou stukvriezen. Daartussenin heeft de aarde met al zijn leven het ogenschijnlijk perfect getroffen.

Dat is echter niet helemaal juist. In feite bevinden we ons iets te ver van de zon om het aangenaam te hebben. Als we alleen naar onze locatie kijken, zou de aarde eigenlijk totaal bevroren moeten zijn. Dit werd al in 1827 ontdekt door de Franse onderzoeker Joseph Fourier, toen hij besloot de energiebalans van de aarde op te maken.

Het algemene verwarmingssysteem van onze planeet zou vrij eenvoudig moeten zijn: we krijgen energie van de zon, in de vorm van zonlicht. De aarde neemt dit zonlicht op, gloeit van warmte en straalt op zijn beurt weer licht uit, en wel in een vorm die zo ver van het rode eind van de regenboog vandaan ligt, dat het met het blote oog niet zichtbaar is en daarom 'infrarood' wordt genoemd. (Alle warme lichamen geven deze onzichtbare infrarode gloed af, inclusief mensen. Nachtkijkers stemmen hierop af, net als hittezoekende projectielen.)

Fourier ging ervan uit dat het infrarode licht van de onzichtbaar gloeiende aarde weer naar de ruimte stroomde. Zo zouden de inkomende en de uitgaande energie in balans blijven, en de gemiddelde mondiale temperatuur zich handhaven op een comfortabele vaste waarde van iets meer dan 15 °C. Maar toen hij uitrekende hoeveel warmte-energie er vanaf de zon binnenkomt en hoeveel er weer aan infrarode straling vertrekt, was hij met stomheid geslagen: de gemiddelde mondiale temperatuur zou *minus* 15 °C moeten zijn. Met andere woorden, onze planeet zou volledig bevroren moeten zijn. Fourier besefte ook dat de infrarode straling 's nachts gewoon de ruimte in blijft stromen, terwijl het zonlicht dan tijdelijk geblokkeerd is. Hierdoor zou het aardoppervlak nog verder moeten afkoelen en zouden er ook veel grotere temperatuurverschillen tussen dag en nacht moeten bestaan dan nu het geval is.

Er bestaat dus onmiskenbaar iets wat ons warmer houdt dan we verdienen. Fourier besefte dat de atmosfeer de sleutel is. Hij wist echter niet welk deel van de lucht als een warme deken fungeert. Dit ontbrekende puzzelstukje werd ontdekt door de flamboyante Ier John Tyndall van het Royal Institution in Londen. Wanneer Tyndall niet boven in het gebouw bezig was zijn publiek van dichters en politici te imponeren met hoogst onderhoudende lezingen over wetenschap, zat hij beneden in de kelder te prutsen aan experimenten met de aard van de atmosfeer. Hij was gefascineerd door Fouriers berekeningen en vroeg zich af of iets een gedeelte van de onzichtbare infrarode gloed blokkeerde, zodat het niet in de ruimte kon verdwijnen.

Om daarachter te komen knutselde Tyndall in een buis een kunstmatige hemel en liet daar infrarood licht doorheen stralen. Hij wilde dat zijn hemel zo schoon mogelijk was, dus verwijderde hij alle 'onzuiverheden' uit de lucht. Wat overbleef waren de twee gassen die samen meer dan 99 procent van onze atmosfeer vormen: zuurstof en stikstof. Tot zijn stomme verbazing bleek het infrarode licht echter ongehinderd aan de lucht te ontsnappen. Met andere woorden, de gassen die het overgrote deel van onze atmosfeer uitmaken, stikstof en zuurstof, hebben geen enkele invloed op de temperatuur.

In een enigszins wanhopige opwelling vermengde Tyndall zijn lucht weer met een aantal 'onzuiverheden'. Hij voegde wat methaan toe, een beetje waterdamp en een ietsje koolstofdioxide, stoffen die slechts in minuscule hoeveelheden in de werkelijke atmosfeer voorkomen. En plotseling veranderde alles. Ten opzichte van het infrarood werd Tyndalls kunstmatige hemel plotseling zwart. Het waren de zogenoemde onzuiverheden die het infrarood vasthielden en in elk geval een gedeelte ervan beletten in de ruimte te verdwijnen.

Tyndall en Fournier hadden ontdekt wat we nu het broeikaseffect noemen. Waterdamp, koolstofdioxide, methaan en de andere zogenoemde 'broeikasgassen' hebben een speciaal vermogen gemeen waarover de meer overvloedige zuurstof en stikstof niet beschikken. Ze functioneren min of meer als de glazen ramen van een kas, die zonlicht toelaten om de lucht in de kas op te warmen en tegelijkertijd verhinderen dat die warme lucht weer ontsnapt. Het verschil is dat de broeikasgassen de lucht zelf niet tegenhouden. Ze werken eerder als een eenzijdige spiegel en laten zonlicht toe in de atmosfeer om het aardoppervlak te verwarmen, maar houden dan iets van de uitstralende warmte vast die anders weer in de ruimte zou ontsnappen.

Die ontdekking leert ons twee belangrijke dingen:

Ten eerste is een licht broeikaseffect een uiterst positief gegeven. Zonder interventie van broeikasgassen zou onze planeet bevroren en levenloos zijn. Of, om de meer poëtische Tyndall te citeren: 'De warmte van onze velden en tuinen zou zichzelf zomaar in de ruimte verliezen, en de zon zou opgaan boven een eiland in de grimmige greep van de vrieskou.'

Ten tweede kan een beetje broeikasgas grote gevolgen hebben. Kijk uit voor mensen die beweren dat broeikasgassen geen invloed kunnen uitoefenen op de temperatuur op aarde omdat ze maar zo'n klein deel van de atmosfeer uitmaken. Ze zijn inderdaad schaars in vergelijking met zuurstof en stikstof, maar dat is niet relevant. Dankzij hun vermogen infrarode straling vast te houden kan een vleugje broeikasgas de temperatuur van de gehele atmosfeer beïnvloeden, net zoals een paar druppels inkt de kleur van een bad vol water veranderen.

De werkelijke atmosfeer bevat een scala aan broeikasgassen,[12] maar de belangrijkste zijn de toch de gassen die door Tyndall werden getest: water, methaan en koolstofdioxide. Van die drie heeft water in gasvorm verreweg het grootste effect op de temperatuur van de lucht. Dat komt vooral doordat het in vergelijking met de andere broeikasgassen zo overvloedig aanwezig is. Het waterdampgehalte kan variëren van een fractie van een procent tot een aantal procenten van de lucht, afhankelijk van de regio, het seizoen en het uur van de dag.[13]

Wat betreft het vermogen het klimaat te veranderen laten koolstofdioxide en methaan (en tot op zekere hoogte die paar andere, schaarsere broeikasgassen) zich echter ook duidelijk gelden. De lucht bestaat voor slechts 0,04 procent uit koolstofdioxide en het percentage methaan ligt nog lager. In de opwarming van de aarde leggen ze echter onevenredig gewicht in de schaal, en wel om twee belangrijke redenen.

Ten eerste is er al zoveel waterdamp in de atmosfeer dat menselijke activiteit nauwelijks invloed heeft op het totaal; het is alsof je een paar emmers water naar zee draagt. Maar omdat er relatief weinig koolstofdioxide en methaan is, hoef je niet zoveel toe te voegen om een enorm proportioneel verschil te creëren. Dat is meer alsof je een paar emmers water aan een bad toevoegt. Zodoende is de mensheid er al bijna in geslaagd de hoeveelheid broeikasgassen in de lucht te verdubbelen.

Ten tweede hebben deze broeikasgassen, doordat ze zelf extra warmte vasthouden, ook een indirect effect op de hoeveelheid waterdamp in de lucht. Warmere lucht kan meer water opnemen en warmere meren, rivieren en zeeën verdampen gemakkelijker. De som van deze twee effecten is dat als je de lucht een beetje verhit door extra koolstofdioxide toe te voegen, die lucht ook veel meer waterdamp opneemt. Dit nieuwe water gedraagt zich ook weer als een broeikasgas en warmt de lucht nog verder op, zodat het uiteindelijke effect ongeveer twee keer zo groot is als dat van de broeikasgassen op zichzelf. Wetenschappers noemen dit positieve feedback – niet omdat het goed zou zijn, maar omdat het oorspronkelijke effect versterkt wordt.[14]

Als je dus de hoeveelheid broeikasgassen in de lucht verandert, kun je verwachten dat de temperatuur stijgt. En dat is nu precies wat we de afgelopen paar honderd jaar gedaan hebben. Sinds mensen kolen op het vuur zijn gaan gooien en met stoommachines aan de slag zijn gegaan, is de hoeveelheid koolstofdioxide toegenomen. De ontdekking van olie en aardgas hebben het proces versneld. Ieder gasfornuis, iedere boiler, iedere tank benzine en iedere energiecentrale die draait op kolen, gas of olie, heeft een beetje koolstofdioxide aan de lucht toegevoegd. Olie, kolen en aardgas zijn de drie boze heksen in het verhaal van de klimaatverandering, omdat ze elk een grote hoeveelheid koolstof bevatten.[15]

Hoe zijn de broeikasgassen aan het veranderen?

Koolstof is een wonderbaarlijk element, een ongeëvenaard netwerker die met zo ongeveer alles een chemische binding tot stand kan brengen. Vanwege die extreme flexibiliteit is koolstof de fundamentele bouwsteen voor al het leven op aarde. Deze vormt de basis van koolhydraten, proteïnen en vetten, tot bladeren, hout, botten, huid en haar.

Een consequentie daarvan is dat je bij het verbranden van iets wat ooit geleefd heeft de opgeslagen koolstof vrijmaakt, meestal in de vorm van koolstofdioxide.[16] Dat is precies wat er gebeurt wanneer je olie, kolen en aardgas verbrandt. Deze drie worden ook wel 'fossiele brandstoffen' genoemd, omdat het letterlijk de fossiele resten zijn van dieren en planten die miljoenen jaren geleden geleefd hebben en die tot aan het begin van de Industriële Revolutie rond 1850 veilig onder de grond begraven lagen.

Voor het maken van kolen heb je bomen, moerassen en heel veel tijd nodig. Het grootste deel van de zwarte kolen op aarde is tussen 360 en 290 miljoen jaar geleden ontstaan in een periode die met recht bekendstaat als het Carboon. Het was de tijd waarin insecten waanzinnige, horrorfilmachtige proporties aannamen: twee meter lange duizendpoten, spinnen en libelles met een doorsnede van een meter en zelfs kakkerlakken konden wel dertig centimeter groot worden. De kolen zelf ontstond uit de lichamen van de machtige bomen die groeiden in de moerassen waarmee de aarde in het Carboon was bedekt.[17] Wanneer zo'n boom omviel, zorgde het stilstaande moeras dat hij niet ging rotten. In plaats daarvan werd hij geleidelijk samengedrukt, uitgedroogd en verwarmd tot de kolen die we nu verbranden.

Het maken van ruwe olie is een delicater proces. Olie is, veelal ook in het Carboon, ontstaan uit de dode lichaampjes van kleine zeebeestjes, maar daarvoor moesten die lichaampjes opgevangen, bewaard en verwarmd worden bij precies de juiste temperatuur en druk. Dat is de reden dat er veel minder olie gevonden wordt dan kolen. Als er tijdens het bereidingsproces iets misging, veranderde de olie in methaan, dat we kennen als aardgas. In vrijwel alle oliereservoirs is wel wat methaan te vinden, maar methaan wordt vaak ook op zichzelf aangetroffen.

Aangezien deze drie fossiele brandstoffen ooit levend waren, bestaan ze uit koolstof in verschillende vormen en komt er bij het verbranden koolstofdioxide vrij.

Het is van belang hier iets dieper in te gaan op het natuurlijk evenwicht van koolstofdioxide. De verbranding van resten van levensvormen is niet de enige manier waarop koolstofdioxide in de lucht komt. Wanneer wij en de meeste andere levende wezens ademhalen, 'verbranden' we ons voedsel om energie te produceren (dat is een van de redenen dat we spreken over het verbranden van calorieën). En omdat ons voedsel ooit levend is geweest, komt er als bijproduct koolstofdioxide vrij. Het koolstofdioxide dat wij dieren uitademen, wordt opgenomen door planten, die het gebruiken als bouwstof voor hun eigen lichamen. Daarmee voorzien ze ons van voedsel en is de cirkel rond. Op deze manier circuleren er iedere dag op een volstrekt natuurlijke manier enorme hoeveelheden CO_2 in de atmosfeer. Bovendien brengt ook de verbranding van hout, gewassen en andere dingen die ooit levend zijn geweest koolstofdioxide in de lucht. Waarom dan al die aandacht voor fossiele brandstoffen?

De reden dat fossiele brandstoffen zo'n belangrijke rol spelen in het klimaatverhaal, is dat er koolstof verbrand wordt die honderden miljoenen jaren begraven is geweest. De koolstof in hout zat daarentegen relatief kort geleden nog in de lucht, voordat de boom deze opzoog en omzette in stam en takken. Wanneer je hout verbrandt, maak je diezelfde koolstofdioxide weer vrij. Op de lange termijn verandert er niets.

Op dezelfde manier stoot je bij het ademen koolstofdioxide uit dat hoogstwaarschijnlijk pas een à twee jaar eerder was opgeslagen bij het totstandkomen van je voedsel. Opnieuw staat de balans op nul.[18]

Maar wanneer je iets verbrandt wat honderden miljoenen jaren in de grond heeft gezeten en dus al die tijd uit de lucht is gebleven, is de situatie heel anders. Door fossiele brandstoffen te verbranden spreken we een diep, oud reservoir aan dat lange tijd afgesloten is geweest, en daarmee veroorzaken we ingrijpende veranderingen in de samenstelling van de lucht.

Is dat nu echt belangrijk? Zoals we in het voorwoord al hebben aangestipt, zijn er tenslotte tijden geweest waarin het koolstofdioxidegehalte vele, vele malen hoger lag dan tegenwoordig. Het probleem is dat die tijden onvoorstelbaar ver achter ons liggen; het was lang voordat er in de natuur ook maar de geringste sprake was van mensen.

We weten dit omdat we dankzij een verbluffend staaltje wetenschappelijke inventiviteit daadwerkelijk over brokjes oude lucht beschikken die we kunnen bestuderen. Die brokjes zijn afkomstig uit Antarctica. Omdat het daar het gehele jaar vriest, ligt er nog sneeuw van honderdduizenden jaren geleden. Die sneeuw (die in de loop der tijden tot ijs is samengedrukt) ligt begraven onder latere lagen; je zult dus diep moeten graven voordat je hem vindt. En dat is precies wat wetenschappers van het onderzoeksstation Vostok in Rusland hebben gedaan: ze hebben een boormonster genomen waarvan het ijs ongeveer 400.000 jaar oud is.

Een later boormonster van een Frans-Italiaanse onderzoeksbasis op Dome C leverde ijs op dat nog ouder is, ongeveer 800.000 jaar.[19] In dit oeroude ijs zitten minuscule luchtbelletjes die opgeslagen werden toen de sneeuw viel.

Wetenschappers hebben die belletjes geanalyseerd om te kijken hoeveel koolstofdioxide en methaan ze bevatten. De resultaten geven aan dat het koolstofdioxidegehalte in de lucht over langere periodes een natuurlijke stijging en daling vertoont: tijdens ijstijden is het koolstofdioxide gewoonlijk aan de lage kant en in warmere tijden stijgt het. Er is echter in de afgelopen 650.000 jaar geen moment geweest waarop het koolstofdioxidegehalte ook maar in de buurt kwam van het huidige niveau.[20]

Dat het koolstofdioxidegehalte recentelijk zorgwekkende proporties heeft aangenomen, weten we dankzij de enorme volharding van de Amerikaanse onderzoeker Charles David Keeling. In de jaren vijftig van de vorige eeuw besloot Keeling uit te zoeken hoe het koolstofdioxide in de atmosfeer veranderde. Hij koos een plek op Hawaï, ver van industriële bronnen die zijn resultaten zouden kunnen vertroebelen, en begon metingen te doen. In die tijd kostte het hem de grootste moeite geldschieters te overtuigen van het belang van het onderzoek, maar het lukte en zijn 'Keelingcurve' is een icoon geworden van het hele verhaal rond de opwarming van de aarde.[21]

Dat komt doordat de curve maar blijft stijgen. Naarmate de eeuw voortschreed en we meer fossiele brandstoffen verbrandden, klom Keelings kooldioxidecurve als een kwaadaardige slang omhoog.

Laten we nog eens wat cijfers geven. Omdat er überhaupt weinig koolstofdioxide in de atmosfeer zit, werken percentages nogal onhandig. In plaats daarvan gebruiken wetenschappers *parts per million*, of ppm, voor koolstofdioxide en andere gassen die slechts in geringe mate in de lucht aanwezig zijn. Een ppm is 0,0001 procent.

Tijdens ijstijden is het koolstofdioxidegehalte niet hoger dan 180-190 ppm. In de tussenliggende warmere periodes (waartoe ook ons klimaat behoort) stijgt het koolstofdioxide in het algemeen tot rond de 290. Vanaf het koudste punt van de laatste ijstijd, ongeveer 20.000 jaar geleden, tot 1900 bleef het niveau binnen een gezonde marge van 260 tot 290 ppm.[22]

In de loop van de Keelingcurve is het gehalte echter omhooggeschoten tot ongeveer 380 ppm in 2007. De aardatmosfeer kent nu een koolstofdioxidegehalte dat bijna 40 procent hoger ligt dan 'natuurlijke' pre-industriële waarden en dat nog altijd met 2 tot 3 ppm per jaar stijgt.

Bovendien is het niveau van de andere broeikasgassen gestegen, waaronder methaan. In het geval van methaan zijn de oorzaken van die stijging iets ingewikkelder – die wordt veroorzaakt door de toename van het areaal aan rijstvelden, door gas dat ontsnapt bij olieboringen en zelfs door boerende koeien.[23] Daarnaast hebben we nu te maken met kunstmatige chemicaliën, de zogenoemde 'CFK's', die bijna de ozonlaag hebben verwoest en ook nog eens uitstekende broeikasgassen zijn. Als we al die gegevens bij elkaar optellen en uitrekenen hoeveel ze bijdragen aan het koolstofdioxide-effect, komen we uit op een 'koolstofdioxide-equivalent'(CO_2eq) van ongeveer 430 ppm. Met andere woorden, we hebben effectief ongeveer 60 procent toegevoegd aan de broeikasgassen die er al waren en dat wordt alleen maar meer.

We weten, kortom, dat de wereld warmer wordt. Het natuurkundige proces dat ontdekt werd door John Tyndall wijst uit dat koolstofdioxide een broeikasgas is dat de aarde opwarmt. Ook ijskernen geven aan dat de temperatuur stijgt bij een toename van koolstofdioxide. En het koolstofdioxidegehalte is nu hoger dan het in honderdduizenden jaren is geweest. Wanneer je zoekt naar een verklaring voor de recente opwarming van de aarde, dan zijn koolstofdioxide en de andere broeikasgassen overduidelijk de meest waarschijnlijke boosdoeners.

Maar zijn ze er ook echt verantwoordelijk voor?

2

Wie is de schuldige?

Op grond van de redenen die we in hoofdstuk 1 behandeld hebben, is het broeikaseffect verdachte nummer één in de opwarming van het klimaat. Maar er bestaan ook andere, volstrekt natuurlijke manieren waarop het klimaat kan veranderen. Hoe weten we dat de recente opwarming niet gewoon deel uitmaakt van een normale cyclus?

Als we daar duidelijkheid over willen krijgen, is het bestuderen van de kenmerken van de opwarming de aangewezen weg, een speurtocht naar de vingerafdruk die uitwijst welk mechanisme verantwoordelijk is. Sommige opwarmingsmechanismen werken bijvoorbeeld op een zeer groot geografisch gebied, terwijl andere meer regionaal georiënteerd zijn. En sommige verwarmen de atmosfeer op ieder niveau, terwijl andere dat alleen dichter bij de grond doen. Door te kijken welke mogelijke mechanismen zich in de 'juiste' richting hebben ontwikkeld en dan op grond van dit soort argumenten een keuze te maken, zijn wetenschappers tot een betrouwbare identificatie van de boosdoener gekomen.

Zoals we in hoofdstuk 1 hebben gezien, wordt de temperatuur op aarde bepaald door het evenwicht tussen de hoeveelheid binnenkomend zonlicht en de warme infrarode gloed die weer terugstraalt naar de ruimte. In principe zijn er derhalve vier mogelijke manieren om de verwarming op te draaien:

1 **Een stijging van de hoeveelheid zonlicht**
De hoeveelheid zonlicht is inderdaad niet altijd gelijk. Ongeveer iedere elf jaar vinden er op onze moederster energie-uitbarstingen plaats, gevolgd door matte periodes, en ook de kracht en de

lengte van die cyclus is aan veranderingen onderhevig. Tijdens het zogenoemde Maunderminimum bijvoorbeeld, dat liep van ongeveer 1645 tot 1715, waren er veel minder zonnevlekken dan gebruikelijk, en dit viel samen met de koudste periode van de Kleine IJstijd. Ook was de zon aan het begin van de twintigste eeuw iets actiever, wat hoogstwaarschijnlijk bijdroeg aan die eerste uitbarsting van opwarming.

De afgelopen jaren is de zon echter niet krachtiger geworden. Sinds 1970 is er zelfs sprake van een lichte afkoeling.[1]

Sommige onderzoekers denken dat het mechanisme misschien iets subtieler in elkaar steekt. Vanuit de ruimte regenen er onafgebroken minuscule hoogenergetische deeltjes neer op aarde, de zogenoemde kosmische straling. Mogelijk stimuleren sommige van die deeltjes bij het raken van de lucht de vorming van wolkendruppels. Minder kosmische straling zou dus minder wolken betekenen. Afhankelijk van de hoogte van de wolken zou dat er weer toe kunnen leiden dat er minder zonlicht wordt vastgehouden.

Het is denkbaar dat de zon zelf medeverantwoordelijk is voor deze situatie. Hoe actiever de zon, hoe krachtiger zijn magnetische veld. Dit veld strekt zich uit door het gehele zonnestelsel en gedraagt zich als een gigantisch krachtveld dat kosmische straling verhindert ons luchtruim binnen te dringen. Een actievere zon zou dus minder kosmische straling betekenen, wat weer zou kunnen leiden tot minder wolken en een warmer klimaat.

Het is een intrigerend idee, maar er kleven allerlei onzekerheden aan en niet veel onderzoekers zijn dan ook overtuigd. Een nijpender probleem voor de aanhangers van deze theorie is echter dat recente onderzoeksgegevens hebben aangetoond dat de hoeveelheid kosmische straling gedurende de afgelopen tijd niet is afgenomen, ook al is de temperatuur onmiskenbaar gestegen. De hoeveelheid kosmische straling heeft zich zelfs, net als de totale output van de zon, in precies de verkeerde richting bewogen. Als er al invloed van uitgaat, dan zou die een verkoeling veroorzaakt moeten hebben.[2]

Met andere woorden, welk mechanisme je ook kiest, deze solaire veranderingen kunnen de dramatische temperatuurstijging van de afgelopen decennia niet verklaren.

2 Er wordt minder zonlicht direct weerkaatst

Dit is mogelijk als de schittering van de planeet verandert. Een gedeelte van het zonlicht dat de aarde bereikt, weerkaatst rechtstreeks naar de ruimte zonder iets te verwarmen. Het kan bijvoorbeeld afketsen op de bovenkant van wolken, wat de reden is dat het kouder aanvoelt wanneer er een wolkje voor de zon schuift.[3]

Er bestaat geen voor de hand liggende reden waarom de hoeveelheid wolken gedurende de afgelopen eeuw op een natuurlijke manier zou zijn toegenomen. Zonlicht kan echter ook weerkaatsen als het op een mist aan piepkleine deeltjes stuit, aërosolen genaamd, omdat ze rondzweven door de lucht.[4] Als die deeltjes in de afgelopen jaren in aantal zouden zijn afgenomen, zou dat kunnen verklaren waarom de planeet warmer is geworden.

Natuurlijke varianten van aërosolen zijn onder andere stukjes vuil, zand en stof, vulkanische as, roet en vloeibare druppeltjes zeezout. Zelfs de grootste deeltjes zijn kleiner dan de punt aan het einde van deze zin. De meeste worden eventjes door de wind opgetild, blijven heel kort in de lucht hangen en vallen dan weer terug op de aarde. De as en de sulfaatdruppeltjes die afgegeven worden door vulkanen, komen echter hoger in de lucht terecht en blijven daar soms lang genoeg rondzweven om een duidelijk verkoelend effect te sorteren.

In 1991 vond er op de Filippijnen een uitbarsting plaats van Mount Pinatubo, met dramatische gevolgen. Naast de enorme hoeveelheid as die de berg uitbraakte over de omgeving, spoog hij ook een gigantische massa aërosolen dertig kilometer hoog de lucht in. Dat was zo hoog, dat de aërosolen ver boven de weersystemen bleven hangen die er anders voor zorgen dat ze weer omlaag regenen. In de loop van de daaropvolgende achttien maanden verspreidden de deeltjes zich over de gehele wereld en koelde de temperatuur wereldwijd af met ongeveer 0,5 °C. Dit soort reusachtige uitbarstingen brengt aërosolen hoog en lang genoeg in de lucht om het klimaat te beïnvloeden. Als zulke uitbarstingen een tijd niet zouden voorkomen, zou de wereld daardoor mogelijk warmer worden.

Het is een leuke gedachte, maar helaas onjuist. Tussen ongeveer 1915 en 1956 was er sprake van een tijdelijke luwte in vulkanische activiteit, maar sindsdien zijn vulkanen overal ter wereld enthousiast tot uitbarsting gekomen. Ze hebben hun activiteit zelfs hervat vlak vóór de opwarming goed begon.[5] Als vulkanische aërosolen al van invloed zijn, dan hebben ze de temperaturen de afgelopen jaren juist enigszins getemperd. Voor de redenen achter de opwarming moeten we elders kijken.

3 Vanwege een kortetermijncyclus verspreidt het zonlicht zich op een andere manier

Het is altijd mogelijk dat we gewoon een warme fase doormaken van een of andere volstrekt normale natuurlijke cyclus die de warmte anders verspreidt, waarbij de aarde nu eens opwarmt en dan weer afkoelt. We weten dat onze planeet een aantal van dergelijke cycli kent, waarvan we de meeste niet volledig begrijpen. De meest befaamde zijn wellicht de zogenoemde Milankovitsj-cycli. Dit zijn lichte schommelingen in de baan van de aarde rond de zon die invloed uitoefenen op de hoeveelheid zonlicht die in de zomer het noordelijk halfrond bereikt op een tijdschaal van ongeveer 100.000 jaar.

Wetenschappers geloven dat dit verschijnsel ervoor zorgt dat de planeet steeds weer in een ijstijd terechtkomt. Het proces werkt als volgt: de grootste landmassa's op aarde bevinden zich op het noordelijk halfrond en voor gletsjers heb je land nodig. Zodra de zomers op het noordelijk halfrond iets koeler worden, kan de sneeuw van de voorgaande winter blijven liggen. Geleidelijk verandert de sneeuw in ijs en ontstaan er reusachtige gletsjers.

De verandering in de hoeveelheid zonlicht is op zichzelf niet groot genoeg om de ijstijden te verklaren, maar er gaan ook allerlei feedbackmechanismen een rol spelen. Wit ijs reflecteert meer zonlicht dan donker land, dus de aarde zelf koelt af. Naarmate de planeet afkoelt, onttrekken verscheidene andere mechanismen koolstofdioxide aan de lucht, waardoor het nog kouder wordt. Uiteindelijk kan een kleine verschuiving in de hoeveelheid energie op een deel van de planeet wereldwijd een enorme klimaatverandering veroorzaken.

(Overigens is dit de reden dat de temperatuur in de ijskerngegevens licht daalt voordat het koolstofdioxinegehalte verandert. Veel sceptici stellen dat dit tijdsinterval betekent dat koolstofdioxide nooit verantwoordelijk kan zijn voor veranderingen in temperatuur. Dit is feitelijk een foutieve interpretatie van de data. In ijstijden komt datgene wat het eerst gebeurt van buitenaf, maar pas wanneer die gebeurtenis veranderingen in het koolstofdioxidegehalte teweegbrengt, zetten de echte temperatuurstijgingen en -dalingen in. Vanaf dat moment laten de ijskerngegevens opmerkelijk goed zien hoe nauw het veranderende koolstofdioxidegehalte samenhangt met veranderingen in temperatuur. Zodra de verandering in CO_2 is ingezet, lopen de twee nadrukkelijk in de pas.)

De meest waarschijnlijke kandidaat voor opwarming op een tijdschaal van jaren in plaats van millennia is het zogenoemde 'El Niño/Southern Oscillation-effect'. Grofweg kun je stellen dat El Niño optreedt wanneer warm water dat zich gewoonlijk bij Indonesië ophoudt, koers zet naar de westkust van Zuid-Amerika. Door middel van een complexe reeks atmosferische connecties maakt dit proces de wereld soms een beetje warmer. Wanneer het water zich weer naar het westen beweegt, koelt de wereld weer af.

Het verwarmende effect van El Niño houdt echter slechts een paar jaar stand. Het heeft over het algemeen ook een zeer specifiek ruimtelijk effect; hoewel de aardbol als geheel warmer wordt, hebben de noordelijke en de zuidelijke Stille Oceaan de neiging af te koelen. De recente opwarming is daarentegen overal merkbaar.

In feite gelden er vergelijkbare argumenten voor alle mogelijke interne cycli. Om het IPCC-rapport te citeren: 'Geen enkele vorm van interne variabiliteit ons bekend leidt tot een dergelijke wijdverspreide, welhaast universele opwarming als die in de afgelopen decennia.'[6]

Bovendien, zo hebben we in hoofdstuk 1 al gezien, blijkt uit natuurlijke temperatuurarchieven dat er zeker in geen 1000 jaar een opwarming op deze schaal heeft plaatsgevonden. Dat maakt het nog minder waarschijnlijk dat we ons in de opgaande fase van een of andere natuurlijke cyclus bevinden.

En dan blijft over…

4 Het vasthouden van meer infrarode straling, ook wel bekend als het broeikaseffect

In hoofdstuk 1 hebben we het bewijs besproken dat broeikasgassen de temperatuur beïnvloeden en dat hun concentratie momenteel oploopt. Maar er bestaan meer redenen om aan te nemen dat broeikasgassen inderdaad verantwoordelijk zijn voor de recente opwarming.

Ten eerste hebben broeikasgassen een lange levensduur, in tegenstelling tot aërosolen, die relatief snel uit de atmosfeer regenen. Methaan blijft ongeveer twaalf jaar in de lucht, koolstofdioxide meer dan een eeuw. Aangezien beide gassen meer dan voldoende tijd hebben zich over de aardbol te verspreiden, zou hun effect overal merkbaar moeten zijn. En dat is inderdaad het geval. De opwarming die we vanaf 1970 hebben ervaren, heeft zich op ieder bewoond continent duidelijk laten voelen.

Daarnaast treedt het verwarmende effect van koolstofdioxide op aan de grond. Normaliter zuigen de bovenste lagen van de atmosfeer iets van de uitgaande hitte op en worden zo een beetje warmer, maar wanneer koolstofdioxide de hitte als een deken laag vasthoudt, zou het laagste gedeelte van de laag daarboven, de stratosfeer, moeten afkoelen. Dat is een van de kenmerken van een actief broeikaseffect en het is precies wat er momenteel gebeurt. Satellietmetingen en metingen vanuit ballonnen tonen aan dat de lagere stratosfeer sinds 1979 ieder decennium tussen 0,3 °C en 0,5 °C is afgekoeld, exact wat je zou verwachten wanneer broeikasgassen straling vasthouden.[7]

Het definitieve bewijs dat broeikasgassen daadwerkelijk het probleem vormen, danken we aan atmosferische modellen van de manier waarop lucht werkt. Klimaatmodellen hebben zich in de afgelopen decennia sterk ontwikkeld. De meest uitgelezen exemplaren, Global Climate Models[8] of GCMs genaamd, berekenen het gedrag van de lucht met behulp van grote, snelle (en dure) computers. Ze stellen de atmosfeer voor als aangrenzende torens van dozen die onderworpen zijn aan de fundamentele wetten van de natuurkunde. Tussen de dozen vindt een uitwisseling plaats van lucht, hitte en vocht, en er gaat straling naar binnen en weer naar buiten. Er is ook een wisselwerking mogelijk tussen de lucht en de oceaan, en in veel gevallen met de vegetatie op het aardoppervlak.

GCMS zijn wel bekritiseerd omdat het niet altijd duidelijk is hoe realistisch ze zijn. Zelfs als ze de wereld die we zien uitstekend simuleren, zou dat net zo goed kunnen zijn omdat de modelbouwers ze zodanig hebben gemanipuleerd dat alles prima past. Gelukkig beschikken we over meer dan voldoende informatie over klimaatveranderingen in het verleden, vaak afkomstig van het soort proxymetingen dat we eerder hebben beschreven: ijskernen, boomringen, koralen, enzovoort. We kunnen de kwaliteit van een GCM dus testen door te kijken hoe goed het in staat is het verleden te reproduceren, en over het algemeen brengen de beste het er heel aardig vanaf.

De modellen zijn niet perfect. Ze zijn bijvoorbeeld nog steeds niet in staat in te zoomen op het soort regionale details dat we nodig hebben om gebeurtenissen te voorspellen die van belang zijn voor afzonderlijke gemeenschappen, zoals stormen en lokale veranderingen in neerslagpatronen; ze zijn niet goed in staat wolken te simuleren, en ook aërosolen leveren aanzienlijke problemen op. Onder andere om die redenen geven de verschillende modellen nog altijd uiteenlopende antwoorden op de vraag hoe sterk de temperatuur precies zal stijgen naar aanleiding van een gegeven koolstofdioxidestijging. We gaan hier in hoofdstuk 6 dieper op in.

Er is echter één ding dat alleen modellen kunnen, en dat zijn experimenten die op de gehele planeet betrekking hebben. Als wetenschappers de oorzaak van een bepaald verschijnsel willen bepalen, proberen ze dat normaliter op verschillende manieren. Wat gebeurt er als ik dit toevoeg? Laten we het nog een keer proberen en dan dát weghalen. Maar met het klimaatprobleem bevinden ze zich in een lastig parket: er is tenslotte maar één aarde.

Modellen kunnen helpen deze leemte te vullen. Je kunt een model laten lopen met steeds weer andere input – alleen solaire activiteit en vulkanen, bijvoorbeeld, of alleen broeikasgassen – en dan kijken wat het resultaat is. Als we die resultaten vervolgens met de werkelijke wereld vergelijken, levert dat aanwijzingen op over wat er nu precies verantwoordelijk is.

En als we de GCMS dat laten doen, komen ze stuk voor stuk tot dezelfde conclusies: er is geen enkele manier om de opwarming van de afgelopen decennia te verklaren zonder de stijging van broeikasgassen in het verhaal op te nemen. Maar zodra je die gassen incalculeert, zie je precies wat er in de werkelijke wereld is gebeurd. Dit verhaal geldt voor ieder bewoond continent op aarde. Stuk voor stuk hebben ze de afgelopen decennia te maken gekregen met een drastische opwarming en in ieder afzonderlijk geval kunnen de modellen de opwarming alleen verklaren als broeikasgassen aan de mix worden toegevoegd.

De modellen bieden over het algemeen zelfs een uitstekende verklaring bieden voor álle veranderingen die in de twintigste eeuw hebben plaatsgevonden, inclusief het feit dat die temperaturen halverwege de eeuw ogenschijnlijk licht daalden – iets waar klimaatsceptici graag een hoop drukte over maken. Het blijkt dat de verkoeling veroorzaakt werd door een verschijnsel dat we eerder in dit hoofdstuk al besproken hebben, namelijk de aërosolen. Aërosolen hebben daadwerkelijk een duidelijk stempel gedrukt op de temperatuur in de twintigste eeuw, maar dat was in geen enkel opzicht een natuurlijk proces. Bij het verbranden van vuile kolen komen grote hoeveelheden zwavelhoudende aërosolen vrij en onderzoekers denken tegenwoordig dat die verantwoordelijk

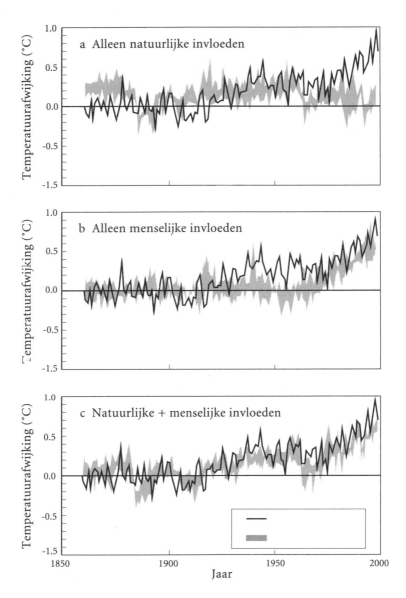

Temperatuurveranderingen van de afgelopen 150 jaar in °C, ten opzichte van het gemiddelde van 1961-'90. De modellen kunnen dit niet reproduceren tenzij ze zowel natuurlijke als menselijke invloeden incorporeren. (Bron: IPCC)

waren voor de lichte verkoeling tussen ongeveer 1940 en het einde van de jaren zestig.

Een aantal donkerder vormen van aërosolen die bij verbranding gevormd worden, kan een tegengesteld effect hebben. Zwarte of bruine roetdeeltjes veroorzaken opwarming, omdat hun donkere kleur zonlicht absorbeert, waardoor ze de lucht rondom verhitten. Zo bieden de bruine smogwolken die over delen van het Indiase subcontinent hangen een gedeeltelijke verklaring voor het feit dat delen van dit gebied veel sneller opwarmen dan het wereldwijde gemiddelde, wat weer zou kunnen verklaren waarom de Tibetaanse gletsjers in zo'n alarmerend tempo slinken.[9] Maar sulfaataërosolen hebben een verkoelend effect en zij domineerden halverwege de vorige eeuw.

Het begin van de twintigste eeuw werd getroffen door het gecombineerde effect van een toename van zonlicht, een afname van vulkanische activiteit en een toename van broeikasgassen, met als enigszins neutraliserende factor de aërosolen van vuile kolen. De einduitkomst was opwarming. Naarmate de activiteit van de zon echter weer afnam, kregen aërosolen de overhand en gedurende een aantal jaren koelde de aarde licht af.[10]

Een zeer belangrijke aanwijzing dat dit verhaal klopt, is dat de verkoeling alleen plaatsvond op het noordelijk halfrond. De aërosolen van branden en fabrieksschoorstenen worden niet hoog de lucht in geblazen, zoals die uit Mount Pinatubo, en worden na ongeveer een week weer uitgeregend. Ze hebben dus niet de tijd zich te verspreiden en blijven hangen op de plek waar ze gevormd zijn. Omdat zowel de grootste landmassa's op aarde als het merendeel van de industrielanden zich op het noordelijk halfrond bevinden, hielden ook de aërosolen zich daar op. En dat is de reden dat alleen het noordelijk halfrond halverwege de eeuw een periode van verkoeling doormaakte.

Op een gegeven moment besloten veel industrielanden echter tot een grote schoonmaak. Niemand wilde nog leven in verstikkende, vuile steden en er werden wetten tegen luchtvervuiling ingesteld. Ironisch genoeg verloren we met het opschonen van deze

HET PROBLEEM

concrete tekenen van luchtvervuiling iets van het verkoelende effect dat de deeltjes ons boden en gaven we onzichtbare en veel dodelijker vervuilers, de broeikasgassen, de ruimte hun kwalijke invloed uit te oefenen.

De modellen laten dit prachtig zien. Wanneer ze solaire opwarming en broeikasgassen samennemen, warmt het eerste deel van de modeleeuw net zo op als in werkelijkheid het geval was; halverwege de eeuw nemen de aërosolen geleidelijk de macht over en uiteindelijk trekken de broeikasgassen aan het langste eind.[11]

De broeikastheorie kende nog een aantal andere lacunes, die door sceptici gretig werden aangevat, maar opmerkelijk genoeg zijn die in de afgelopen jaren allemaal opgelost.

Om een voorbeeld te noemen: hoewel metingen vanaf de grond duidelijk lieten zien dat de aarde warmer werd, leken satellieten aan te geven dat de temperatuur iets hoger, in de middelste tot bovenste troposfeer, gelijk bleef. Achteraf bleken er aanwijsbare fouten gemaakt te zijn in de analyses van de satellietgegevens. Correcte analyses onthullen dat de bovenste delen van de troposfeer inderdaad net zo snel warmer worden als de grond.

Ook opperden sommigen dat een toename van koolstofdioxide niet zou leiden tot een grotere hoeveelheid waterdamp in de lucht; het bovenste gedeelte van de troposfeer zou uitdrogen naarmate het lagere gedeelte vochtiger werd. Als het broeikaseffect van koolstofdioxide niet versterkt wordt door een toename van waterdamp, meenden zij, is de mate van opwarming verwaarloosbaar. Satellietmetingen tonen echter aan dat de bovenste troposfeer zoals voorspeld onmiskenbaar natter wordt.[12]

Al deze bewijzen wijzen in dezelfde richting. In de zaak rond de recente opwarming van de planeet Aarde heeft koolstofdioxide overal sporen achtergelaten. Of, in een kort en bondig antwoord op de vraag die we stellen in de titel van dit hoofdstuk: de schuldigen zijn wij. Menselijke activiteit is verantwoordelijk voor de temperatuurstijging van de afgelopen decennia en is ook verantwoordelijk voor verdere veranderingen in de toekomst. Je

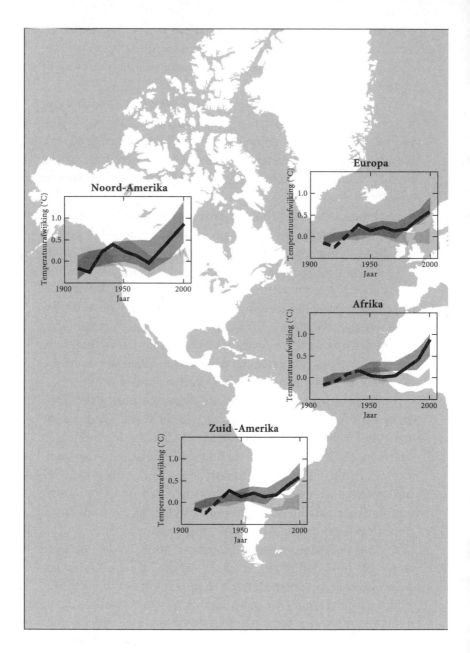

De temperatuur stijgt op ieder bewoond continent. Modelsimulaties kunnen deze stijging alleen verklaren op grond van door mensen veroorzaakte veranderingen in broeikasgassen. (Bron: IPCC)

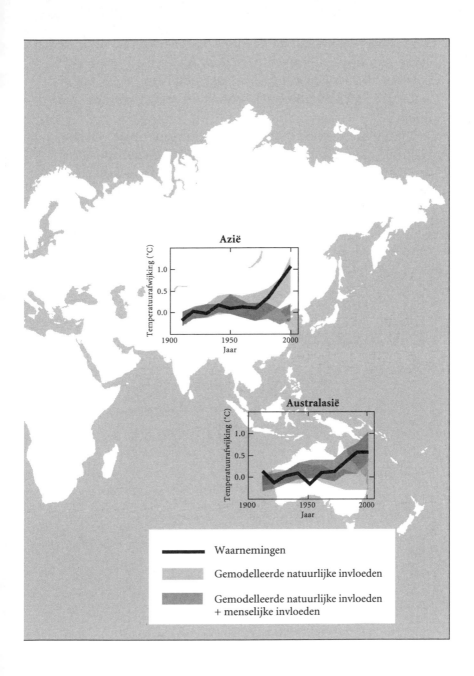

Azië

Temperatuurafwijking (°C)

Australasië

Temperatuurafwijking (°C)

Waarnemingen

Gemodelleerde natuurlijke invloeden

Gemodelleerde natuurlijke invloeden
+ menselijke invloeden

kunt allerlei zaken omtrent de klimaatverandering ter discussie stellen, maar dit is daar niet een van. Als mensen iets anders beweren, dan hebben ze ofwel belangen bij het negeren van de wetenschappelijke argumenten, ofwel zijn ze niet goed bij hun hoofd.

Tot op heden hebben we ons geconcentreerd op de veranderingen in temperatuur die de aarde de afgelopen decennia heeft ondergaan, maar deze veranderingen hebben ook invloed gehad op vele andere klimaatsaspecten, met bijbehorende problemen voor de bevolking. Hierover gaat het volgende hoofdstuk.

3

De warmte slaat toe

Tot dusver hebben we slechts een relatief lichte mondiale opwarming ervaren van ongeveer driekwart graden Celsius. Toch is dat genoeg gebleken om de natuur een flinke spaak in het wiel te steken. Het is niet zozeer dat dieren en planten de hitte niet verdragen en gewoon omvallen en sterven; het is vooral dat hun levens zorgvuldig waren afgestemd op een klimaat dat niet langer bestaat.

De kern van het probleem is timing. Dieren maken gebruik van zeer specifieke signalen op grond waarvan ze besluiten uit hun winterslaap te komen, te paren of naar de andere kant van de wereld te trekken. En signalen die ooit ultrabetrouwbaar waren, beginnen nu te falen. Overal ter wereld zet de lente steeds vroeger in en begint de herfst steeds later. Hoewel sommige dieren en planten zich weten te handhaven, is de natuurlijke wereld als een orkest. Als de timing niet klopt, krijg je geen fraaie harmonie, maar wordt het een zootje.

Neem de geelbuikmarmot, een grondeekhoorn die leeft in de bergen in het westen van de Verenigde Staten en Canada. Elk jaar beslissen deze schepsels op grond van de temperatuur van de lucht wanneer ze uit hun ondergrondse holen tevoorschijn komen. Warme lucht zou moeten betekenen dat de sneeuw op het punt staat te smelten en er weer eten beschikbaar komt, maar recentelijk dient de warme lucht zich al aan wanneer er nog een dik pak sneeuw ligt. De marmotten komen nu meer dan een maand te vroeg naar buiten en vallen daardoor ten prooi zowel aan een tekort aan voedsel als aan roofdieren, die voor een hapje marmot alleen hun sporen maar hoeven te volgen in de sneeuw.[1]

De vlinder *Euphydryas chalcedona* bepaalt niet op grond van de temperatuur, maar op grond van het sneeuwdek wanneer hij zijn pop verlaat en voor nageslacht gaat zorgen. In habitat de Rocky Mountains is echter nauwelijks nog sneeuw gevallen, waardoor de vlinders al in april verschijnen in plaats van in mei of juni. Eén jaar waren er geen planten om ze te voeden en na een tijdje waren heuvels in de omgeving bezaaid met de dwarrelende lichaampjes van dode vlinders, als een helderoranje tapijt van verse zachte vleugeltjes. Na nog een aantal vergeefse pogingen tot voortplanting zijn ze nu uit dit deel van de wereld verdwenen.

Ook veranderingen in de hoeveelheid regenval hebben een subtiel, maar geniepig effect. Over het algemeen zijn de noordelijke delen van de wereld natter geworden, maar drogen de tropen uit. Er is meer regen gevallen in de oostelijke staten van Noord- en Zuid-Amerika, in het noorden van Europa en in het noorden en midden van Azië, terwijl Noord-Afrika, zuidelijk Afrika, het Middellandse Zeegebied en delen van zuidelijk Azië allemaal water hebben verloren. Maar zelfs op plaatsen waar de jaarlijkse hoeveelheid neerslag ongeveer gelijk is gebleven, is het patroon aan het veranderen: er zijn meer hevige regenbuien met daartussenin langere periodes van droogte.

De situatie van de lemuren op Madagaskar laat duidelijk zien hoe subtiel klimaateffecten kunnen werken. Lemuren zijn fascinerende primaten, van de piepkleine muislemur, die past in de palm van je hand, tot de indri, die befaamd is vanwege zijn hypnotiserende zang en ongeveer even groot is (en ook wel lijkt op) een kind van vier in een slobberig pandapakje. Tussen deze twee extremen bestaan nog allerlei andere soorten. Alle soorten kennen een eigen paarseizoen, maar ze spenen hun nageslacht allemaal in ongeveer dezelfde periode, wanneer er in het woud een overdaad aan vruchten te vinden is. Net als veel andere dieren weten lemuren op grond van het aantal uren daglicht welke dag het is. Dit is de enige constante in een wereld die voortdurend in beweging is. Overal op aarde kun je uit het aantal uren daglicht opmaken waar de planeet zich bevindt in zijn baan rond de zon;

daarvoor zijn we niet afhankelijk van temperatuur of neerslag, of andere grillige factoren. De hoeveelheid daglicht vertelt de lemuren even nauwkeurig welke dag het is als een kalender met een grote rode ring.

Die benadering werkt uitstekend zolang het fruit meewerkt, maar als het neerslagpatroon verandert, dan kan de kalender wel juist zijn, maar zit het met de beschikbaarheid van voedsel misschien helemaal fout. En er zijn al tekenen dat dit scenario zich op Madagaskar aan het voltrekken is. Het effect is misschien subtiel: iets minder voedsel, minder jongen die de leeftijd van een jaar bereiken en een groep die gewoon iets kleiner wordt. Maar als het gaat om dieren die toch al met uitsterven worden bedreigd omdat het grootste deel van hun natuurlijke leefomgeving ten prooi is gevallen aan kettingzagen, kunnen de subtiele effecten van de klimaatveranderingen ze net dat fatale duwtje geven.

Ook de bonte vliegenvanger begint het vertrouwen in zijn innerlijke kalender te verliezen. Elk jaar maken deze vogels een ongelooflijke, vijfduizend kilometer lange reis van West-Afrika naar hun broedgebied in Nederland. De dag van vertrek staat muurvast en de afgelopen twintig jaar zijn ze steeds op hetzelfde tijdstip aangekomen. Maar de temperatuur in Nederland is aan het veranderen; het wordt in Europa vroeger lente, en de rupsen waar de jongen van de vliegenvanger van leven, zijn dan al over hun top heen. Als de vogels niet een nieuwe vertrekdatum bepalen, zullen ze sterven.

Sommige soorten zijn in staat zich aan te passen.[2] De door mensen ontketende klimaatverandering voltrekt zich echter veel sneller dan klimaatveranderingen met natuurlijke oorzaken. Dieren die hun ontwikkeling hieraan kunnen aanpassen, zijn meestal de soorten die het snelst op hun evolutionaire pootjes terechtkomen, dat wil zeggen, eerder vliegen, muggen en andere insecten met een korte voortplantingstijd dan grotere, meer fotogenieke dieren.

Er zijn vele andere signalen dat de druk in de natuur al voelbaar is. De boomgrenzen rukken op, zowel in de richting van de polen als in de bergen. Dieren volgen hun plantaardige voedsel hoog de heuvels in. Zorgvuldig gesitueerde natuurparken, ontworpen ter bescherming van belangrijke habitats, worden steeds kwetsbaarder en natuurbeschermers beginnen te beseffen dat de klimaatverandering voor veel soorten die het moeilijk hebben weleens het einde zou kunnen betekenen.

Er heeft nog geen enkel soort de dubieuze eer opgeëist het eerste algemeen erkende slachtoffer van de klimaatverandering genoemd te mogen worden. De beste kandidaat tot op heden is Costa Rica's schitterende gouden pad, die halverwege de jaren tachtig van de vorige eeuw voorgoed verdween uit een ogenschijnlijk ongerept gebied in het regenwoud. Aanvankelijk dachten onderzoekers dat het dier was uitgestorven doordat temperatuurveranderingen de mist hadden verdreven uit het nevelwoud waar het beestje leefde. Later vond men het aannemelijker dat ziekte een grote rol had gespeeld bij de verdwijning van deze en een groot aantal andere Costa Ricaanse kikkers in de jaren tachtig en negentig. Niettemin publiceerden de oorspronkelijke onderzoekers in 2006 een artikel waarin ze zeer overtuigend aantoonden dat de klimaatverandering de ideale omstandigheden had geschapen voor de verspreiding van die ziekte.[3]

Hoewel het velen bedroeft dat de gouden pad niet langer op aarde rondspringt, dringt de gedachte zich op dat we met al die diersoorten er best een paar kunnen missen zonder daar meer schade van te lijden dan een beetje gewetenswroeging. Dan onderschatten we echter de potentiële schaal van wat we kwijtraken. Het IPCC-rapport voorspelt dat tussen een vijfde en een derde van alle soorten op aarde tegen het einde van de eeuw weleens uitgestorven zou kunnen zijn.[4] Andere onderzoekers hebben het zelfs over meer dan 50 procent. Dat betekent een massale sterfte vergelijkbaar met die van de dinosaurussen.

Voorlopig is het misschien nog zorgwekkender dat de opwarming van de aarde niet alleen afzonderlijke soorten beïnvloedt, maar ook volledige ecosystemen verandert. De twee meest dramatische voorbeelden zijn de koraalriffen, die steeds witter worden, en de ijskap op de Noordpool, die zwart aan het worden is.

Het geval van de verdwijnende pool

Antarctica is een met ijs bedekt continent omgeven door water en het landijs kan wel drie kilometer dik zijn. Het noordpoolgebied daarentegen is een oceaan, omgeven door een ring van land. Het ijs op de Noordpool is niets anders dan bevroren zeewater en is maar een paar meter dik. Om die reden smelt het ijs daar veel gemakkelijker.

In de afgelopen dertig jaar, sinds de temperatuur omhoog is geschoten, is het areaal aan zomerijs met 8 procent per decennium geslonken.[5] Satellietsequenties geven een choquerend beeld van het verdwijnende ijs. Ieder jaar krimpt het witte gebied waarneembaar en maakt plaats voor donkere oceaan.

De afgelopen vier jaar heeft het oppervlak aan zee-ijs een ongekend minimum bereikt, met 2005 als absoluut dieptepunt. In dat jaar was er 20 procent minder ijs dan gemiddeld, een afname van ongeveer 1,3 miljoen vierkante kilometer.[6] In 2007 zag het er nog slechter uit. Tegelijkertijd zijn de voorjaarstemperaturen sinds de jaren negentig overal in het Arctisch Bekken omhooggeklommen[7] en zijn er in grote delen van het noordpoolgebied ongekende hittegolven geweest.

Modellen voorspellen dat, als de uitstoot van broeikasgassen op dezelfde voet voortgaat, er aan het einde van de eeuw in het noordpoolgebied 's zomers helemaal geen ijs meer te vinden zal zijn.[8] Een planeet die zich ooit mocht beroemen op twee polaire ijskappen, heeft er dan nog maar één.

Het ecosysteem begint al te veranderen. Er zijn bijvoorbeeld aanwijzingen dat de ijsberen te lijden hebben van de verdwijning van het ijs. IJsberen zijn specialistische jagers die vrijwel alleen zeehonden eten. Zeehonden planten zich voort op zee-ijs. Toegang tot het zee-ijs is voor de beren dus van levensbelang, vooral voor de vrouwtjes, die 's zomers, na zes of zeven maanden vasten, met hun jongen uit hun op het land gelegen holen tevoorschijn komen. Als ze dan niets anders zien dan donker oceaanwater, is het een kwestie van zwemmen of verhongeren. Een groep ijsberen in Western Hudson Bay is van 1200 beren in 1987 geslonken tot 950 in 2004.[9]

De verdwijning van het zee-ijs is niet alleen slecht voor de grote, meer schilderachtige leden van het arctische ecosysteem, maar ook voor veel van hun kleinere prooidieren – tot aan het fytoplankton toe, dat op het ijs leeft en een belangrijke voedselbron vormt.[10] Het is nog niet precies duidelijk hoe de diersoorten op de Noordpool zich zullen aanpassen aan dit nieuwe, nattere poolklimaat, maar het ecosysteem als geheel zal zonder twijfel onherkenbaar veranderen.

Verblekend koraal

In koraalriffen leven zoveel kleurige organismen, dat ze dikwijls de 'regenwouden' van de oceaan worden genoemd. Ondanks hun harde uiterlijk zijn het eigenlijk gelatineachtige wezentjes, die hun sidderende lichaampjes omhullen met calciumhuisjes van eigen makelij. Hun uitwendige skeletje biedt ruimte aan logés in de vorm van algen, die in ruil daarvoor voor voedsel zorgen. Normaliter is dit een regeling waarbij beide partijen gebaat zijn, maar wanneer het koraal onder druk komt te staan, is de logé de eerste die eruit vliegt. De algen krijgen zonder pardon hun congé en het koraal wordt wit. Dit zogenoemde 'verbleken' van koralen treedt vooral op wanneer het zeewater te warm wordt.

Dat is wat er gebeurde in 1998, dat te boek staat als een van de twee warmste jaren ooit. De verbleking begon in de oostelijke Stille Oceaan, in Frans-Polynesië, en verspreidde zich vervolgens naar het westen. Om onduidelijk redenen sloeg deze veel van de eilandjes in het zuidwesten van de Stille Oceaan over, maar richtte enorme schade aan in het Great Barrier-rif. Die schade was zo omvangrijk, dat de enorme littekens vanuit de ruimte zichtbaar waren. De verbleking ging verder in de Indische Oceaan, waar deze 90 procent van de koralen in de Malediven vernietigde. Vervolgens was Afrika aan de beurt en daarna het Caribisch gebied. De ongekend, wereldwijde schaal van de aanval kwam voor de wetenschap als een complete verrassing. Niemand had ooit zoiets gezien.

In 2000 begon het verbleken opnieuw. Dit keer verwoestte het grote stukken koraal rond de Fiji-eilanden. In 2002 was het Great Barrier-rif voor de tweede keer het slachtoffer en in 2005 werd het Caribisch gebied nog zwaarder getroffen dan in 1998.

Koralen zijn in staat een episode van verbleking te overleven en hun algen weer te verzamelen zodra het afkoelt, maar als de opwarming te groot is of te lang duurt, dan sterven ze. Dat wil niet zeggen dat ze uitsterven. Riffen kunnen opnieuw gekoloniseerd worden en koralen kunnen elders nieuwe kolonies vormen. Hun manier van voorplanten werkt als een loterij. Ieder jaar om dezelfde tijd laat het koraal zijn koraallarven los. Dat zijn er zoveel, dat er miljoenen afzonderlijke diertjes kunnen sterven zonder dat de soort verdwijnt. De koraaldiertjes kunnen ook naar plaatsen migreren waar de temperatuur prettiger is, en mogelijk zijn sommige soorten in staat zich snel genoeg aan te passen aan de hogere temperaturen en zuurgraad. Door de verbleking zijn veel van de bestaande koraalriffen op aarde echter al stervende en naarmate de temperatuur van de oceaan blijft stijgen, zal deze verbleking ernstiger vormen aannemen.

De toename van koolstofdioxide heeft nog een neveneffect dat schadelijk is voor koralen. Tot op heden hebben de oceanen ongeveer de helft van de koolstofdioxide-uitstoot uit het gebruik van fossiele brandstoffen, de vervaardiging van cement en veranderingen in grondgebruik geabsorbeerd. Dat is maar goed ook, want anders zou de concentratie koolstofdioxide in de lucht nog hoger zijn en de opwarming nog groter dan tot dusver het geval is geweest. Maar dit voordeel heeft een nadeel: door al dat extra koolstofdioxide wordt het water in de oceanen geleidelijk steeds zuurder.

Dat klinkt onvoorstelbaar, en aanvankelijk hielden veel wetenschappers dan ook geen rekening met deze mogelijkheid. De oceanen zijn tenslotte enorm uitgestrekt, en bovendien zijn ze uitstekend in staat stoffen te neutraliseren die het water dreigen te verzuren. Het probleem is echter dat het koolstofdioxide te snel wordt aangevoerd en het natuurlijke compensatievermogen van de oceanen te boven gaat. Een rapport van de Britse Royal Society uit 2005 schatte dat de wereldzeeën al 0,1 eenheden zuurder zijn geworden, wat betekent dat de ionen die de zuurgraad bepalen met ongeveer 30 procent zijn toegenomen.[11] Eén onderzoek berekende dat een ongelimiteerde toename van koolstofdioxide in de komende eeuwen de oceanen zuurder zou kunnen maken dan ze in 300 miljoen jaar zijn geweest.[12]

Niemand weet nog of dit consequenties heeft voor het leven in zee, hoofdzakelijk omdat dit moeilijk is vast te stellen, maar de meeste onderzoekers zijn het erover eens dat de gevolgen zich in de nabije toekomst zullen aftekenen, als ze dat niet nu al doen. Volgens het rapport van de Royal Society zullen dieren met een snelle stofwisseling, zoals inktvis, waarschijnlijk schade ondervinden van water met een hogere zuurgraad. De situatie is echter vooral bedreigend voor alle dieren die een schaal of schelp vormen uit calciumcarbonaat (hetzelfde spul als gewone kalk), dat in opgeloste vorm in het zeewater zit. Hoe zuurder het water, hoe moeilijker het is om een schelp te vormen, en in extreme gevallen zullen reeds gemaakte schelpen beginnen op te lossen.

Dit gevaar geldt voor organismen uit een groot deel van de voedselketen, van minuscuul plankton en pteropoden, die als voedsel dienen voor kabeljauw, zalm en walvissen, tot mosselen, kroonslakken en zee-egels. Het geldt met name voor koralen.

Vijfenzestig miljoen jaar geleden sloeg er op aarde een meteoor in ter grootte van New York. De milieuchaos die daar het gevolg van was, heeft, zo neemt men aan, de dinosauriërs de das om gedaan. Het had ook een ander, minder bekend effect. Volgens Ken Caldeira van het Carnegie Institute of Washington in Californië braakte de meteoor enorme hoeveelheden zwavel uit, dat vervolgens als zwavelzuur in de oceaan neersloeg. Gedurende korte tijd, misschien maar een of twee jaar, verzuurde de bovenste laag van het water. Maar dat was genoeg. Vrijwel ieder zeediertje met een schelp of schaal van calciumcarbonaat stierf uit of werd zeldzaam. Een handvol koralen moet het overleefd hebben, anders zouden ze niet meer op aarde bestaan, maar ze waren te schaars om nog sporen achter te laten; pas een volle 2 miljoen jaar later duiken ze weer op in het fossiele archief.[13]

Alles bij elkaar, zo vermeldt het IPCC-rapport, hebben meer dan 29.000 waarnemingsgegevens uit 75 verschillende onderzoeken substantiële veranderingen aangetoond in fysische en biologische systemen overal ter wereld.[14] En 90 procent van die veranderingen beweegt zich in een richting die je op grond van de opwarming zou verwachten. Bovendien vallen de gebieden waar de veranderingen zich voordoen samen met de gebieden waar de opwarming zich het sterkst heeft laten voelen. Dit kan niet gewoon een kwestie van natuurlijke variatie zijn. De boodschap van de natuur luidt dat de klimaatverandering al heeft ingezet.

Dat klinkt als slecht nieuws voor natuurliefhebbers, maar er staat veel meer op het spel. Onze ecosystemen ondersteunen ons op manieren waar we zo aan gewend zijn dat we, om Joni Mitchells gedenkwaardige woorden te citeren, 'pas beseffen wat we hebben wanneer we het kwijt zijn'.[15] Deze zogenoemde ecosysteemdiensten schenken ons veel meer dan een fraai decor voor een boswandeling. Ze voorzien ons van voedsel en natuurlijke materialen om mee te werken, en leveren nog tal van andere diensten, zoals de verwerking van onze vervuiling, de aanlevering van water waar we dat nodig hebben en het tegenhouden van water waar we het niet kunnen gebruiken.

Hoewel het altijd moeilijk is een voorval te relateren aan de klimaatverandering, hebben drie recente tragische gebeurtenissen grimmig duidelijk gemaakt hoeveel gevaren ons gerommel met het klimaat met zich meebrengt.

Klimaatoorlogen

Tot een paar decennia geleden waren er maar weinig westerlingen die ooit hadden gehoord van Darfur, een gebied in het westen van Sudan, even ten zuiden van de Sahara. Het was tenslotte een in principe vredig gebied waar nomadische Arabische herders hun dieren zonder problemen weidden op het land van Afrikaanse boeren. Nu is Darfur, zoals iedereen weet, een plek van onvoorstelbare gruwelen. Er is iets gebeurd waardoor die ooit zo vredige buren elkaar naar de keel zijn gevlogen. Meer dan 2 miljoen mensen zijn ontheemd, hun huizen zijn vernield en hun levens verwoest. Zeker 400.000 burgers zijn omgebracht.

De wortels van het conflict zijn complex, maar de aanleiding was een lange periode van droogte die midden jaren tachtig van de vorige eeuw Sudan en de Hoorn van Afrika in haar greep kreeg. De toch al fragiele leefomstandigheden kwamen onder ongenadige druk te staan. Afschrikwekkende aantallen mensen en dieren lieten het leven, en de schaarse waterbronnen en stukken vruchtbaar land werden de inzet van conflict. Aan het eind van de jaren tachtig begonnen de steeds wanhopiger Arabische herders zich af te zetten tegen hun agrarische buren. De gevolgen kennen we maar al te goed.

In eerste instantie nam men aan dat de droogte die de aanleiding vormde tot deze oorlog over bestaansmiddelen, was veroorzaakt door milieudegradatie. Westerlingen beweerden afkeurend dat onverantwoordelijke roofbouw en overbeweiding het land in een woestijn hadden veranderd. Meer recente modellen wijzen echter uit dat het grondgebruik niet de oorzaak is.

In plaats daarvan geven de modellen aan dat de droogte gerelateerd is aan een verkoeling van de noordelijke Atlantische Oceaan ten opzichte van de zuidelijke. Hierdoor veranderde de locatie van een groep luchtstromingen die bij wetenschappers bekendstaat als de Intertropische Convergentiezone, en bij de boeren en herders van Darfur als de regenbrenger.[16]

Hier vertroebelt het plaatje. Het is mogelijk dat de verkoeling van de noordelijke Atlantische Oceaan te wijten is aan natuurlijke oorzaken, maar het is ook mogelijk dat die werd veroorzaakt door een handlanger van koolstofdioxide, de sulfaataërosolen. Zoals we in hoofdstuk 2 al hebben gezien, komen sulfaataërosolen onder andere vrij bij de verbranding van vuile kolen. Omdat ze het zonlicht direct weerkaatsen, staan ze op voortdurende voet van oorlog met koolstofdioxide en veroorzaken ze een verkoeling die het broeikaseffect gedeeltelijk neutraliseert. Hoewel veel van deze aërosolen in de afgelopen tientallen jaren zijn opgeruimd, braken krachtcentrales en fabrieksschoorstenen er nog steeds voldoende uit om een sluier te werpen over de oceanen die grenzen aan 's werelds industriële centra.

Het voornaamste effect ten aanzien van Darfur was puur regionaal van karakter. Een van de modellen geeft aan dat wolken van aërosolen boven de Noord-Atlantische Oceaan iets van het zonlicht hebben weerkaatst, waardoor het zeeoppervlak ter plaatse is afgekoeld. Hierdoor bewoog de Intertropische Convergentiezone zich naar het zuiden en kreeg de Sahel geen regen meer.[17]

Uitcraard dreef na de droogte de politiek de zaak verder op de spits, met name door verwaarlozing van de regio en daarna door het uitsturen van machtsbeluste warlords door de centrale regering van Sudan in Khartum. Het gruwelijke, gewelddadige conflict had echter misschien nooit plaatsgevonden als de verbranding van fossiele brandstoffen niet voor een voedingsbodem had gezorgd. Zoals een schrijver het formuleerde: 'De komende decennia zou Darfur weleens gezien kunnen worden als een van de eerste echte klimaatoorlogen.'[18]

Of dit nu waar is of niet (en de modellen zijn het daar onderling nog niet over eens), Darfur blijft een dramatisch voorbeeld van hoe een kleine verschuiving in het klimaat in slechts één gebied tragische gevolgen kan hebben voor de mensheid.

Katrina

Ook een andere recente ramp kun je in dit licht bezien. Op de ochtend van de 29e augustus 2005 sloeg de orkaan Katrina toe in het zuidoosten van Louisiana. Katrina was de zesde sterkste Atlantische orkaan ooit gemeten en hoewel ze al aanzienlijk was afgezwakt tegen de tijd dat ze het land bereikte, was ze ook een van de dodelijkste. Katrina veroorzaakte een schade van 80 miljard dollar en eiste meer dan 1800 levens. Ze veranderde New Orleans, een grote stad in het rijkste land ter wereld, in een hel, een plek waar opgezwollen lichamen door de straten dreven, en waar wetteloosheid en ziekte om zich heen grepen.

Hoewel velen beweren dat Katrina een rechtstreeks gevolg was van de klimaatverandering, weten we niet of dat klopt. Vergelijk het maar met een valse dobbelsteen waarmee de kans op een zes te gooien twee keer zo groot is. De helft van de zessen die je gooit, kun je nog altijd 'natuurlijk' noemen, maar de andere helft komt voor rekening van de manipulatie. We weten niet – kunnen niet weten – of Katrina een 'natuurlijke' worp van de klimaatdobbelsteen is geweest, of een 'gemanipuleerde'. Wat we wel kunnen zeggen, is dat er dankzij de klimaatverandering vermoedelijk meer Katrina's te verwachten zijn.

Het is niet waarschijnlijk dat het *aantal* orkanen in de wereld door de opwarming zal toenemen,[19] maar de kans is bijzonder groot dat ze *heviger* worden. Orkanen voeden zich met energie uit warm zeewater. Om die redenen ontstaan ze alleen in de tropen, en daar alleen in de heetste maanden. De opwarming van de aarde maakt het zeeoppervlak warmer[20] en dat verhoogt de kans dat orkanen een zeer destructief karakter ontwikkelen. Die sterkere orkanen brengen tegelijkertijd ook meer water in beroering, omdat de stijging van de zeespiegel hun bereik steeds groter maakt.

De temperatuur van het zeewater is niet de enige invloed op de uiteindelijke kracht van een orkaan. Als de windsnelheden op verschillende hoogten boven het wateroppervlak veranderen, kunnen babyorkaantjes zich opsplitsen voordat ze de kans krijgen groot en sterk te worden. Op grond van historische bewijzen zou je echter kunnen concluderen dat de temperatuurstijging zich al laat gelden. In de afgelopen dertig jaar zijn orkanen met ongeveer 70 procent in kracht toegenomen.[21] Sinds 1970 is het aantal stormen in de categorieën 4 en 5 (de sterkste en meest destructieve stormen) spectaculair gegroeid, met als zwaarst getroffen gebieden de noordelijke Stille Oceaan, de Indische Oceaan en de zuidwestelijke Stille Oceaan. Mogelijk breiden orkanen zelfs hun historische grenzen uit: in maart 2004 werd de kust van Brazilië getroffen door de eerste tropische cycloon in de Zuid-Atlantische Oceaan ooit. Orkaanvoorspellers waren hier zo door overrompeld, dat ze de storm niet eens een naam hebben gegeven.

Hittegolf

In de zomer van 2003 daalde er een enorme hittegolf neer over Europa. De meest noordelijke landen koesterden zich in de onverwachte warmte, maar de rest van Europa werd gefrituurd. Gewassen verdorden, en dat kostte de boeren meer dan 12 miljard dollar. Bosbranden in Portugal zorgden voor nog eens 1,6 miljard dollar schade.[22] En mensen stierven. Op het gehele continent geven de statistieken voor het aantal sterfgevallen per maand een enorme piek te zien in de eerste weken van augustus, de heetste maand. De cijfers golden voor mensen in alle leeftijdscategorieën vanaf vijfenveertig. De meesten daarvan waren al kwetsbaar: ouderen, astmatici, mensen die de hitte letterlijk niet konden verdragen. En toch stonden ze niet al met één been in het graf. Als dat het geval was geweest, dan zou de abrupte stijging van het aantal sterfgevallen in augustus gevolgd zijn door een daling in de daaropvolgende maanden, om de statistieken weer gelijk te trekken. Maar dat gebeurde niet. In plaats daarvan stierven minstens 35.000 en misschien wel 52.000 mensen voor hun tijd.[23]

Was dit gewoon een 'natuurlijke' oprisping of had het te maken met de opwarming van de aarde? Anders dan in de twee bovenstaande gevallen bestaan er overtuigende bewijzen dat de hittegolf wel degelijk gerelateerd was aan de klimaatverandering. In 2004 lieten Britse onderzoekers een van de beste klimaatmodellen ter wereld eerst een keer draaien met alleen natuurlijke variaties in solaire en vulkanische activiteit, en daarna nog eens met toevoeging van broeikasgassen. Vervolgens berekenden ze hoeveel groter het risico op een zomer als die van 2003 was met broeikasgassen. Uit de resultaten bleek dat door de opwarming van de aarde de kans op een dergelijke zomer veel groter is dan voorheen.[24]

Je kunt dit inzichtelijk maken aan de hand van het onderscheid tussen klimaat en weer. Het weer is wat we van maand tot maand en van jaar tot jaar ervaren. Het fluctueert voortdurend; een grafiek van de veranderingen in de jaarlijkse temperatuur in Centraal-Europa over een bepaalde periode ziet eruit als een woud van kleine uitschieters, zowel naar boven als naar beneden. Het klimaat is het gemiddelde van deze fluctuaties in de tijd, een lijn die door het midden van de uitschieters is getrokken.

Recentelijk is ons klimaat warmer geworden, dus de stabiele gemiddeldelijn door de uitschieters in onze jaarlijkse temperatuur is aan het stijgen. Dat betekent dat iedere uitschieter naar boven die verder een vrij gebruikelijke afstand heeft tot het gemiddelde, nu een hoger uitgangspunt heeft. De piek ligt bij een veel hogere temperatuur dan anders mogelijk zou zijn geweest.

Zo bezien hield zeker de helft van de excessieve temperatuur in 2003 verband met de stijgende basislijn. De rest was afkomstig van wat anders een flinke, maar niet ongebruikelijke temperatuurpiek zou zijn geweest. De basislijn is trouwens inmiddels zover gestegen, dat de gemiddelde zomertemperatuur in Centraal-Europa nu de waarde van de heetste zomer van de twintigste eeuw dicht is genaderd. In komende decennia is de kans groot dat de lijn de temperaturen van 2003 gaat evenaren. Als er dán sprake is van een uitschietende zomerpiek, is het effect pas echt verzengend.

Dit zijn slechts een aantal voorbeelden van hoe relatief kleine

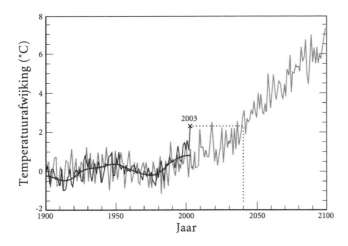

Daadwerkelijke en gemiddelde zomertemperaturen in Europa in
°C (zwarte lijnen) ten opzichte van het gemiddelde van 1961-'90, tot
de Europese hittegolf van 2003 (kruis). Volgens de modellen (grijze
lijn) zal de waarde voor 2003 in 2040 standaard zijn geworden.
(Bron: P.A. Stott, D.A. Stone en M.R. Allen, 'Human contribution to the European
heatwave of 2003', *Nature* vol. 432, 2 december 2004, pp. 610-14)

veranderingen in het klimaat al enorm menselijk leed hebben
veroorzaakt. Of we het nu leuk vinden of niet, en of we nu in de
stad wonen of op de prairie, op de steppe of de savanne, we zijn
allemaal in wezen afhankelijk van de diensten die de natuurlijke
wereld ons verleent en lijden schade wanneer die diensten ons
onthouden worden.

Dat wil echter niet zeggen dat we maar moeten afwachten wat
ons boven het hoofd hangt. In alle bovenstaande gevallen was het
menselijk leed niet onvermijdelijk geweest als we ons goed hadden voorbereid. Wat ons nu te doen staat, is precies uitvogelen
wat we de komende decennia van de klimaatverandering kunnen
verwachten en hoe we ons daarop kunnen voorbereiden.

4

In de pijplijn

Verandering is onvermijdelijk

De meeste mensen zijn er inmiddels van doordrongen dat er een klimaatverandering gaande is. Onder zachte dwang zal het merendeel waarschijnlijk ook wel toegeven dat de situatie er niet beter op zal worden als we onze levensstijl niet aanpassen. Maar slechts weinigen lijken oog te hebben voor een van de belangrijkste punten die in de afgelopen jaren uit wetenschappelijke publicaties naar voren zijn gekomen: alles wijst erop dat er in de komende decennia ingrijpende en potentieel zeer gevaarlijke klimaatveranderingen zullen plaatsvinden *ongeacht wat we nu doen.*

Dat komt doordat de oceaan een ingebouwde vertraging heeft. Het duurt even voordat hij is opgewarmd, wat de reden is dat het aan het eind van de zomer altijd lekkerder zwemmen is dan halverwege. Hetzelfde principe geldt voor de opwarming van de aarde, maar op een langere tijdschaal: omdat de oceanen de hitte die gegenereerd wordt door de extra broeikasgassen geleidelijk opnemen, zal het totale effect zich pas na tientallen of honderden jaren manifesteren.

Dat betekent dat, wat we nu ook doen aan onze CO_2-uitstoot, het een aantal decennia zal duren voordat het enig effect sorteert. Met andere woorden, volgens de meest positieve scenario's van de meest verfijnde modellen staat het verloop van de komende twintig tot dertig jaar ongeveer vast, of we nu snel afkicken van koolstof of net zoveel fossiele brandstoffen verbranden als we kunnen.[1] Wat we op dit moment aan emissiebeperking doen, is van belang voor onze kinderen en daaropvolgende generaties, maar niet voor onszelf. De vraag waar het nu om draait, is wat we de wereld nalaten.

Hierover later meer. Voor dit moment is het van belang dat een zekere mate van klimaatverandering onontkoombaar is. Hoewel sommige details nog vaag zijn, hebben wetenschappers een redelijk beeld van wat ons in de komende decennia te wachten staat. Bedenk dat onderstaande beschrijvingen ervan uitgaan dat we niets doen om ons voor te bereiden op de veranderingen die we inmiddels niet meer kunnen tegenhouden. Verderop in het hoofdstuk zullen we een aantal manieren bespreken waarop we ons kunnen aanpassen.

Stormen

Zoals we in hoofdstuk 3 al hebben vermeld, zal het aantal orkanen hoogstwaarschijnlijk niet toenemen, maar ze zullen waarschijnlijk wel krachtiger worden en langer aanhouden. Buiten de tropen is het plaatje ingewikkelder. Stormen zijn daar veel groter en grilliger. Ze zorgen voor onvoorspelbaar weer, maar ook voor onmisbare regen in grote delen van de middelste breedtegraden op beide helften van de aardbol. Of ze in aantal en intensiteit zullen veranderen, is afhankelijk van een complexe reeks variabelen, waaronder de temperatuur, de vochtigheidsgraad en de snelheid waarmee de temperatuur verandert tussen de warme tropen en de koude polen. Tot op heden geven de modellen hier nog geen uitsluitsel over. Eén ding dat uit alle modellen echter duidelijk blijkt, is dat de stormroutes, de 'rails' in de bovenste atmosfeer waarlangs stormen zich bewegen, waarschijnlijk in de richting van de polen zullen verschuiven, wat minder regen zou betekenen voor het zuiden van Australië, het noorden van de Verenigde Staten en delen van Zuid-Europa. De meeste modellen voorspellen ook dat de straffe westenwinden op de Atlantische Oceaan in kracht zullen toenemen, wat zou betekenen dat het noorden van Europa te maken krijgt met sterkere winterstormen.[2]

Water

Er zal minder sneeuw vallen, gletsjers verdwijnen, neerslagpatronen worden veranderlijker en geïsoleerde regenbuien heviger. Halverwege de eeuw zullen de hogere breedtegraden en een aantal natte tropische gebieden ongeveer 40 procent natter zijn geworden, met meer water in de rivieren en een grotere watervoorraad in het algemeen. Daarentegen zal een aantal gebieden rond de middelste breedtegraden (zoals het zuiden van Europa en het zuidwesten van de VS) en de droge tropen tot 30 procent droger worden. Doordat gletsjers en sneeuw verdwijnen, zullen bergketens minder smeltwater leveren, en dat zal gevolgen hebben voor meer dan een miljard mensen. In West-Afrika stromen 25 waterlopen door 17 verschillende landen. Naarmate de regio opdroogt, groeit het gevaar op verwoestende conflicten zoals in Darfur. In het noorden maken tien verschillende landen gebruik van de rivier de Nijl. Terwijl de bevolking naar verwachting explosief zal groeien, voorspellen veel klimaatmodellen dat er steeds minder water beschikbaar zal zijn.[3] Op plekken waar de jaarlijkse regenval daalt, verwacht men ook veranderingen in het neerslagpatroon: heviger stortbuien zullen in één keer meer water lozen. Bijna 1,5 miljard mensen leven in rivierbekkens die als gevolg daarvan een groter risico lopen op overstromingen.

Hittegolven

De komende paar decennia zullen hittegolven als de verwoestende Europese hittegolf in 2003 steeds gebruikelijker worden. Rond de jaren veertig van deze eeuw zal zeker de helft van de zomers in Europa net zo heet zijn.[4] Ook vele andere gebieden krijgen te kampen met droge, hete zomers, plus een toename van bosbranden, zoals op het vasteland van Griekenland in 2007. Dit zal echter gepaard gaan met een klimatologisch winstpuntje: er zullen waarschijnlijk ook minder zeer koude winters zijn. Aangezien het aantal sterfgevallen door kou meestal aanzienlijk hoger ligt dan door hitte, betekent dat een mogelijke daling van het aantal temperatuurgerelateerde sterfgevallen. Maar, zoals één onderzoek het formuleerde, 'Daar hebben mensen die last hebben van de hitte weinig aan.'[5]

Moessons
Er heerst grote onzekerheid over hoe de moessons zich zullen ontwikkelen. Een combinatie van het plaatselijk verkoelende effect van aërosolen boven de Atlantische en de Indische Oceanen, en de mogelijke verzwakking van de oceaancirculatie, lijkt te wijzen in de richting van drogere moessons, wat catastrofaal zou kunnen uitpakken voor gebieden waar men voor het levensonderhoud in hoge mate afhankelijk is van de jaarlijkse regens.

Aan de andere kant voorspellen veel modellen dat de Aziatische moesson waarschijnlijk steeds natter wordt. Dat lijkt goed nieuws, omdat het meer water zou opleveren voor ongeveer 2 miljard mensen in Oost- en Zuid-Azië. De regenbuien zullen vermoedelijk echter in hevigheid toenemen, wat tot zware overstromingen zou kunnen leiden. In augustus 2005 viel er in Mumbai een ongekende stortbui. In een paar uur tijd kreeg de stad maar liefst een meter regen te verwerken. Door de overstromingen die hier het gevolg van waren, moesten scholen, banken, de valutamarkt en het vliegveld sluiten. Meer dan 1000 mensen kwamen om het leven.[6]

Voedsel en bossen
Het goede nieuws is dat de voedselproductie de komende decennia wereldwijd zal stijgen. Het venijn zit 'm echter in de regionale bijzonderheden. Voor de middelste tot hoge breedtegraden zal de landbouwproductiviteit waarschijnlijk toenemen (hoewel de productiviteit ook daar zal inzakken als de temperatuur meer dan 2-3 °C oploopt). Op de lagere breedtegraden daarentegen, vooral in tropische gebieden, zal zelfs de kleine temperatuurstijging die voor de komende decennia is voorspeld, leiden tot een daling van de landbouwproductiviteit. Dat geldt dus voor het grootste deel van Afrika en delen van Azië, waar de populatie slechts voor een klein gedeelte van de koolstofdioxide-uitstoot

per persoon verantwoordelijk is in vergelijking met westerse landen. Het is een akelige ironie van het lot dat de mensen die het minst verantwoordelijk zijn voor het probleem er als eersten de gevolgen van zullen ondervinden.

Stijging van de zeespiegel

Naarmate de oceanen warmer worden, zetten ze uit. Dit effect, in combinatie met de smelting van gletsjers, leidt nu al overal ter wereld tot stijgingen van de zeespiegel. In de twintigste eeuw steeg de zeespiegel ongeveer twee millimeter per jaar, maar dat is inmiddels drie millimeter per jaar geworden en dat cijfer loopt nog steeds op. De meeste onderzoekers zijn van mening dat het tempo zal toenemen naarmate de oplopende temperaturen de grote ijsdekens van Groenland en Antarctica verder aantasten, maar zelfs het huidige tempo is voldoende voor een stijging tot tien centimeter in de komende decennia.

Dat lijkt misschien niet veel, maar bedenk wel dat die stijging niet uniform is. De oceaan is onrustiger dan je zou verwachten. Door stromingen en de rotatie van de aarde klotst het water van het ene oceaanbekken in het andere. Op sommige plekken zal de stijging van de zeespiegel dientengevolge groter zijn, terwijl de zee op andere plekken juist zal dalen. (Wat sceptici ook mogen beweren, de zeespiegeldaling in een aantal gebieden is een volstrekt normaal gevolg van de manier waarop de oceanen zich gedragen, en absoluut geen contra-indicatie van klimaatverandering.)

De stijging van de oceaan zal in veel kustgebieden erosie en overstromingen met zich meebrengen, en wetlands langs de kust zullen veranderen in zoutmoerassen. Meer dan 3 miljard mensen – grofweg de helft van de wereldbevolking – woont binnen 200 kilometer van een kust. Velen van hen wonen dicht genoeg aan zee om de gevolgen te ondervinden van steeds dodelijker stormen die de zee het binnenland in stuwen. En velen van hen leven bovendien in ontwikkelingslanden, waar men over de minste financiële middelen beschikt om zich aan te passen en men het meest afhankelijk is van plaatselijke voedsel- en watervoorraden. De stijgende zee laat zich echter aan niemand iets gelegen liggen en bedreigt ook grote kuststeden in de industrielanden, zoals Londen, New York, Tokyo en Sydney.

In zekere zin is dit proces al gaande. De stormvloedkering in de Theems strekt zich uit over de monding van de rivier en kan verhoogd worden om de stad Londen voor overstromingen te behoeden. Toen de waterkering aan het begin van de jaren tachtig in gebruik werd genomen, sloot ze gemiddeld één keer in de drie jaar. Inmiddels gaat hij soms wel zes keer per jaar dicht.

Koralen

De komende decennia zullen koraalriffen overal ter wereld hard getroffen worden door de dubbele vloek van een zuurdere oceaan en stijgende zeewatertemperaturen. Hoewel het niet waarschijnlijk is dat afzonderlijke koraalsoorten uitsterven, zullen veel bestaande koraalriffen verbleken en sterven. Dat heeft weer gevolgen voor mensen die voor hun levensonderhoud, voedsel en inkomsten uit het toerisme afhankelijk zijn van de vis die in de riffen zwemt.

Ontwikkelingsproblematiek

Veel van de effecten van de klimaatverandering zullen de ontwikkelingsproblematiek waar men in grote delen van de wereld onder gebukt gaat nog versterken. Zelfs vandaag de dag zijn 800 miljoen mensen ondervoed en de voorspelde daling in voedselproductie op de lage breedtegraden zal dit probleem alleen maar verergeren. Evenzo heeft ongeveer 2 miljard mensen geen toegang tot schoon water. De rurale armen zijn meer dan wie ook voor hun levensonderhoud afhankelijk van ecosystemen. Een afname van stromend water zou in sommige gebieden kunnen leiden tot verminderde betrouwbaarheid van de energietoevoer uit waterkracht. En natuurlijk is er het gevaar dat, door de competitie om de slinkende hulpbronnen, problemen met de lokale, nationale en regionale veiligheid toenemen.

	Watertekort	Voedselproductie	Ziekte
Afrika	Vanaf 2020 75-250 miljoen getroffenen.	Overal op het continent lagere opbrengsten, in sommige landen zelfs 50% per 2020. Honderden miljoenen mensen mogelijk blootgesteld aan hongersnood.	Malaria zal waarschijnlijk teruglopen in zuidelijk Afrika, maar toenemen tot aan de oostelijke hooglanden.
Azië	120 miljoen – 1,2 miljard getroffenen tegen 2020.	Afname van oogstopbrengsten met 2,5-10%. 49 miljoen mensen mogelijk blootgesteld aan hongersnood.	Overstromingen en hoge temperaturen verhogen het risico op besmettelijke ziektes, met name cholera en tyfus.
Australië, Nieuw-Zeeland en Kleine Eilanden	Afname afvloeiingswater in het overgrote deel van Oost- en Zuidwest-Australië, met een daling tot 20% in het zuidoosten rond 2030. Aanzienlijke afname van het sneeuwdek in het zuidoosten.	Betere groeiomstandigheden in een groot deel van Nieuw-Zeeland en nattere delen van Zuid-Australië. Mogelijke oogstdalingen in delen van Oost-Nieuw-Zeeland en Zuid-/Oost-Australië die ver bij een grote rivier vandaan liggen, ten gevolge van een combinatie van droogte en branden. Gevaar voor de visvoorraden bij koralen rond kleine tropische eilanden.	Rond 2020 mogelijk nog eens 0,1-0,3 miljoen besmettingen met Denguekoorts.

Overstromingen	Hittegolven en brand	Koralen en ijs
Grote kuststeden als Lagos en Alexandrië lopen groot gevaar.	Door een combinatie van droogte en temperatuurstijgingen een groeiende kans op bosbranden.	Verblekingsgevaar voor koralen in de Rode Zee en in Oost-Afrika.
2,5 miljoen mensen rond 2050 geconfronteerd met overstromingen, met name in de megadelta's van de Ganges-Brahmaputra en de Mekong. Nog veel meer mensen krijgen te maken met sterkere tyfoons, zeespiegelstijgingen en vloedgolven. Een grilliger moessonpatroon kan plotselinge overstromingen veroorzaken.	Hoger sterftecijfer door ernstige hittegolven in het zuiden en oosten van het continent, en mogelijk ook in Siberië. Minder sterfgevallen door koude-episodes.	Zeer substantiële of volledige teloorgang van gletsjers in de Himalaya rond 2035. 30% van de koraalriffen gaat verloren.
Zeespiegelstijging en heviger cyclonen leiden tot een verhoogd risico op kustoverstromingen in Australië en Nieuw-Zeeland. Zeer substantiële kans op toename van overstromingen op laag gelegen eilandjes. Zout water dringt mogelijk door tot akkers langs de kust.	Toename van brandgevaar in Zuidoost-Australië met 4-25% rond 2020; verdubbeling van hittegerelateerde sterfgevallen in Adelaide, Melbourne, Perth, Sydney en Brisbane rond 2020.	Jaarlijkse verbleking van het Great Barrier-rif met 58-81% tegen 2030. Een substantiële verbleking van koralen rond kleine eilanden.

	Watertekort	Voedselproductie	Ziekte
Europa	In Zuid-Europa 0-23% minder afvloeiingswater rond 2020. Langere periodes van droogte en aanzienlijke toename van brandgevaar, vooral in het Middellandse Zeegebied.	Hogere oogstopbrengsten in Noord-Europa, maar oogstdalingen in het zuiden, met name in het Middellandse Zeegebied, in het zuidwesten van het Balkangebied en in het zuiden van Europees Rusland.	Geen significante veranderingen verwacht in infectieziektes.
Centraal- en Zuid-Amerika	Vanaf 2020 7-77 miljoen getroffenen.	Mogelijke groei van de sojabonenoogst, maar rijstoogsten nemen waarschijnlijk af. Graan en maïs moeilijk te voorspellen, maar waarschijnlijk zullen 5 miljoen mensen rond 2020 een groter risico lopen op hongersnood.	Mogelijke afname van malaria in de Amazone en Centraal-Amerika, maar het verspreidingsgebied zou zich kunnen uitbreiden tot voorbij de eerdere zuidgrens.
Noord-Amerika en de Poolgebieden	41% van de watertoevoer naar Zuid-Californië onder druk door de verdwijning van het sneeuwdek in de Sierra Nevada en het bekken van de Coloradorivier.	Oogstopbrengsten groeien de komende decennia naar verwachting met 5-20%, maar sommige gewassen naderen klimaatdrempel: Californische wijndruiven zullen waarschijnlijk achteruitgaan in opbrengst, kwaliteit of beide.	De grens voor de door teken overgebrachte ziekte van Lyme ligt rond 2020 waarschijnlijk 200 km noordelijker.

Overstromingen	Hittegolven en brand	Koralen en ijs
Tot 2030 heviger stormen op de Noord-Atlantische Oceaan. Een hogere zeespiegel, ernstiger stormen in de winter en heviger episodes van regenval bedreigen steden aan de kust en in het binnenland, vooral in het noorden, waar naar verwacht ook de hoeveelheid afvloeiingswater toeneemt.	Rond 2030 zijn hittegolven als in 2003, waarbij 30.000 mensen het leven lieten, eerder regel dan uitzondering. Er zullen echter ook minder mensen sterven ten gevolge van ernstige koude-episodes.	Substantiële afname van alpine gletsjers; afname van het areaal met een seizoensgebonden sneeuwdek, vooral in lager gelegen gebieden.
Gevaar voor overstromingen in laaggelegen gebieden, met name in El Salvador, Guyana en aan de Argentijnse kust. Heviger orkanen in het Caribisch Gebied.	Meer branden in grote delen van Zuid-Amerika, inclusief het Amazonegebied, en in delen van Centraal-Amerika.	Substantiële of volledige teloorgang van de meeste tropische gletsjers. Ernstige verbleking van koralen in het Caribisch Gebied.
Kuststeden steeds kwetsbaarder voor overstromingen, met name in de Golf van Mexico, waar tropische stormen in hevigheid toenemen.	Doordat stormroutes zich naar het noorden verplaatsen, krijgen het noorden en westen van de VS met meer droogte en branden te maken. Het gemiddelde oppervlak dat jaarlijks door branden verwoest wordt, is al bijna verdubbeld. Ook groter brandgevaar in Zuid-Canada.	Het ijs in Glacier National Park is tegen 2030 vrijwel geheel of geheel gesmolten. Gletsjers in Groenland, Alaska en het Antarctisch schiereiland verdwijnen. Het oppervlak van het Arctisch zee-ijs is rond 2030 aanzienlijk afgenomen.

Leren aanpassen

Vierenhalve kilometer boven de zeespiegel, op de hoogvlakte van Tibet, ligt het Tsho Rolpa-meer. Door de temperatuurstijgingen zijn de gletsjers die dit meer van water voorzien sneller gaan smelten en tussen 1950 en 1990 nam het oppervlak van Tsho Rolpa toe met meer dan een factor 7.[7] Door de druk van 100 miljoen vierkante meter water stond de fragiele morenedam op barsten en liepen zowel een lager gelegen waterkrachtcentrale als een groot aantal dorpen gevaar. De Nepalese regering liet een kanaal uithakken in de morenewand en installeerde een sluis om het water gecontroleerd af te kunnen voeren en het niveau van het meer te verlagen. De aanleg duurde vier jaar en kostte 3,2 miljoen dollar. Ondertussen was er voor de negentien stroomafwaarts gelegen dorpen een waarschuwingssysteem ingesteld met het oog op overstromingen. De dorpelingen hielpen mee aan het ontwerpen van het plan en doen nu van tijd tot tijd een oefening, zodat iedereen precies weet wat hij moet doen wanneer het alarm klinkt.

We noemen dit voorbeeld omdat het een aantal lessen bevat die we moeten leren als we ons willen aanpassen aan de klimaatverandering. En deel van het antwoord zal komen van ingenieurswerken, een deel van waarschuwingssystemen en voorbereiding. De rest – en dat is misschien wel het moeilijkste deel – zal ingrijpende veranderingen vergen in de manier waarop we in ons levensonderhoud voorzien.

Ingenieurswerken

Een van de belangrijkste bijdragen die ingenieurswerken kunnen leveren aan de aanpassing aan de klimaatverandering is bescherming tegen overstromingen aan de kust (door zeespiegelstijgingen en stormrampen) en in het binnenland (door grotere regenval).

Groot-Brittannië werkt momenteel aan de implementatie van een landelijke strategie voor dijken en waterkeringen, gebaseerd op een gedetailleerd Foresight-rapport waartoe in 2002 door een van ons (David King) opdracht werd gegeven. We hebben van die exercitie veel waardevols geleerd.

Allereerst is het van belang te beschikken over accurate en regionaal gedetailleerde modelvoorspellingen. De modellen van het Hadley Centre, waar wij gebruik van maakten, hadden een resolutie van 260 bij 260 kilometer. Met andere woorden, de resultaten werden gegeven in uniforme vierkanten met zijdes van 260 kilometer. Op mondiale schaal zegt dat aardig wat, maar als je eenheden van die afmetingen gebruikt om conclusies te trekken over een afzonderlijk land, krijg je nauwelijks regionale details. Wat we werkelijk nodig hebben om goede aanpassingsstrategieën te ontwikkelen voor afzonderlijke steden, landen en gebieden, zijn mondiale modellen die nauwkeurige klimaatvoorspellingen kunnen doen op een schaal van 60 bij 60 kilometer of kleiner. Een dergelijke resolutie is in de maak, maar om die toe te passen zijn de grootste computers ter wereld nodig. Dit zou de hoogste prioriteit moeten hebben. We hebben daarbij niet zozeer een gedetailleerde voorspelling nodig van waar het precies harder gaat regenen; wat de modellen moeten doen, is de gebieden identificeren die het meest kwetsbaar zijn voor te verwachten veranderingen en extreme gebeurtenissen.

De volgende stap is het ontwerpen van de waterkeringen, dijken of afwateringssystemen die bestand zijn tegen de door de modellen voorspelde veranderingen. Dit lijkt zo klaar als een klontje, maar het is van het grootste belang. De orkaan Katrina was inderdaad krachtig, maar zou niet dezelfde dodelijke impact hebben gehad als de dijken hoger en sterker waren geweest. De waterkeringen van New Orleans waren ontworpen voor een gebeurtenis die naar verwachting één keer per tweehonderd jaar zou voorkomen, wat zelfs vóór de verhoging van de gemiddelde lijn door de klimaatverandering in de verste verte niet genoeg was.

Dit is illustratief voor een belangrijk aspect van de retoriek rond de klimaatverandering. In tegenstelling tot wat je soms hoort van fervente doemdenkers, is de reden dat de orkaanschade de afgelopen decennia is toegenomen niet dat de orkanen sterker zijn geworden. Orkanen mogen dan misschien in kracht zijn toegenomen, de trek naar de kust speelt tot op heden een veel grotere rol. Er is wereldwijd een enorme toename geweest van het aantal mensen dat in kustgebieden woont en slechts minimale aandacht voor hun veiligheid. De toenemende intensiteit van stormen en de stijging van de zeespiegel die we in de toekomst kunnen verwachten, zullen die situatie alleen maar verslechteren.

Zodra de projecten eenmaal ontworpen zijn, zal getest moeten worden hoe effectief ze zijn. Hiertoe ontwierp het Britse Foresightproject de 'Floodranger', een computerprogramma gebaseerd op het computerspel SimCity. Dankzij dit programma konden de ontwerpers hun project 'bouwen', het klimaat erop loslaten en vervolgens kijken hoe de waterkering functioneerde. Hoe waardevol deze benadering was, werd duidelijk toen het model met een aantal verrassende resultaten op de proppen kwam. De kust bleek bijvoorbeeld niet het enige probleem te vormen: Floodranger liet zien dat ook steden in het binnenland gevoelig waren voor overbelasting van hun afwateringssystemen door plotselinge overstromingen na sterke regenval. Dat is ook precies wat er gebeurde tijdens de Britse overstromingen van 2007, waarbij meer dan twintig mensen om het leven kwamen en tienduizenden uit hun huizen en bedrijven spoelden.

Ten slotte zijn er fondsen nodig om de aanpassingen te bekostigen. De Britse regering investeert nu 500 miljoen pond per jaar in een spoedeisend programma ter verbetering van de kustbescherming en de afwateringssystemen, een bedrag dat zal oplopen tot 700 miljoen pond in 2011.

In risicogebieden overal ter wereld zullen vergelijkbare projecten gerealiseerd moeten worden. Groot-Brittannië werkt nu samen met China en brengt het geleerde in praktijk in Sjanghai en het Yangtze-bekken. Vaak zijn juist de meest kwetsbare landen het minst in staat nationale projecten op deze schaal te bekostigen. In hoofdstuk 10 bespreken we hoe die projecten betaald kunnen worden.

De projecten zouden voortdurend gereviseerd moeten worden naarmate de modellen zich verder ontwikkelen. In het geval van het Foresightproject zal dat elke vijf tot tien jaar gebeuren.

Ondertussen begint in grote delen van de wereld het besef door te breken dat alle belangrijke nieuwe weg- en waterbouwprojecten rekening zullen moeten houden met klimaatveranderingen. De dertien kilometer lange Confederation Bridge in Canada, die Prince Edward Island verbindt met het vasteland, is bijvoorbeeld een meter hoger gemaakt dan op dit moment noodzakelijk is, met het oog op een mogelijke stijging van de zeespiegel in de honderd jaar die de brug zou moeten blijven staan.[8] De rioolzuiveringsinstallatie van Deer Island in Boston is op een zodanige verhoging gebouwd, dat de pijpleidingen beschermd zijn tegen overstromingen door het stijgende zeewater. De spoorlijn Qinghai-Tibet op de Tibetaanse hoogvlakte wordt bedreigd door smeltende permafrost. Ongeveer 500 kilometer van de spoorweg rust op permafrost, die nog maar een paar graden Celsius van dooi is verwijderd. Ingenieurs hebben in het ontwerp een combinatie van isolatie en koelsystemen ingebouwd om te voorkomen dat de treinen de permafrost over het smeltpunt tillen.

De Konkanspoorlijn in het westen van India, de metro in Kopenhagen en de waterkering in de Theems in Londen worden momenteel stuk voor stuk onder de loep genomen met het oog op eventuele aanpassingen aan de klimaatverandering.

Sla alarm en weet wat je te doen staat

Deze benadering is van levensbelang bij plotselinge dramatische gebeurtenissen die grote aantallen levens kunnen kosten en economische schade kunnen veroorzaken als we ons erdoor laten overvallen. Tragische voorbeelden uit het recente verleden zijn bijvoorbeeld de verwoestende hittegolf in Europa in 2003, de doden ten gevolge van de orkaan Katrina in New Orleans in 2005 en de bosbranden die grote delen van Griekenland in de as legden in 2007. Een combinatie van effectieve waarschuwingsmethoden en voorbereiding op dit soort gebeurtenissen had duizenden levens kunnen redden.

Een van de beste voorbeelden van een waarschuwingssysteem bij een natuurramp is te vinden in Bangladesh, bij een dreigende tyfoon. Het werkt als volgt: de Wereld Meteorologische Organisatie (WMO) waarschuwt voor een zware storm. Mannen op fietsen met fluitjes geven die waarschuwing door aan de bevolking, die erop getraind is ogenblikkelijk hoger gelegen terrein of een verhoogde schuilplaats op te zoeken. Hoewel de tyfoons in het gebied in kracht lijken te zijn toegenomen, is het aantal slachtoffers drastisch gedaald.

Dit is illustratief voor de twee belangrijkste aspecten van ieder effectief waarschuwingssysteem: allereerst dient het alarm officieel te zijn en afkomstig van een instantie met overzicht en overwicht, die iedere mogelijke dreiging grondig onderzoekt. Een vals alarm kunnen we ons absoluut niet permitteren; dat zou de bevolking in slaap sussen.

De WMO heeft al toegezegd met de Verenigde Naties samen te werken aan uitbreiding van het waarschuwingssysteem voor zowel tyfoons en orkanen als alle mogelijke andere natuurrampen. Wij menen dat het logisch is ook extreme weersomstandigheden in het programma op te nemen. De WMO is de meest voor de hand liggende instantie om een mondiaal waarschuwingssysteem aan te sturen voor gebeurtenissen die verband houden met de klimaatverandering.

Ten tweede moet iedereen goed weten wat hij precies moet doen. In 2003 hadden veel mensen in Centraal-Europa vakantie toen de hittegolf toesloeg, inclusief het ziekenhuispersoneel. Er was niemand die eenvoudige informatie kon verschaffen aan kwetsbare bejaarden, zoals dat ze genoeg water moesten drinken om niet uit te drogen of dat ze beter alleen op de koelste momenten van de dag de deur uit konden gaan.

Nu we het toch hebben over aanpassing aan hittegolven, willen we even kort aanstippen waar nu precies het gevaar schuilt. Wij mensen passen ons opmerkelijk goed aan aan de temperatuur van onze omgeving. Uit een onderzoek bleek dat de temperatuurspanne waarbij het aantal sterfgevallen door hitte tot een minimum beperkt bleef in Noord-Finland tussen 14,3 en 17,3 °C lag, maar in Athene tussen 22,7 en 25,7 °C. De boodschap luidt dat we het gemakkelijkst overleven bij de temperaturen waar we het meest aan gewend zijn.[9]

Een groot deel van ons aanpassingsvermogen is gerelateerd aan onze gewoontes: op welk tijdstip van de dag doen we klussen in de buitenlucht? Drinken we water voor we de deur uit gaan? De rest is afhankelijk van de manier waarop onze infrastructuur is georganiseerd, zoals het soort gebouwen dat we bewonen en de transportmiddelen die we gebruiken. Gewoontes zijn gemakkelijker te veranderen dan gebouwen, maar geen van beide verandert snel.

Het probleem met een hittegolf (en natuurlijk ook met een koudegolf) is dat de temperatuur sneller oncomfortabel wordt dan we redelijkerwijs aankunnen. Daarom stierven er in 2003 zoveel mensen in Europa. De uitdaging op dit moment is onze gewoontes en gebouwen op voorhand aan te passen, zodat we klaar zijn als de hittegolf toeslaat.

Geleidelijk verlies van ecosysteemdiensten

In sommige opzichten is deze aanpassing het moeilijkst te kwantificeren. In deze categorie vallen verschillende geleidelijke veranderingen in ons vermogen van het land te leven. Een groot deel hebben we hierboven al beschreven, zoals veranderingen in de beschikbaarheid van water, veranderingen in temperatuur of een verschuiving in het patroon van plagen en ziektes. We hebben sterk verbeterde modellen nodig om de gebieden te identificeren die het meest gevoelig zijn voor deze veranderingen en voor de ontwikkeling van strategieën om erop in te spelen. Hierbij zou je kunnen denken aan de vervanging van gewassen door varianten die beter tegen droogte kunnen en misschien de inzet van biotechnologie voor de ontwikkeling van nieuwe, minder droogte-

gevoelige gewassen; de aanpassing van zaaidata en irrigatie-
methodes; effectievere methodes om te oogsten en regenwater op
te slaan; het gecontroleerd aansteken van branden ter voorkoming van spontane branden; de aanplant van mangroves als natuurlijke zeewering tegen de opkomende golven en ter voorkoming van bodemverlies langs de kust.

Dit soort benaderingen zal voor elk land in de wereld geïnte-
greerd moeten worden in een nationale strategie. Het is niet genoeg zeeweringen op te trekken en er maar het beste van te
hopen. Iedere regering zal exact moeten weten wat de klimaatverandering voor het eigen land in petto heeft en hoe men daarop
moet reageren.

Mogelijk gaan bepaalde klimaatveranderingen ons aanpassingsvermogen te boven. Als je land op een bepaalde plek ligt en
je alleen ervaring hebt met de gewassen die je daar traditioneel
verbouwt, zal het niet gemakkelijk zijn op iets anders over te
stappen. Tussen de wereld van vandaag en de wereld die we zullen bewonen zodra het klimaat zijn tol gaat eisen, staan allerlei
sociale, economische, politieke en culturele barrières. En in sommige gevallen, zoals op bijzonder laag gelegen atollen die bedreigd worden door de stijgende zeespiegel, zou verkassen weleens de enige oplossing kunnen zijn.

Het is al te laat om de veranderingen die we in dit hoofdstuk
beschrijven een halt toe te roepen. Deze aanpassingen, en meer,
zijn noodzakelijk, ongeacht wat we verder doen om de impact
van toekomstige opwarming te reduceren. Deel III van dit boek
gaat dieper in op de financiële en politieke kant van de aanpassingen, maar hier is het van belang te begrijpen dat geen enkel
deel van de wereld geïsoleerd bekeken kan worden. De klimaatveranderingen die al op stapel staan, zullen het hardst aankomen
in de landen die er het minst tegen opgewassen zijn – en die bovendien de minste verantwoordelijkheid dragen voor de uitstoot
die het probleem veroorzaakt heeft. Om die reden zijn we van
mening dat de ontwikkelde wereld de morele plicht heeft de ontwikkelingslanden te helpen de te verwachten schade op te van-

gen. Er bestaat echter nog een dwingender reden om serieuze, gezamenlijke internationale aandacht te besteden aan aanpassing. Of het nu de veiligheid van onze voedsel- en watervoorraden betreft of de economische implicaties van enorme milieumigratie, zodra de opwarming van de aarde wie dan ook raakt, kan dat in een oogwenk leiden tot moeilijkheden elders.

5

Klimatologische wildcards

Als de wereld zich nu hoe dan ook zal moeten aanpassen aan verandering, kunnen we dan niet gewoon fossiele brandstoffen blijven verbranden en ons voorbereiden op de gevolgen? Dat zou alleen werken als we er volstrekt zeker van waren alles aan te kunnen waar het klimaat op aarde ons mee confronteert. Het probleem is dat het ons voor alle mogelijke verrassingen kan stellen.

In de openingsscènes van *The Day After Tomorrow*, een Hollywoodfilm over een klimaatramp, zien we de hoofdrolspeler aan het werk op Antarctica. De man kampeert op een enorme drijvende ijsplaat, Larsen B genaamd, en boort naar ijskernen. Het eerste teken van naderend onheil dient zich aan als de ijsplaat scheurt, dwars door het onderzoeksstation. In een poging zijn kostbare boorkernen te redden overleeft onze held het avontuur ternauwernood.

Deze scène is losjes gebaseerd op een waar verhaal. Larsen B is een bestaande ijsplaat – of liever: wás een bestaande ijsplaat. Het ding was meer dan 3000 vierkante kilometer groot en 220 meter dik. In februari 2002 viel Larsen B in nauwelijks een paar weken onverwacht uit elkaar. Begin maart was er al 550 miljoen ton ijs verdwenen, een gebied groter dan de Amerikaanse staat Rhode Island.

Hoewel wetenschappers al hadden opgemerkt dat dit deel van Antarctica geleidelijk warmer werd, verliep de breuk van Larsen B veel sneller dan iemand ooit had verwacht. Het ging zo snel, dat zelfs de scriptschrijvers uit Hollywood het niet konden behappen. Na het zien van de film merkte een wetenschapper op dat in het echte leven de breuken overal zouden zijn opgetreden en dat de held had moeten rennen voor zijn leven. Dit is misschien wel de enige rampenfilm uit Hollywood die minder heftig is dan de werkelijkheid.

Verder was de film reuzespannend, maar wetenschappelijk onzinnig. Er vormden zich bijvoorbeeld enorme orkanen boven land, terwijl die alleen boven water kunnen ontstaan. En een zogenaamd door het klimaat veroorzaakte tsunami overspoelde de straten van New York, terwijl zulke vloedgolven niets te maken hebben met stijgende temperaturen.

Nu mensen zich bewust worden van de opwarming van de aarde, worden dit soort rampscenario's steeds populairder. Er bestaan inmiddels vele boeken, artikelen en films over dreigende klimaatrampen, sommige net zo sensationeel als *The Day After Tomorrow*. De vraag is: kloppen ze ook?

Het klimaat kent zonder twijfel de nodige wildcards, en als we niets doen aan de uitstoot van broeikasgassen, zullen de gevolgen hoogstwaarschijnlijk erger zijn dan alleen een optelsom van de effecten die we beschreven hebben in hoofdstuk 3. In dit hoofdstuk zullen we mythen en realiteit van elkaar scheiden, te beginnen met de meest onwaarschijnlijke scenario's.

Het stilvallen van de oceaancirculatie

Dit is misschien wel het meest populaire doemdenkersscenario en het is ook het uitgangspunt van *The Day After Tomorrow*. In tegenstelling tot wat je misschien denkt, zijn de wereldzeeën niet zomaar chaotische afzonderlijke watermassa's. Onder het wateroppervlak schuilt een hooggeorganiseerde transportband van stromingen die onvoorstelbare hoeveelheden water rond de wereld vervoert. Er bestaat minimaal één gebied waar deze transportband in- en uitgeschakeld kan worden: een paar relatief kleine stukjes water tussen Groenland, IJsland en de noordkust van Noorwegen.

In dat deel van de wereld ondergaat het oppervlaktewater dat zich naar het noorden beweegt twee belangrijke veranderingen: allereerst wordt het erg koud en ten tweede wordt het veel zouter, omdat het bovenste deel van de oceaan begint te bevriezen tot 'zoet' zee-ijs, waarbij veel van het zout in het onderliggende water terechtkomt.

Koud, extra zout water is veel zwaarder dan normaal zeewater en zinkt dus. Terwijl het zinkt, trekt het oppervlaktewater naar de lege plek. Je kunt het vergelijken met een badkuip waar je de stop uit hebt getrokken: het oppervlaktewater beweegt naar het einde van het bad ter vervanging van het water dat in het afvoerputje is verdwenen. In dit geval voert de afdalende arm van de transportband zachte tropische wateren naar het noorden, de befaamde Golfstroom. Deze warme stroming loopt langs de kust van een aantal Noord-Europese landen, wat gedeeltelijk verklaart waarom deze gebieden veel warmer zijn dan delen van Noord-Amerika op dezelfde breedtegraad.[1]

In het scenario van *The Day After Tomorrow* kwam de transportband stil te liggen, waardoor de Golfstroom zich niet meer naar het noorden kon bewegen en er een spectaculaire ijstijd ontstond in het noorden van Europa en Noord-Amerika. Hoewel men ooit vreesde dat dit inderdaad tot de mogelijkheden behoorde, denken wetenschappers nu dat de temperaturen in Europa door het uitschakelen van de transportband niet meer dan een paar graden zouden dalen, waarschijnlijk zelfs nauwelijks genoeg om de opwarming van de aarde te compenseren.

Zo op het oog zou het dus geen slechte zaak zijn. Het zinken en het noordwaarts transport van oppervlaktewater zet echter een enorm netwerk van oceaanomspannende stromingen in beweging in de Atlantische Oceaan, rond de zuidkust van Afrika, door de Indische en de zuidelijke oceanen en rond de Stille Oceaan. Deze gigantische transportband voert niet alleen water, maar ook zout en warmte de wereld rond. Als je hem uitzet, zou je het klimaat weleens wereldwijd kunnen veranderen.

Vergelijkbare veranderingen in de oceaancirculatie in het verleden hebben bijvoorbeeld het patroon van tropische regenval vermoedelijk ingrijpend veranderd, met inbegrip van de moessons waaraan een groot deel van Azië zijn voedsel dankt.[2] Europa en Noord-Amerika zouden er ook niet zonder kleerscheuren af komen: de veranderingen in de oceaanstromingen zouden leiden tot een herverdeling van het zeewater, waardoor de Noord-Atlantische Oceaan een meter zou stijgen, nog boven op de stijging door smeltend ijs.[3] Het is ook mogelijk dat de voedselvoorraden van scholen vissen van plek veranderen, wat weer ingrijpende gevolgen zou hebben voor de lucratieve Atlantische visserij.

De beste manier om de transportband uit te schakelen zou smelting van grote hoeveelheden ijs precies boven het voornaamste zinkpunt zijn. Er kan dan een 'zoetwaterlens' ontstaan die zich gedraagt als een stop, zodat het water niet langer zwaar genoeg wordt om te zinken. Dat is precies wat er in het noordpoolgebied op dit moment gebeurt. Zowel het drijvende ijs als het landijs van de Groenlandse ijskap voert al zoet water aan naar de pijnlijke plek.

Het goede nieuws is dat ze voorlopig nog lang niet genoeg aanleveren. Oceaanmodelleerders hebben de output van elf verschillende modellen met elkaar vergeleken en zijn tot de conclusie gekomen dat de hoeveelheid zoet water die nodig is om de Noord-Atlantische transportband af te sluiten, ongeveer gelijk is aan de hoeveelheid water die op dit moment uit de Amazone komt.[4] Op dit moment staat de Noordpool op nauwelijks een kwart van de laagste drempel die door het model wordt aangegeven. En natuurlijk blijft het zee-ijs niet lang genoeg meer liggen om voor een blijvende toevoer te zorgen.

Het IPCC-rapport noemt het bijzonder onwaarschijnlijk dat de transportband in de eenentwintigste eeuw stil zal komen te liggen, ongeacht onze opstelling tegenover de klimaatverandering. Alleen als Groenland sneller gaat smelten, bestaat er nog een kans dat de transportband onder zware druk komt te staan. Ondertussen zijn er wél tekenen dat het systeem begint te verzwakken. Modellen voorspellen dat de transportband tegen het einde van de eeuw weleens 50 procent zwakker zou kunnen zijn als we niets doen aan de uitstoot van koolstofdioxide. Het gevaar is dat dit een vergelijkbaar patroon van gevolgen in werking stelt als wanneer het systeem volledig stil komt te liggen, zij het van mindere omvang.[5]

Kans: Het is zeer onwaarschijnlijk dat de oceanische transportband in de loop van deze eeuw in zal storten, en datzelfde geldt voor de volgende honderd jaar. Ook de kans dat zo'n instorting een Europese ijstijd veroorzaakt is vrijwel nihil. Als we echter de klimaatverandering niet inperken, zou een verzwakking van de circulatie tegen het einde van deze eeuw nog altijd kunnen leiden tot een reductie van de tropische regenval, inclusief de Aziatische moessons, en tot een zeespiegelstijging in de Noord-Atlantische Oceaan.

Een grootschalige, abrupte zeespiegelstijging

De zee is al aan het stijgen nu smeltende gletsjers hun water lozen in de oceanen en deze uitzetten naarmate ze warmer worden. Maar wat als de ijskappen in de wereld een drempel overschrijden en plotseling voorgoed in zee glijden? Er zijn drie grote ijskappen die voor problemen kunnen zorgen, twee in Antarctica en een in Groenland. Tot dusver dragen deze drie slechts een tiende bij aan de huidige wereldwijde zeespiegelstijging van drie millimeter per jaar. Er zijn echter tekenen dat het smeltproces aan het versnellen is en het betreft hier een angstaanjagende hoeveelheid ijs.[6]

Antarctica

De twee grote ijskappen van Antarctica zijn in het midden met elkaar verbonden, als enigszins misvormde vlindervleugels. De grootste van de twee, de Oost-Antarctische ijskap, bevat genoeg zoet water voor een zeespiegelstijging van meer dan veertig meter. Niemand denkt echter dat hij in de nabije toekomst zal smelten. De oostkap is oud, koud en onbeweeglijk. Recente satellietgegevens laten zelfs zien dat hij eerder dikker dan dunner wordt.[7] (Dat is echter niet in tegenspraak met de opwarming van de aarde. Een van de vele contra-intuïtieve consequenties van de opwarming die door de modellen voorspeld worden, is dat de lucht meer water zal opnemen naarmate de zeeën warmer worden en het zee-ijs rond Antarctica begint te smelten. Dat water valt vervolgens weer als extra sneeuw in het ijskoude binnenland. Helaas is de hoeveelheid extra sneeuw die blijft liggen slechts voldoende om de stijging van de zeespiegel met ongeveer een tiende van een millimeter per jaar te vertragen.)

De kleine westkap is kwetsbaarder, omdat de meeste van zijn gletsjers op een dun laagje water liggen en niet zijn vastgevroren aan het gesteente, zoals op de oostelijke helft. Als de West-Antarctische ijskap in zee zou glijden, zou de zeespiegel wereldwijd alsnog een huiveringwekkende vijf meter stijgen.

De verdwenen ijsplaat Larsen B laat zien hoe dat proces zich zou kunnen voltrekken. Het einde van Larsen B betekent niet noodzakelijkerwijs dat de opwarming van de aarde ook al heeft toegeslagen in de rest van Antarctica. Larsen B hoorde bij het Antarctisch Schiereiland, een landtong die uitsteekt in de richting van Zuid-Amerika. Het gebied ligt zo noordelijk en het klimaat is er relatief zo zacht, dat Antarcticagangers het de *banana belt* noemen.

Hoewel het op het schiereiland de laatste tijd nog warmer is geworden, met een temperatuurstijging van rond de 0,5 ºC per decennium sinds 1950, is de rest van het continent veel stabieler gebleven. En hoewel recente gegevens lijken uit te wijzen dat Larsen B zeker 10.000 jaar oud was,[8] is het nog altijd mogelijk (zij het steeds minder waarschijnlijk) dat de opwarming op het schiereiland gewoon deel uitmaakt van een natuurlijke fluctuatie. De teloorgang van Larsen B maakte bovendien geen enkel verschil voor de zeespiegel. Als drijvend ijs smelt, wordt de zeespiegel daar niet hoger of lager van. Je kunt dat zelf testen door een ijsblokje te smelten in een glas water. Als het ijsblokje gesmolten is, is het water in het glas nog op exact hetzelfde niveau.

Achter Larsen B bevond zich echter een aantal stromende gletsjers die voorheen door de ijsplaat werden afgeremd, en dat is wél verontrustend. Met de verdwijning van de plaat zijn deze gletsjers gaan versnellen.[9] Wanneer gletsjerijs van het land naar zee stroomt, voegt het water toe dat er eerder niet was. Met andere woorden, het verhoogt de zeespiegel.

De betreffende gletsjers zijn naar Antarctische maatstaven relatief klein. Op de machtige West-Arctische ijskap zijn echter veel, veel grotere gletsjers die in bedwang worden gehouden door twee enorme drijvende ijsmassa's waarmee vergeleken Larsen B een dwergje was. Als die ijsmassa's zouden afbreken, is het niet ondenkbaar dat de West-Antarctische ijskap grotendeels in zee verdwijnt.

Gelukkig zijn deze gigantische ijsvlaktes veel minder kwetsbaar dan Larsen B was, omdat ze minstens vijf keer zo dik zijn. Weinig onderzoekers verwachten dat ze binnenkort zullen breken, zelfs niet als we de klimaatverandering ongehinderd laten doorgaan. Desalniettemin worden ze nauwkeurig in de gaten gehouden, voor het geval dát.

De gecombineerde gletsjer- en ijsplaatsystemen vormen grofweg twee derde van de West-Antarctische ijskap. Tot voor kort werd er nauwelijks onderzoek gedaan naar het resterende derde deel, voornamelijk omdat het weer daar zelfs voor Antarctische begrippen afschuwelijk is. In dit gebied, Pine Island/Thwaites geheten, bevinden zich echter drie van de grootste gletsjers van het continent, die ijs uit het hoge binnenland naar zee transporteren. Omdat de voorkant van deze gletsjers direct uitmondt in zee, zonder ijsplaten die als buffer fungeren, worden ze wel de 'zachte onderbuik' van Antarctica genoemd. Er zijn zorgwekkende signalen dat deze gletsjers momenteel versnellen en meer ijs afvoeren.[10]

Kans: De enorme Oost-Antarctische ijskap blijft vrijwel zeker intact en zal dankzij extra sneeuwval mogelijk iets van de zeespiegelstijging compenseren. Het grootste gedeelte van de West-Antarctische ijskap zal vermoedelijk niet zover instorten dat daar deze eeuw nog een abrupte, dramatische zeespiegelstijging uit voortkomt. Deze conclusie is echter afhankelijk van aspecten van de interne dynamiek die nog niet duidelijk zijn. De Pine Island/Thwaitesgletsjers zouden weleens kwetsbaarder kunnen zijn. Hoe groot de kans op instorting is, is nog onzeker – en momenteel het onderwerp van spoedeisend onderzoek. Als ze zouden instorten en het ijs meevoeren dat ze uit het binnenland transporteren, kan de zeespiegel wereldwijd alsnog met 1,5 meter stijgen, waardoor een groot deel van de kustgebieden in de wereld zou onderlopen.

Groenland

Als de Groenlandse ijskap volledig zou smelten, zou de zeespiegel wereldwijd maar liefst zeven meter stijgen. Omdat het Arctische gebied veel sneller opwarmt, is de kap waarschijnlijk kwetsbaarder dan zijn Antarctische tegenhangers.

Maar smelt de kap ook echt? De afgelopen decennia hebben een allesbehalve duidelijk beeld laten zien, met verschillende metingen die verschillende antwoorden opleverden. Op sommige plekken trokken gletsjers zich terug, terwijl er elders dan weer een oprukte. Sinds kort wijzen alle signalen echter in dezelfde richting: Groenland is inderdaad aan het smelten.

Hoewel satellietmetingen van het binnenland van Groenland lijken uit te wijzen dat de sneeuwlaag dikker wordt, zijn de randen van de ijskap tegelijkertijd aan het afkalven.[11] Het ziet ernaar uit dat ook Groenlands machtige outletgletsjers gaan versnellen; in de afgelopen tien jaar hebben zij hun jaarlijkse ijsverlies meer dan verdubbeld.[12]

Het goede nieuws is dat, ondanks dit proces, de Groenlandse ijskap nog altijd niet ten dode is opgeschreven. In 2007 hebben de modellenmakers berekend dat daar een gemiddelde mondiale opwarming van zeker 3 °C voor nodig is.[13] Waarschijnlijk hebben we nog tijd genoeg om dat te voorkomen.

Er bestaat echter een belangrijke factor die niet in de modellen is opgenomen. In 2002 merkte een aantal onderzoekers op dat er 's zomers in een bepaald gebied iets alarmerends gebeurde. Zodra de zomerzon delen van het oppervlak van westelijk Centraal-Groenland liet smelten, gleed de gletsjer daar sneller weg.[14] Dat is verrassend, omdat de gletsjers op Groenland honderden meters dik zijn. En omdat ze op hun buik glijden, zou iets wat aan het oppervlakte gebeurt geen verschil moeten maken. Het bleek echter dat het smeltproces enorme meren produceerde op het oppervlak. Het water uit die meren liep door spleten en scheuren omlaag, en creëerde interne watervallen die naar het onderliggende land stroomden en zo het glijvlak van het ijs gladder maakten. Dat is zorgwekkend, omdat het in principe betekent dat de volledige Groenlandse ijskap weleens kwetsbaarder zou kunnen zijn voor de gestaag opwarmende lucht dan we denken.

De modellen houden geen rekening met dit mechanisme omdat ze daar niet toe in staat zijn. Niemand weet hoe groot de gevolgen zouden kunnen zijn, of zelfs maar waar de scheuren zich bevinden. Bovendien kan Groenland ook zonder volledig te smelten een voor mensen catastrofale zeespiegelstijging veroorzaken. De ijskap is tijdens de laatste warme periode niet verdwenen; dat was ongeveer 130.000 jaar geleden, toen de temperaturen in het noorden een paar graden hoger lagen dan tegenwoordig. Desalniettemin blijkt uit de meest recente analyses dat de smelting van het Groenlandse ijs de zeespiegel in die tijd ongeveer twee tot drie meter heeft verhoogd. Zo'n stijging zou meer dan voldoende zijn om onze wereld ernstig in de problemen te brengen.

Kans: De Groenlandse ijskap is al aan het smelten. Als de klimaatverandering niet in de hand gehouden wordt en de temperatuur wereldwijd met 3 °C stijgt, zou de kap in de komende eeuwen weleens volledig kunnen verdwijnen. Voor toekomstige generaties zou dat een zeespiegelstijging betekenen van zeven meter (hoewel het zelfs áls we dit punt bereiken nog altijd vele eeuwen zou duren voordat de kap volledig gesmolten is). Maar net als bij de West-Antarctische ijskap is deze taxatie van de kwetsbaarheid van Groenland afhankelijk van aspecten van zijn interne dynamiek die nog onzeker zijn; bijvoorbeeld, het smelten van de gletsjers zal door het doorsijpelende oppervlaktewater versnellen. Als Groenland door dergelijke mechanismen sneller smelt dan wij verwachten, kan de zeespiegel in de komende eeuw weleens vele meters stijgen, en dat zou onze beschaving in groot gevaar brengen. Groenland is een van de meest overtuigende redenen om de klimaatverandering zo snel mogelijk een halt toe te roepen.

Smeltende permafrost

In de bevroren wildernis van het noordpoolgebied schuilt een klimatologische wildcard waar zelfs de meest nuchtere wetenschappers het benauwd van krijgen. Van Alaska en Noord-Canada tot aan het uiterste noorden van Europa en Siberië liggen miljoenen vierkante kilometers bevroren aarde. Op sommige plaatsen is het land begroeid met zwarte sparren, op andere plaatsen vind je zegge, mossen, bevroren meren en moerassen. Maar aan de randen, en soms zelfs in het hart van dit ijskoude land, heeft de dooi al ingezet.

Sparren in het noorden van Canada staan als dronkenmannen te waggelen terwijl de grond rond hun wortels wegzakt. In Alaska zijn gigantische gaten ontstaan nu het ijs dat ooit de bodem bijeenhield in water verandert en wegsijpelt. De meren van Siberië beginnen te ontwaken uit hun ijskoude slaap. En allemaal stoten ze koolstof uit.

Dit is de Arctische permafrost, zo geheten omdat een deel van de bodem zowel 's zomers als 's winters bevroren is. Deze bodem werkt als een vriezer en slaat koolstof op in de vorm van bladeren, wortels, dode mossen en andere dingen die ooit geleefd hebben. Maar nu is de vriezer uitgeschakeld en begint het koolstof binnenin te rotten.[15]

Het gevaar is dat de opwarming veroorzaakt door onze eigen, menselijke uitstoot van koolstofdioxide dooi brengt in het noorden en dat er met die dooi ook weer koolstof vrijkomt, in een vicieuze cirkel die de opwarming verder opstuwt. Dit is opnieuw een voorbeeld van positieve feedback – positief niet omdat het goed is, maar omdat het oorspronkelijke effect versterkt wordt.

In dit geval is vooral de enorme schaal van het potentiële probleem angstaanjagend. Sommige onderzoekers schatten dat er maar liefst 900 gigaton koolstof ligt te wachten op bevrijding uit de rottende Arctische bodems, meer dan er op dit moment aanwezig is in de gehele atmosfeer. Zelfs als maar een klein percentage zou ontsnappen, kan dat het effect van onze menselijke uitstoot verdubbelen of verdrievoudigen, en dan hebben we geen idee meer waar we met het klimaat op afkoersen.

Ook griezelig is dat we erg weinig gegevens hebben over de ontdooiende permafrost. Tot voor kort was het onderzoek te versnipperd en sporadisch om een samenhangend beeld te creëren. Nu doen onderzoekers naar het noordpoolgebied er alles aan om precies te begrijpen wat er te gebeuren staat.

We weten dat de Noordpool aan het opwarmen is. Temperatuurmetingen geven aan dat het nergens in het gebied koeler wordt. Op de meeste plekken wordt het daarentegen duidelijk warmer; op sommige plaatsen zelfs meer dan twee keer zo snel als het wereldwijde gemiddelde.[16] We weten ook dat de permafrost in de randgebieden, waar hij het dunst en het meest versnipperd is, al bezig is te ontdooien. Bovendien zijn er zorgwekkende tekenen dat er koolstof begint te ontsnappen uit delen van het veel koudere binnenland, in de vorm van methaanbellen die opstijgen uit meren in Arctisch Rusland.[17]

De vorm die de koolstof aanneemt is van groot belang. In de modderige moerassen van Noord-Zweden heeft de dooi in feite gezorgd voor een afname van de totale hoeveelheid ontsnappende koolstof: het water blokkeert de luchttoevoer naar de bodem, wat het rottingsproces vertraagt. Helaas neemt veel van de koolstof die wél tevoorschijn komt de vorm aan van methaan of moerasgas, wat in het opwarmingsverhaal veel grotere klappen uitdeelt dan koolstofdioxide. De uitkomst: hoewel de totale koolstofuitstoot met 13 procent is gedaald, is het verwarmende effect met bijna 50 procent gestegen.[18]

Kans: onzeker, maar uiterst zorgwekkend. Niemand weet nog wat er met de permafrost te gebeuren staat. Een eerste voorzichtige poging om het effect in een model onder te brengen gaf aan dat, als de uitstoot ongehinderd doorgaat, 90 procent van de permafrost tegen het einde van de eeuw verdwenen zal zijn. Dit cijfer is waarschijnlijk te hoog en binnen een jaar of vijf zullen er betere modellen beschikbaar zijn, maar zelfs als er maar een paar procent van de opgeslagen koolstof uit de grond komt, zou dat onze eigen uitstoot met gemak in één klap verdubbelen. Wat dat voor het klimaat zou betekenen, is niet te bevatten. Hoewel de permafrost min of meer ontsnapt is aan de aandacht van de schrijvers van rampscenario's, is het zonder twijfel de meest angstaanjagende wildcard in het spel.

Iets wat we nog niet weten

Het klinkt misschien onheilspellend, maar de grootste gevaren zouden kunnen schuilen in een rampscenario waar nog niemand aan heeft gedacht. Uit de klimaatgegevens die liggen opgeslagen in ijs en gesteenten blijkt dat onze atmosfeer uiterst temperamentvol is en in staat is in zeer korte tijd een cruciale omslag te maken naar een nieuwe toestand. Aan het einde van de laatste ijstijd, bijvoorbeeld, kwam de oceaancirculatie stil te liggen door de plotselinge smelting van enorme hoeveelheden ijs, wat weer leidde tot een abrupte herbevriezing. Hoewel de mondiale gevolgen van deze gebeurtenis nog altijd niet duidelijk zijn, daalde de temperatuur in Groenland met 15 °C en in Noord-Europa met 5 °C. De periode van bevriezing duurde een aantal eeuwen en aanvankelijk dachten de onderzoekers van de ijskernen dat de dooi net zo lang had geduurd. Maar naarmate er meer gedetailleerde ijskernen geboord werden, ontdekten ze tot hun stomme verbazing dat de verschuiving naar warmere temperaturen aan het einde van deze periode van diepe vrieskou waarschijnlijk maar tien jaar in beslag had genomen. (Zoals een onderzoeker het droogjes formuleerde, duurde de klimaatverschuiving ongeveer even lang als een loopbaan in het Amerikaanse Congres.)

Bovendien zijn er aanwijzingen dat er de gehele ijstijd lang vergelijkbare abrupte overgangen van koud naar warm en weer terug naar koud plaatsvonden, en ondanks diepgaand onderzoek weet niemand nog precies waarom.

Dan is er de periode, ongeveer 55 miljoen jaar geleden, waarin een onbekende gebeurtenis vermoedelijk een enorme koolstofuitstoot veroorzaakte, wat vervolgens zorgde voor een mondiale temperatuurstijging van ongeveer 8 °C.

In deze context is het een uiterst verontrustende gedachte dat het koolstofdioxidegehalte dankzij de verbranding van fossiele brandstoffen door de mens op dit ogenblik hoger is dan in minstens 650.000 jaar en waarschijnlijk veel langer. De vermaarde klimaatwetenschapper Wally Broecker van het Lamont Doherty Earth Observatory vergelijkt het klimaat met een woedend wild dier dat we nu met een stok aan het porren zijn. Als we blijven porren, weten we niet wat ons te wachten staat. We weten wél dat de verandering zich zo snel kan voltrekken, dat die ons volledig overvalt.

Zelfs zonder deze rampscenario's laat het IPCC-rapport zien dat we meer dan voldoende redenen hebben om de ongebreidelde uitstoot van koolstofdioxide te vrezen. De veranderingen die we beschreven hebben in hoofdstuk 4 en die nu onvermijdelijk zijn, zijn niet meer dan een aanwijzing van wat we kunnen verwachten als de klimaatverandering zich in de komende eeuw of langer ongestoord kan voltrekken.

Dit alleen al zou een serieuze motivatie moeten zijn onze broeikasgasuitstoot een halt toe te roepen voordat de zaken echt uit de hand lopen. Maar de wildcards die we in dit hoofdstuk beschrijven, plaatsen de argumenten om van onze koolstofverslaving af te kicken in een nog grimmiger perspectief. Neem bijvoorbeeld de zeespiegel: het IPCC-rapport beweert dat als de uitstoot van koolstofdioxide voortgaat als voorzien, de zeespiegel tegen het einde van de eeuw tussen een kwart meter en een halve meter zal zijn gestegen. Zeker als we hoog uitkomen op deze schaal, zou dat miljoenen mensen blootstellen aan overstromingsgevaar.

Laten we daarnaast vooral niet vergeten dat het ipcc van nature een behoudende instantie is. Een aantal onderzoekers beweert nu dat deze voorspelling te rooskleurig is. Er is met name geen rekening gehouden met mechanismen die zouden kunnen leiden tot de verbrokkeling van de ijskappen. Als alle mogelijke ijsmechanismen tegen ons samenspannen – als bijvoorbeeld het smeltwater aan het oppervlak inderdaad omlaag vloeit naar de basis, als dat maakt dat het ijs op Groenland en West-Antarctica steeds sneller wegglijdt, als de ijsplaten met hun remmende werking in stukken breken, en als een warme zee de kwetsbare mondingen van de Pine Island-gletsjers aantast – dan bestaat er een ernstige kans dat de zee tegen het einde van de eeuw niet met centimeters, maar met meters is gestegen.[19] Dat is geen risico dat we moeten willen nemen.

Een ander mogelijk gevaar schuilt in het vermogen van het milieu het koolstofdioxide op te nemen dat wij uitstoten. Tot op heden hebben de oceanen en de ecosystemen op het land ongeveer de helft van onze uitstoot geabsorbeerd, en dat is maar goed ook. Als deze speciale ecosysteemdienst niet zou bestaan, zouden we met nog veel ernstiger gevolgen van klimaatverandering te maken hebben.

Het probleem is echter dat de natuurlijke wereld weleens verzadigd zou kunnen raken en niet meer in staat onze uitstoot op te nemen. Of en wanneer dat in de oceanen zal gebeuren is een gecompliceerde vraag. Het vermogen van de oceanen om koolstofdioxide op te nemen is afhankelijk van hun chemie (hoe warm en hoe zuur ze worden), hun fysica (of de circulatiepatronen veranderen) en hun biologie (wat er gebeurt met de organismen die koolstof opslaan in hun lichamen en dan begraven worden op de zeebodem). Tot op heden is geen model in staat gebleken een overtuigend antwoord te geven op de vraag hoe een combinatie van deze verschillende effecten eruit zal zien.

Op het land is het beeld iets duidelijker, maar ook grimmiger. Zelfs als we het effect van de smeltende permafrost buiten beschouwing laten, zal het vermogen tot koolstofdioxideabsorptie van ecosystemen op het land rond 2030 verloren zijn, zo meldt het IPCC-rapport. Als we de uitstoot geen halt toeroepen, zouden planten en bodems rond 2070 zelf weleens een nettobron van koolstofdioxide kunnen gaan vormen, boven op onze eigen bijdrage aan de broeikasgassen, en de opwarming verder versnellen.[20]

Als we ongelimiteerd fossiele brandstoffen blijven verbranden, zal de verre toekomst er nog veel ellendiger uitzien dan we tot nu toe beschreven hebben. Er zijn nog genoeg fossiele brandstoffen in de vorm van olie, gas en met name kolen om de wereld eeuwen draaiende te houden. Lang voordat die voorraden zijn uitgeput, zullen we de drempels van alle in dit hoofdstuk beschreven mogelijke scenario's ruimschoots overschreden hebben. Uiteindelijk zou de atmosfeer duizenden ppm aan koolstofdioxide kunnen bevatten, een niveau dat in honderden miljoenen jaren niet meer is bereikt, niet sinds de tijd dat hyperorkanen het aardoppervlak teisterden met zure regen.

Er bestaan vele uitstekende, goed gedocumenteerde boeken die een blik werpen in deze verontrustende glazen bol.[21] Hier nemen we liever aan dat de mensheid verstandig genoeg is het niet zover te laten komen. Onze generatie is de laatste die de kans heeft de meest desastreuze scenario's te voorkomen. Het enige wat we nodig hebben is de juiste combinatie van nieuwe technologieën, en economische, politieke en sociale bereidheid. De volgende twee delen van het boek nemen deze factoren om de beurt onder de loep.

DEEL II

Technologische oplossingen

Nu we de schaal van het probleem kennen, luidt de vraag wat we eraan moeten doen. Een groot deel van het antwoord zal liggen in de toepassing van bestaande en de ontwikkeling van nieuwe technologieën, hoewel er meer nodig is dan dat. In dit deel van het boek zetten we de reeds beschikbare koolstofarme technologieën en strategieën op een rijtje, en besteden we aandacht aan de nieuwste ontwikkelingen. De beschreven instrumenten dienen op ieder niveau ingezet te worden, zowel persoonlijk als stedelijk als landelijk. Ze richten zich op verschillende economische sectoren, op verschillende broeikasgassen en op verschillende manieren van energiewinning en -gebruik. We gaan dieper in op de te verwachten invloed van deze technologieën op ons leven, en aan het eind van het boek laten we zien hoe onze individuele keuzes in de toepassing van deze strategieën kunnen bijdragen aan een oplossing. Allereerst moeten we echter een streefcijfer vaststellen voor de hoogst toelaatbare concentratie aan broeikasgassen in de atmosfeer, zodat we iets hebben waarop we ons kunnen richten.

6

Waar moeten we naar streven?

Als we de klimaatverandering willen aanpakken, zullen we onze broeikasgasuitstoot moeten terugdringen. Er zit niets anders op. Maar wat is het streefcijfer? Allereerst zullen we deze uiterst belangrijke vraag moeten beantwoorden. Als we geen specifiek doel voor ogen hebben, blijft het volstrekt onduidelijk welke technologische of politieke oplossingen ons iets te bieden hebben.

Veel eerdere pogingen om een grens aan de klimaatverandering vast te stellen gingen uit van de gedachte dat we het proces een halt moesten toeroepen voordat het 'gevaarlijk' werd. Daar is het nu te laat voor. Zoals we in de hoofdstukken 3 en 4 hebben gezien, heeft de klimaatverandering de weg vrijgemaakt voor een groot aantal gevaarlijke gebeurtenissen die ofwel al hebben plaatsgevonden, ofwel inmiddels onvermijdelijk zijn.

Een betere vraag luidt: hoeveel klimaatverandering kunnen we ons permitteren voordat de toestand echt rampzalig wordt? Hoewel het antwoord getekend wordt door alle mogelijke wetenschappelijke onzekerheden, ontstaat er zo langzamerhand een brede consensus.

Hoe heet is te heet?

De gemiddelde mondiale temperatuur is sinds de negentiende eeuw al met ongeveer 0,75 °C gestegen. Als we iedere door fossiele brandstof aangedreven energiebron uitschakelen, ieder vliegtuig, iedere auto en iedere trein stilleggen en samen rond een vuurtje gaan zitten, staat ons nog altijd een opwarming van 0,6 °C te wachten, omdat de atmosfeer de broeikasgassen die we al hebben vrijgemaakt nog moet absorberen. De minimale mondiale temperatuurstijging ten opzichte van het pre-industriële tijdperk is derhalve ongeveer 1,4 °C. Die stijging kunnen we op geen enkele manier meer tegengaan. Hieronder zetten we een aantal te verwachten veranderingen op een rijtje bij een opwarming van 2 °C en meer, zoals voorspeld in het IPCC-rapport.[1]

Verwachtingen voor een opwarming tot 2 °C

- De mondiale oogstresultaten zullen hoger uitvallen dan tegenwoordig, maar dat maskeert een ongelijkheid. In sommige landen op de middelste en hogere breedtegraden zullen de oogstresultaten stijgen, maar in de tropen lopen ze nu al terug. Nog eens 10 tot 30 miljoen mensen kunnen te maken krijgen met hongersnoden.
- Meer gezondheidsproblemen ten gevolge van hittegolven, ondervoeding, overstromingen, droogte en de verspreiding van besmettelijke ziekten.
- Minder beschikbaar water en meer droogte op de middelste breedtegraden en in de semi-aride tropen. Er krijgen 0,4 tot 1,7 miljard mensen te maken met toenemende waterschaarste.
- Migratie om milieuredenen, waardoor conflicten over schaarse hulpbronnen en culturele invasies zouden kunnen oplaaien.
- Heviger regenbuien, die zelfs voor overstromingen kunnen zorgen in gebieden waar de droogte steeds harder toeslaat.
- Toename van orkaanintensiteit.
- Toename van hittegolven in continentale gebieden, en van droogte en branden in continentale gebieden rond de middelste breedtegraden naarmate de stormroutes zich in de richting van de polen bewegen.

TECHNOLOGISCHE OPLOSSINGEN

Verdere verwachtingen bij een opwarming van 2-3 °C

Al het bovenstaande plus:

- Tot 3 miljoen mensen krijgen te maken met overstromingsgevaar.
- Nog eens 10 miljoen mensen krijgen te maken met honger.
- Het merendeel van de koraalriffen in de wereld verbleekt.
- De aanzet tot een grootschalige deglaciatie van de Groenlandse ijskap en mogelijk van de West-Antarctische ijskap, met een potentiële zeespiegelstijging van een paar meter.
- Aanzienlijke verzwakking van de oceanische transportband, mogelijk gevolgd door een flinke reductie van moessonregens.
- Verdere toename van orkaanintensiteit, met als gevolg een overbelasting van de huidige infrastructurele ontwerpcriteria, ernstige economische schade en gevaar voor vele levens.
- Meer overstromingen in Noord-Amerika en Europa door toenemende regenval en verminderde opslag van water in de vorm van sneeuw.
- Een snelle toename van het aantal ernstige hittegolven, met als gevolg vele doden, misoogsten, verlies van bossen, en branden.
- Extreme droogte in steeds grotere gebieden.
- Ernstig gevaar voor overstroming van laaggelegen kustgebieden en kleine eilanden.
- Sneller krimpen en uiteindelijk verdwijnen van tropische berggletsjers.
- Aanzienlijk meer migratie op grond van milieuoverwegingen.
- Van alle soorten op aarde wordt 20 tot 30 procent steeds ernstiger met uitsterven bedreigd.

Verdere verwachtingen bij een opwarming van 3-4 °C

Al het bovenstaande plus:

- Groeiende kans dat de ijskappen van Groenland en West-Antarctica vrijwel totaal zullen smelten, wat in de komende eeuwen uiteindelijk zal leiden tot een zeespiegelstijging van twaalf meter.

- In plaats van koolstof op te nemen, zoals ze nu doen, zullen de terrestrische ecosystemen zelf een nettobron van koolstof worden en daarmee de opwarming versnellen.
- Uitsterving op grote schaal van soorten overal ter wereld.
- Grootschalige sterfte van koraalriffen.
- Afname van de voedselopbrengst in een aantal gebieden op de hogere breedtegraden. De mondiale voedselproductie daalt.

Verdere verwachtingen bij een opwarming van 4-5 °C
Al het bovenstaande plus:

- De voedselopbrengsten dalen zelfs op de meest gunstige locaties op de hogere breedtegraden. De mondiale voedselproductie keldert.
- Toenemend risico op ernstige, abrupte veranderingen in het klimaatsysteem, zoals het stilvallen van de oceaancirculatie en een grootschalige koolstofuitstoot uit de ontdooiende permafrost.
- Eenvijfde van de wereldbevolking krijgt te maken met overstromingen.
- Nog eens 120 miljoen mensen lopen het risico op hongersnoden.
- 1,1 tot 3,2 miljard mensen lijden onder een toenemende waterschaarste.
- De teloorgang van vrijwel alle bossen op de hogere breedtegraden en zeer grote delen van het regenwoud van de Amazone.
- Ecosystemen op 40 procent van het vasteland onderhevig aan ingrijpende veranderingen.
- Zeer substantiële stijging in het aantal sterfgevallen door ondervoeding, besmettelijke ziektes, hittegolven, overstromingen en droogte.

Verdere gevaren bij een opwarming van 5-6 °C
● Het IPCC wilde zich hier niet aan wagen, en wij evenmin.

Twee graden vrijheid

Als we bovenstaande lijstjes bekijken, is geen van de uitkomsten wenselijk, en hoe meer de temperatuur stijgt, hoe onwenselijker de uitkomst. Alles bij elkaar genomen zouden wij, om het 'gevaar' zo gering mogelijk te houden, kiezen voor de laagst mogelijke stijging, met andere woorden, voor een temperatuurlimiet van 2 °C. Opgeteld bij de inmiddels onvermijdelijke 1,4 °C geeft dat ons precies 0,6 °C speling om onze koolstofverslaving te doorbreken.

Zelfs voordat de geavanceerde voorspellingen van de modellen uit het IPCC-rapport beschikbaar waren, hebben onderzoekers al pogingen gedaan een getal te koppelen aan de mate van opwarming die de mensheid kan verdragen. Verrassend genoeg kwamen velen op grond van volstrekt andere manieren van redeneren op precies hetzelfde cijfer uit van 2 °C.

Een van die vroege strategieën was het vermijden van een 'gevaarlijke' klimaatverandering door de opwarming te beperken tot de bovengrens van de natuurlijke variabiliteit binnen de relatief stabiele periode van 10.000 jaar sinds het einde van de laatste ijstijd. William Nordhaus van Yale University, een vooruitstrevend econoom op het gebied van de klimaatverandering, opperde al in 1979 dat deze limiet rond de 2 °C zou kunnen liggen, hoewel hij toegaf dat de data uiterst onzeker waren.[2]

In 1995 verscheen er een rapport van de Duitse Adviesraad voor Global Change (WBGU ofwel Wissenschaftlicher Beirat der Bundesregierung Globale Umweltveränderungen), een onafhankelijke wetenschappelijke raad die door de Duitse regering in het leven werd geroepen in de aanloop naar de Klimaattop in Rio; in het rapport beweerde men dat de hoogste gemiddelde mondiale temperatuur in de afgelopen paar honderdduizend jaar ongeveer 1,5 °C boven het pre-industriële niveau had gelegen. Uitgaande van het principe dat de Industriële Revolutie ons in elk geval een groter vermogen heeft geschonken tot aanpassing aan een veranderende wereld, telde men daar nog eens 0,5 °C bij op en kwam daarmee uit op dezelfde temperatuurlimiet van 2 °C.

Dit is niet noodzakelijkerwijs de beste manier om een 'veilige' temperatuurstijging vast te stellen. Tijdens de laatste warme periode tussen ijstijden bijvoorbeeld, ongeveer 130.000 jaar geleden, was de gemiddelde mondiale temperatuur maar een fractie hoger dan vandaag, maar door lichte hobbels in de baan van de aarde werd de hitte op een andere manier verdeeld. Het Arctische gebied werd veel warmer, het ijs smolt en de zeespiegel lag een paar meter hoger dan nu. Een blik in het verleden kan een nuttige gids zijn voor de toekomst, maar het is zeker geen spiegel.

Bovendien zeggen temperatuurstijgingen in een periode voordat er mensen bestonden, en lang voordat er meer dan 6 miljard van ons in grote steden leefden en afhankelijk waren van een industriële levensstijl, maar weinig over wat wij vandaag de dag 'gevaarlijk' vinden.

Toch gaat dat bijna toevallige getal van 2 °C er steeds overtuigender uitzien naarmate we meer ontdekken over de gevaren van onze inmenging in het klimaatsysteem. Bovenstaande lijstjes laten zien dat de meest ernstige gevolgen zich manifesteren tussen 2 en 3 °C, en dat het gevaarlijker wordt naarmate deze cijfers stijgen.

In 2003 publiceerde de WBGU een ander rapport[3], waarin men de specifieke gevaren beschreef die we bij verschillende temperatuurmarges zouden kunnen verwachten. Uitgaande van risico's als overstromingen, hongersnoden, hittegolven, droogte en uitsterving luidde de conclusie dat we moeten zorgen dat de temperaturen niet boven die 2 °C uitstijgen. Het rapport voegde daaraan toe: 'Deze klimaatmarge zou geaccepteerd moeten worden als een mondiaal doel [...] De Europese Unie dient in deze kwestie een leidende rol na te streven.'

Deze conclusie bleef niet beperkt tot groen Duitsland. In 2005 verscheen er een rapport van de International Climate Change Taskforce, een groep wetenschappers en politici uit de gehele wereld.[4] De werkgroep stond onder gezamenlijk voorzitterschap van het Britse parlementslid Stephen Byers en de Amerikaanse republikeinse senator Olympia Snowe. Naast de gebruikelijke bezorgde gezichten uit de geïndustrialiseerde wereld telde de groep ook leden uit China, India, Maleisië en Australië. Hun conclusie? Ter voorkoming van de meest schrikbarende effecten van agrarische achteruitgang, watertekorten, gezondheidsproblemen, schade aan koraalriffen en terrestrische ecosystemen, en met het oog op het groeiende risico een gevaarlijk klimatologisch omslagpunt te passeren, schrijft de ICCT: 'Als langetermijndoel stellen wij voor uit te gaan van een maximale stijging van de gemiddelde mondiale oppervlaktetemperatuur van 2 °C boven het pre-industriële niveau.'

In datzelfde jaar besloot de Europese Unie dit cijfer voortaan te hanteren als officieel beleid. Het gehele continent heeft zich nu verplicht er alles aan te doen de globale temperatuur niet verder te laten stijgen dan 2 °C boven pre-industriële waarden en de rest van de wereld ervan te overtuigen dit voorbeeld te volgen.[5]

En dan nu het echt slechte nieuws

We staan nu voor het zeer ernstige probleem – en niet veel mensen lijken dat te hebben opgemerkt – dat het inmiddels zo goed als onmogelijk is de opwarming tot 2 °C te beperken. Als we twintig jaar geleden waren begonnen, hadden we een goede kans gehad, maar in het huidige klimaat lijkt dit doel steeds verder buiten ons bereik te liggen.

Als we beslist beneden een gegeven temperatuur willen blijven, moeten we precies weten hoe gevoelig het klimaat is voor de toename van broeikasgassen – hoeveel 'temperatuurwaar' je krijgt voor 'broeikasgeld'. Onze schattingen van deze gevoeligheid worden steeds beter, maar ze zijn nog altijd onzeker. Bij de laagst mogelijke gevoeligheid is er nog steeds een kans dat we onder de 2 °C blijven, maar ligt de gevoeligheid hoger, dan is misschien zelfs 3 °C al buiten ons bereik.

Of het klimaat nu een dikke huid heeft of juist overgevoelig is, hangt af van de verschillende feedbackmechanismen die het koolstofeffect vermeerderen. Een voorbeeld: zoals we in hoofdstuk 1 beschreven, absorbeert warmere lucht meer waterdamp, en omdat waterdamp zelf weer een krachtig broeikasgas is, neemt de opwarming verder toe. Ook door de smelting van het glimmend witte zee-ijs neemt de wereld meer zonlicht op en wordt warmer: het ijs verandert namelijk in donker zeewater, dat het licht niet langer weerkaatst. De kracht van al deze feedbacks, opgeteld bij de kracht van CO_2 en de rest van de broeikasfamilie, bepaalt de gevoeligheid van het klimaat.

Omdat klimaatmodellen de feedbacks allemaal weer op een iets andere manier benaderen, geven ze verschillende uitkomsten voor die gevoeligheid. Als we die uitkomsten combineren, ontstaat er een spectrum van mogelijke temperaturen voor iedere willekeurige hoeveelheid broeikasgas in de lucht. Excuses voor de vloedgolf van cijfers, maar ze zijn voor het verhaal van wezenlijk belang:[6]

De waarschijnlijke veranderingen in de mondiale temperatuur (°C) voor een stabilisatie van broeikasgas op 450, 550 en 650 ppm. Merk op dat de curven niet symmetrisch zijn – in alle gevallen strekt het uiteinde aan de hoge kant zich verder uit dan het uiteinde aan de lage kant. De waarschijnlijke waarde voor de temperatuurstijging valt dus niet samen met de top van de curve, maar ligt iets meer naar rechts. De meest waarschijnlijke temperatuurstijging voor 450 ppm is ongeveer 2,5 °C, voor 550 ppm is dat 3,5 °C en voor 650 ppm is het 4°C. De asymmetrie van de curven betekent ook dat er een grotere kans bestaat op een temperatuurstijging boven deze 'meest waarschijnlijke' waarden dan op een lagere temperatuur. Alles bij elkaar geven de curven aan hoeveel risico we momenteel nemen ten aanzien van onze broeikastoekomst. (Bron: The Hadley Centre, gebaseerd op werk gepubliceerd in G.R. Harris et al., 'Frequency distributions of transient regional climate change from perturbed physics ensembles of general circulation model simulations', *Climate Dynamics* vol. 27, no. 4 (2006), pp. 357-75).

- Voor 450 ppm CO_2eq zal de temperatuurstijging waarschijnlijk uitkomen tussen 2 en 3,5 °C, met als meest waarschijnlijke waarde 2,5 °C.
- Voor 550 ppm CO_2eq zal de stijging uitkomen tussen 3 en 5 °C, met als meest waarschijnlijke waarde 3,5 °C.
- Voor 650 ppm CO_2eq zal de stijging uitkomen tussen 3,5 en 6 °C, met als meest waarschijnlijke waarde 4 °C.

Bij deze cijfers zouden er heel harde alarmbellen moeten gaan rinkelen. De concentratie van broeikasgassen in de huidige atmosfeer ligt momenteel rond de 430 ppm CO_2eq. Dat betekent dat

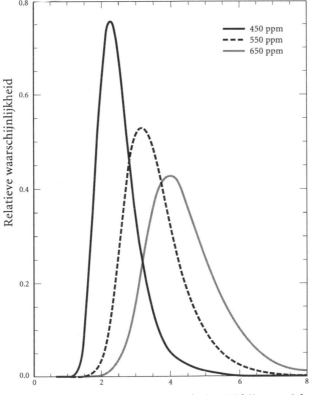

Mondiale temperatuursverandering °C bij evenwicht

450 ppm het laagste is wat we zouden mogen bereiken. En kijk nu eens naar dat spectrum: zelfs als we dit niveau kunnen handhaven, ligt de *meest waarschijnlijke* uitkomst van de temperatuurstijging al op 2,5 °C. Als we heel veel geluk hebben en de gevoeligheid van het klimaat zo laag mogelijk is, kunnen we daar misschien onder blijven, maar als we pech hebben, zouden we zelfs bij de laagst bereikbare concentratie van broeikasgassen nog altijd af kunnen koersen op een uiterst gevaarlijke 3,5 °C. Als we toestaan dat de broeikasgassen uitstijgen boven 450 ppm, is de situatie nog erger. 550 ppm, lang gehanteerd als het streefcijfer dat ons onder de 2 °C zou houden, gaat dat in de verste verte niet redden en leidt misschien zelfs tot een stijging van 5 °C. Daar moeten we niet aan denken.

Op grond van al deze redenen zijn wij van mening dat we maar één keus hebben: broeikasgassen beperken tot een zo laag mogelijk niveau. Met andere woorden, we moeten streven naar 450 ppm CO_2eq. Dit is het cijfer waar we ons in iedere beleidsnota en iedere klimaatovereenkomst op moeten richten. De politieke implicaties van dit alles bespreken we in deel III.

Voorlopig is dit de boodschap die we moeten onthouden: hoewel een gevaarlijke klimaatverandering inmiddels onafwendbaar is, hebben we nog altijd een goede kans die aan te kunnen als we onder de 450 ppm CO_2eq blijven. Dat is het streefcijfer. Alles wat hoger uitvalt, betekent een onacceptabele stijging van het risico op een catastrofale klimaatverandering.

Hoe bereiken we dat?

Veel van wat we tot dusver hebben gezegd, klinkt als een aaneenschakeling van slecht nieuws. Maar er is nog hoop. Hoewel het nu vrijwel onmogelijk is onder de 2 °C te blijven, is dit nu ook weer niet zo'n cruciale drempel dat er ogenblikkelijk iets vreselijks te gebeuren staat als we hem overschrijden. Het is eerder een snelheidslimiet, in de zin dat de kans op een ernstige ramp groter is naarmate je hoger boven die 2 °C komt. Alles wat we tot dusver in

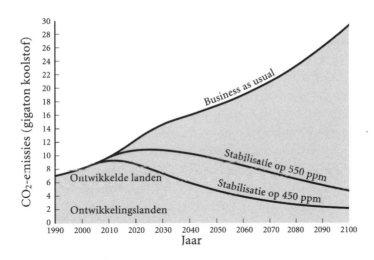

Voorspelde toekomstige broeikasgasuitstoot volgens verschillende scenario's. Voor het omrekenen van gigaton koolstof in gigaton koolstofdioxide (gebruikt in het boek) vermenigvuldigen met 3,67.
(Bron: UK Departement of Environment, Food and Rural Affairs)

dit hoofdstuk hebben beweerd, zou een extra prikkel tot actie moeten zijn, niet een reden tot wanhoop. Het goede nieuws is namelijk dat we nog altijd in staat zijn de broeikasgassen onder de grens van 450 ppm te houden.

We moeten echter snel ingrijpen. De mondiale broeikasgasuitstoot zou binnen vijftien jaar moeten pieken en tegen 2050 gedaald moeten zijn tot de helft van het huidige niveau. Dat lijkt veel gevraagd, vooral wanneer je bedenkt dat die verandering voor een groot deel moet komen uit de ontwikkelingslanden, die op dit moment veel meer gericht zijn op de verbetering van de slechte levensomstandigheden van hun bevolking dan dat ze zich druk maken over het mondiale klimaat.

Het uitstoottempo neemt bovendien alarmerend toe. Als we onze leefgewoonten niet veranderen, zal er in 2035 al 550 pm CO_2eq in de lucht zitten.[7] Tegen het einde van de eeuw zou de uitstoot 250 procent hoger kunnen liggen dan nu, met broeikas-gassen die de mijlpaal van 1000 ppm bereiken. Het IPCC-rapport noemt het ombuigen van die trend een 'afschrikwekkende' taak.[8]

Gelukkig zijn veel van de benodigde technologieën om het broeikasgas te beteugelen al beschikbaar of staan op stapel. In de volgende hoofdstukken gaan we hier nader op in, maar om een idee te geven van de manier waarop deze technologieën tezamen het probleem kunnen oplossen, besteden we eerst aandacht aan een ingenieuze, eenvoudige benadering die in 2004 werd gepresenteerd door twee onderzoekers van Princeton, Steve Pacala en Robert Socolow.[9] De onderzoekers splitsten het probleem op in een aantal 'wiggen'. Iedere wig zou in de komende vijftig jaar zelfstandig de mondiale broeikasgasuitstoot met 25 miljard ton koolstof (net iets meer dan 90 miljard ton koolstofdioxide) terugdringen. Ze spreken over 'wiggen' omdat het effect van de maatregel geleidelijk toeneemt van niets op het huidige moment, het smalste stukje van de wig, tot miljarden tonnen koolstof (ongeveer 3,7 miljard ton koolstofdioxide) per jaar over vijftig jaar.

Pacala en Socolow telden in eerste instantie zeven wiggen bij elkaar op; zo lieten ze zien hoe je een stijgende uitstootgrafiek zou kunnen omvormen tot een lijn die op dezelfde hoogte blijft. Zoals we hierboven hebben aangetoond, is gelijk blijven echter niet genoeg: de grafiek moet dalen. Als we de analogie volgen, is dat mogelijk door meer wiggen toe te voegen.

De wiggen voor de komende vijftig jaar zijn onder andere (in ieder afzonderlijk geval moeten we onze inspanningen ononderbroken in een rechte lijn opvoeren, vanaf nul op dit moment):

- Verdubbel de brandstofzuinigheid van 2 miljard auto's.
- Halveer de gemiddelde jaarlijkse afstand die door 2 miljard auto's wordt afgelegd.
- Dring de koolstofuitstoot van gebouwen en apparaten met een kwart terug
- Zorg voor een koolstofafvang en -opslag uit kolencentrales van 800 gigawatt.

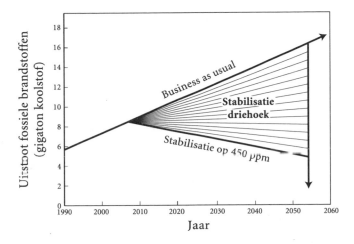

De 'wiggenstrategie' voor de reductie van broeikasemissies vanaf een 'business as usual'-traject tot een stabilisatie op 450 ppm koolstofdioxide. Voor het omrekenen van gigaton koolstof in gigaton koolstofdioxide (gebruikt in het boek) vermenigvuldigen met 3,76.

(Bron: naar S. Pacala en R. Socolow, 'Stabisation wedges: soliving the climate problem for the next 50 years with current technologies', *Science* vol. 205, 13 augustus 2003, pp. 968-72).

- Zorg voor een koolstofafvang en -opslag uit aardgascentrales van 1600 gigawatt.
- Bouw 2 miljoen windturbines van 1 megawatt (ongeveer vijftig keer zoveel als er nu zijn).
- Stop de kap van tropisch oerwoud en plant 300 miljoen hectare nieuwe bomen in de tropen.
- Verdubbel de huidige hoeveelheid kernenergie.
- Verviervoudig de hoeveelheid aardgas die gebruikt wordt voor elektriciteitswinning door kolencentrales om te bouwen (aardgas produceert minder broeikasgassen dan kolen).
- Verhoog het gebruik van biobrandstoffen voor voertuigen tot vijftig keer het huidige niveau.
- Kies overal ter wereld voor extensieve landbouwmethodes.

• Verhoog het mondiale oppervlak aan zonnepanelen met een factor 700.

Op grond van de technologische oplossingen die we beschrijven, kun je je ook andere wiggen voorstellen. Bedenk dat geen daarvan een of andere grote technologische doorbraak vereist.[10] Als je na verloop van tijd nog een aantal nieuwe strategieën inlast, maakt dat de taak alleen maar lichter.

In februari 2007 loofde Richard Branson, zakelijk leider van de Virgin Group, een prijs van 25 miljoen dollar uit voor iedereen die erin zou slagen een effectieve manier te bedenken om minstens tien jaar lang 1 miljard ton koolstofdioxide of meer per jaar uit de atmosfeer te verwijderen. (Naar eigen zeggen liet Branson zich inspireren door de prijs van 20.000 pond die in de achttiende eeuw werd uitgeloofd voor het meten van breedtegraden, een prijs die werd gewonnen door klokkenmaker John Harrison, en door de Ansari X-prijs van 10 miljoen dollar voor een particuliere menselijke ruimtevlucht, die in 2004 werd uitgereikt.) De sluitingsdatum voor de Virginprijs is 8 februari 2010.

Als je een poging wilt wagen, bedenk dan dat het probleem ingewikkelder is dan het lijkt, omdat koolstofdioxide zo sterk verstrooid is. Er zitten slechts 4 moleculen CO_2 in iedere 10.000 luchtmoleculen, dus iedere poging de koolstofdioxide op te vangen zal gepaard moeten gaan met een manier om het sterk te concentreren.

In april 2007 lanceerde Klaus Lackner van Columbia University in samenwerking met research & developmentbedrijf Global Research Technologies een veelbelovende strategie. Het idee is een omkering van de gebruikelijke functie van schoorstenen. In plaats van CO_2-rijke lucht uit te braken, zouden gigantische schoorstenen vervuilde lucht uit de omgeving op moeten zuigen. De koolstofdioxide moet dan door een mineraal worden geabsorbeerd en vervolgens worden uitgescheiden als een pure stroom gas, klaar voor ondergrondse opslag. Een voordeel van deze strategie is dat de schoorstenen zich niet in de buurt van plaatsen

TECHNOLOGISCHE OPLOSSINGEN

hoeven te bevinden waar de CO_2 wordt uitgestoten. Ze hoeven niet op krachtcentrales of achter auto's geschroefd te worden, maar zouden de CO_2 zelfs vanaf de andere kant van de wereld aan de lucht kunnen onttrekken, bijvoorbeeld vlak naast een mogelijke opslagplek.

Het bedrijf schat dat ongeveer een miljoen van dergelijke apparaten – weliswaar elk met een enorme opening van honderd vierkante meter – jaarlijks 1 miljard ton CO_2 op zouden kunnen slorpen. Als we snel proefprojecten realiseren, onze activiteit geleidelijk opvoeren en in vijftig jaar tijd die capaciteit ongeveer verviervoudigen, zou dit een van de wiggen van Socolow en Pacala kunnen zijn.[11]

Een andere mogelijkheid om rechtstreeks koolstofdioxide aan de atmosfeer te onttrekken, is het concentratieproces overlaten aan biologische systemen. Planten bouwen hun lichaam op uit het koolstofdioxide in de lucht. Normaliter keert dat koolstofdioxide weer in de lucht terug wanneer het plantenlichaam wordt afgebroken, door vertering in de maag van een dier bijvoorbeeld, of door verbranding in een vuur. Maar wat nu als je dat lichaam beschermt, zodat het koolstofdioxide veilig opgeslagen blijft?

Het planten van nieuwe bomen in de tropen en die beschermen tegen omhakken of verbranden zou bijvoorbeeld een uitstekende manier zijn om koolstofdioxide uit de lucht te halen – deze optie zien we dan ook terug als een van de wiggen van Socolow en Pacala.

Een andere intrigerende nieuwe methode is de zogenoemde 'biochartechnologie': je neemt een landbouwoverschot, zoals de stelen en kolven van maïs, en verbrandt die bij zeer hoge temperaturen, zonder dat er zuurstof bij komt. Een gedeelte van de koolstof vormt een olie, die je vervolgens kunt verbranden voor energiewinning. De rest vormt een hard, zwart soort houtskool, waarin de koolstof honderden jaren blijft opgeslagen, zo menen pleitbezorgers. De economische opbrengst van de olie kan weer bijdragen aan de kosten om de rest van de koolstof te bewaren. Een handig neveneffect van deze methode is dat het houtskool vervolgens in principe over de akkers verspreid zou kunnen worden. Omdat dit niet afbreekt, kan het de bodem helpen voedingsstoffen en water vast te houden, wat de behoefte aan zowel kunstmest als irrigatie zou terugdringen. Het plan staat nog in de kinderschoenen, maar het ziet er veelbelovend uit.[12]

Een benadering die we niet aanbevelen, is technologieën bedenken waarmee we de opwarming die we hebben veroorzaakt op de een of andere manier neutraliseren door een even grote afkoeling in gang te zetten. Dergelijke pogingen om de problemen in één klap uit de wereld te helpen kennen een problematische geschiedenis, gedeeltelijk omdat veel van de in de loop der jaren voorgestelde plannen uitermate onpraktisch waren. Suggesties varieerden van waanzinnig (schilder zoveel mogelijk van de wereld wit, zodat er meer zonlicht weerkaatst wordt) tot ultraduur (breng gigantische spiegels aan in de ruimte die het zonlicht tegenhouden).

Bovendien doet deze strategie, waarbij we koolstofdioxide gewoon vrij spel geven en vervolgens het opwarmende effect ongedaan maken, helemaal niets aan de andere consequenties van een hoog koolstofdioxidegehalte. Een voordeel van extra koolstofdioxide zou de bijdrage zijn aan de bevordering van plantengroei, en dan zonder de daarmee gepaard gaande droogte waardoor de landbouwopbrengsten in een warmere wereld zouden kelderen. Een veel groter nadeel is echter dat meer koolstofdioxide in de lucht leidt tot een zuurdere oceaan, zoals we in hoofdstuk 3 hebben gezien, en een spiegel in de ruimte plaatsen helpt daar helemaal niets tegen.

De voornaamste reden dat de meeste klimaatwetenschappers de geotechnologie naast zich neerleggen, is dat ze achterdocht koesteren tegenover snelle remedies die onze slechte gewoontes intact laten. Zoals Meinrat Andreae van het Max Planck Instituut voor Chemie in Mainz in Duitsland het formuleerde: 'Het is als een junkie die nieuwe manieren bedenkt om zijn kinderen te bestelen.'[13]

In 2006 kwam atmosfeerwetenschapper en Nobelprijswinnaar

Paul Crutzen met de gewaagde suggestie zwaveldioxidewolken in de lucht te injecteren, zodat er een kunstmatige nevel zou ontstaan, een wolkachtige spiegel in de hemel die het zonlicht zou weerkaatsen naar de ruimte en zo zou helpen het broeikaseffect te neutraliseren.[14] Op zo'n manier moedwillig rommelen met iets zo complex als de atmosfeer zou weleens meer problemen kunnen opleveren dan het oplost.

De geschiedenis van onze relatie met de atmosfeer wordt getekend door onbedoelde (en dikwijls ongelukkige) gevolgen. Neem de chemicaliën die bijna de ozonlaag vernietigden, onze bescherming tegen kankerverwekkende ultraviolette straling: ze werden uitgevonden door een goedbedoelende scheikundige in een poging het milieu te verbeteren. Het probleem oplossen door nog meer vervuiling te creëren lijkt verdacht veel op het Engelse kinderrijmpje 'I know an old lady who swallowed a fly...', waarin een oud dametje een steeds groter dier inslikt om het vorige dier dat ze inslikte onschadelijk te maken, en daar uiteindelijk aan bezwijkt

7

Meer uit minder

De eerste en misschien belangrijkste stap bij de aanpak van de klimaatverandering is een verstandiger gebruik van energie. Fossiele brandstoffen zijn altijd zo'n goedkope krachtbron geweest dat we onnadenkend en spilziek zijn geworden. Het is verbijsterend hoeveel we verkwisten zonder zelfs maar op te merken wat het ons kost. In feite zijn veel van de strategieën om de koolstofdioxide-uitstoot te beperken door efficiencyverbetering niet duur, maar zullen ze ons geld besparen. Dit zijn de rijpe appels van het uitstootspel, de leemtes waar we al op hadden moeten inspringen als de energiemarkt zijn werk goed had gedaan.

Gebouwen

Wereldwijd zijn gebouwen verantwoordelijk voor een broeikasgasuitstoot van ongeveer 9 miljard ton CO_2eq per jaar,[1] ongeveer 18 procent van het totaal. Het grootste deel daarvan is afkomstig uit energiegebruik, of -misbruik. Hoewel in de afgelopen tien jaar isolatiemethoden beter zijn geworden en elektrische apparaten efficiënter, is de manier waarop we energie gebruiken in onze gebouwen nog altijd ongelooflijk laks, een combinatie van geldverspilling en het laten ontsnappen van broeikasgassen naar de atmosfeer.

Er bestaan genoeg technologieën om hier paal en perk aan te stellen. Als we bijvoorbeeld gewoon de meest zuinige nieuwe vormen van verlichting gebruiken, zou de hoeveelheid energie die nodig is om een doorsnee Amerikaans huis te verlichten met 75 procent kunnen dalen.[2]

TECHNOLOGISCHE OPLOSSINGEN

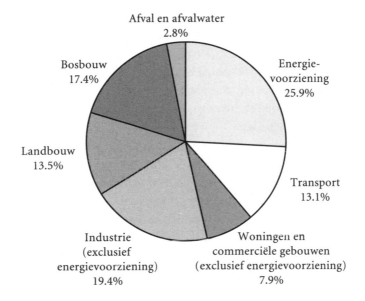

Afval en afvalwater
2.8%

Bosbouw
17.4%

Energie-
voorziening
25.9%

Landbouw
13.5%

Transport
13.1%

Industrie
(exclusief
energievoorziening)
19.4%

Woningen en
commerciële gebouwen
(exclusief energievoorziening)
7.9%

Totale broeikasgasuitstoot van verschillende sectoren (Bron: IPCC)

Sommige maatregelen gaan wat kosten, maar veel is helemaal gratis of levert geld op door de besparing op energiekosten. Zelfs op korte termijn, in de komende vijftien jaar, zouden we zeker 30 procent van de voorspelde toename van uitstoot uit gebouwen kunnen terugdringen zonder daar een cent voor neer te tellen. En dan hebben we het nog niet eens over mogelijke veranderingen in ons gedrag, waardoor dat percentage nog hoger zou uitvallen.

Dit is een van de vele terreinen van klimaatverandering waarop het individu een enorm verschil kan maken. Een groot deel van de onderstaande strategieën geldt voor ons eigen huis, werk, school of kerk. Als we een aantal daarvan of allemaal, gezamenlijk inzetten, zal dat een enorm effect hebben op de mondiale uitstoot.

Isoleren en nogmaals isoleren

In koude klimaten met veel bewolking moeten we er 's winters voor waken dat koude lucht gebouwen binnendringt en 's zomers juist dat hij ontsnapt. Het enige wat daarvoor nodig is, is een adequate isolatie van muren en daken, en zorgen dat ramen en deuren in de winter goed sluiten om droogte te minimaliseren. Moeilijker dan dat is het niet.

In warmere gebieden zijn velen van ons gewend geraakt aan energievretende airconditioning. Je kunt een gebouw echter gewoon zelf als een filter laten fungeren en slechts selectief daglicht, warmte en koele lucht binnenlaten, afhankelijk van de directe behoefte. Dit klinkt misschien reuzegeavanceerd, maar bedenk dat oude bouwmeesters dit al deden lang voordat iemand ooit had gehoord van olie of elektriciteit. De ontwerpers van de Moorse paleizen in Andalusië wisten precies hoe ze de helling van een dak moesten plaatsen om de brandende zomerzon te weren maar de zachtere, schuinere stralen van de winterzon binnen te laten. Ook moderne gebouwen kunnen op die manier ontworpen worden, maar laten we in de tussentijd werken met wat voorhanden is: wanneer de zon vol op de ramen staat, doe dan de luiken of de luxaflex dicht. Als je behoefte hebt aan koelte en er staat buiten een stevige wind, doe het raam dan open.

Nieuwe lampen in plaats van oude

Verlichting is een van de gemakkelijkste gebieden waarop de uitstoot uit gebouwen terug te dringen is: met behulp van bestaande technologieën kunnen we een daling realiseren van maar liefst 90 procent. De vervanging van oude gloeilampen door de meest energiezuinige exemplaren kan het energiegebruik halveren en als we nieuwe gebouwen zo ontwerpen dat ze optimaal gebruikmaken van binnenvallend daglicht, wordt ook dat cijfer nog eens gehalveerd. Nieuwe verlichtingssystemen zorgen voor verdere besparingen. Een eenvoudige methode is het dimmen van het centrale licht in kantoren, terwijl er meer licht beschikbaar is op afzonderlijke werkplekken. Dat kost niet alleen minder energie, maar het is dikwijls ook rustiger aan de ogen.

Ten slotte moeten we ons realiseren dat ongeveer een derde van de wereldbevolking geen toegang heeft tot welke vorm van moderne energie dan ook en afhankelijk is van verlichting op basis van de directe verbranding van fossiele brandstoffen, zoals kerosine of paraffine. Deze lampen voorzien in slechts 1 procent van de verlichting in de wereld, maar nemen 20 procent van de lichtgerelateerde uitstoot voor hun rekening. Een compacte fluorescerende lamp is 1000 keer zo efficiënt en vormt geen gezondheidsrisico, omdat er geen walm bij vrijkomt. Dit voorbeeld geeft aan dat de gehele wereld erbij gebaat zou zijn als ontwikkelingslanden over voldoende fondsen en kennis zouden beschikken om een sprong te maken naar de moderne technologie.[3]

De nieuwste snufjes

Verhoog de efficiency van apparaten in gebouwen en reduceer hun aantal. Voer regelmatig een inventarisatie uit om te kijken of je niet te veel of te grote apparaten gebruikt. Als je huishoudelijke apparaten vervangt, koop dan altijd de meest energiezuinige. In 1978 introduceerde de regering in de Verenigde Staten eenvoudige maatstaven voor energiezuinige apparaten. Tegen 2020 zal de uitstoot uit woonhuizen van broeikasgassen hierdoor met ongeveer 10 procent gereduceerd zijn.

Zet de stand-by uit

Het klinkt misschien gek, maar die kleine lampjes op tv's en video's, plus al die andere aardigheidjes die men verzint voor de stand-by-modus van elektrische apparaten, dragen flink bij aan de broeikasgasuitstoot. Het is een schrijnende indicatie van de mate van onze energieverspilling dat de opladers van mobiele telefoons zelfs energie verbruiken op momenten dat ze niet in gebruik zijn maar wel in het stopcontact zitten. Het Internationaal Energie Agentschap (IEA) schat dat de stand-by-modus weleens verantwoordelijk zou kunnen zijn voor 1 procent van de broeikasgasuitstoot, bijna net zoveel als de gehele luchtvaartindustrie.[4]

In 1999 lanceerde het IEA het zogenoemde '1 watt-initiatief', waarmee het producenten wilde aansporen de stand-by-modus tot 1 watt of minder te beperken.[5] In de tussentijd, ook al klinkt het nog zo vreemd, maakt het echt veel uit als je apparaten helemaal uitschakelt wanneer je ze niet gebruikt.

Verander je gedrag

Zelfs bij identieke huizen, zo heeft een klassiek onderzoek uitgewezen, is het mogelijk dat een gezin met gemak twee keer zoveel elektriciteit verbruikt als de buren.[6] Meer recentelijk heeft men bij vijftig projecten overal ter wereld onderzocht of een huishouden zijn energieconsumptie verandert als de gezinsleden weten hoeveel elektriciteit ze verbruiken in vergelijking met dezelfde maand van het voorgaande jaar, of in vergelijking met de buren. Het resultaat was een energiebesparing van 5 procent.[7] Dit toont aan dat we sneller geneigd zijn minder te consumeren als we goed geïnformeerd zijn over de hoeveelheid elektriciteit die we verbruiken en een beetje opletten. Het is opmerkelijk hoe gemakkelijk een vrolijk tikkende 'slimme energiemeter' naast de koelkast een mens kan stimuleren het licht uit te doen als hij de kamer uit gaat.

Doe-het-zelven

Microgeneratie, zoals deze strategie wel wordt genoemd, is gebaseerd op exploitatie van de middelen van je gebouw om je eigen energie op te wekken. In hoofdstuk 9 beschrijven we koolstofarme methodes voor energiewinning in meer detail; hier is het van belang te signaleren dat een groot aantal daarvan zeer goed op kleine schaal toepasbaar is. Je kunt bijvoorbeeld water opwarmen met zonlicht of energie genereren met zonnepanelen; warmtepompen kunnen warme of koele lucht naar binnen of naar buiten leiden; en je kunt ook een eigen windturbine gebruiken. Binnenkort komen er kleinschalige cogeneratie-eenheden op de markt; hiermee kun je zowel de hitte als de elektriciteit gebruiken die vrijkomt bij het verbranden van aardgas.

TECHNOLOGISCHE OPLOSSINGEN

Veel van deze technologieën zijn nog duur in vergelijking met hun equivalenten op fossiele brandstof, maar zodra de grote economieën gaan meewerken, zullen de prijzen ongetwijfeld dalen. Als de nationale energienetwerken flexibeler worden, is het misschien zelfs mogelijk dat particuliere individuele huishoudens ongebruikte elektriciteit weer via het netwerk afvoeren. Als het al bevrediging schenkt wanneer een smartmeter aangeeft dat je stroom bespaart, wat een kick moet het dan wel niet zijn om te zien dat je elektriciteit terugverkoopt aan het energiebedrijf!

Industrie

Over het geheel genomen is de industrie verantwoordelijk voor 112 miljard ton aan broeikasgassen, bijna een kwart van de mondiale uitstoot. Een groot deel daarvan is afkomstig uit het gebruik van fossiele brandstoffen voor energiewinning, uit het onmiddellijke gebruik van fossiele brandstoffen voor chemische verwerking en smelten, en uit het direct vrijkomen van koolstofdioxide bij het productieproces (bij het maken van cement uit kalksteen bijvoorbeeld).

Vrijwel alle energie wordt verbruikt in een handvol energie-intensieve industrieën: ijzer en staal, chemicaliën en kunstmeststoffen, cement, glas en aardewerk, pulp en papier. Er bestaan inmiddels aardig wat manieren om op de benodigde energie te besparen. Zogenoemde 'warmte-integratie', bijvoorbeeld, gebruikt de restwarmte van de qua energie meest intensieve energieprocessen voor een reeks steeds koelere stappen. De allerlaatste resten zorgen ten slotte voor de verwarming van de fabriek zelf.[8] Het proces vraagt geen technologische vernieuwingen of nieuwe wetgeving, en veel fabrieken zouden er morgen mee kunnen beginnen.

Een andere bestaande efficiencyverhogende technologie is de variabele snelheidsmotor.[9] Het klinkt prozaïsch, maar meer dan de helft van alle opgewekte elektriciteit wordt gebruikt voor de aandrijving van motoren; als die efficiënter zouden zijn, zou dat een enorm verschil maken. Een motor die continu draait en werkt op een flexibele, relatief lage snelheid, gebruikt veel minder kracht dan een motor met een vaste hoge snelheid die steeds wordt aan- en uitgezet. Ook flexibele motoren op ventilatoren zouden een derde van hun energie kunnen besparen, en liften zouden energie kunnen regenereren wanneer ze omlaaggaan.

Industrieën zouden ook gebruik kunnen maken van warmte van krachtcentrales, waar nu meestal niets mee gedaan wordt. Als een fabriek dicht genoeg bij een krachtcentrale ligt, kan de warmte die normaliter via koelpijpen in de lucht verdwijnt naar de fabriek getransporteerd worden om het warmteverslindende proces te voeden. (Op deze manier zouden we ook steden via een regionaal netwerk van leidingen van warmte kunnen voorzien.)

Voor industrieën die direct koolstofdioxide genereren, zoals de cementindustrie, die op dit moment verantwoordelijk is voor ongeveer 3 procent van de mondiale broeikasgasuitstoot, is de meest veelbelovende benadering het afvangen en opslaan van de koolstof voordat die de atmosfeer bereikt.

Landbouw

De landbouw is verantwoordelijk voor ongeveer 13 procent van de broeikasgasuitstoot, ongeveer net zoveel als het transport. Vrijwel niets daarvan is koolstofdioxide. Hoewel er jaarlijks enorme hoeveelheden CO_2 uitgewisseld worden tussen landbouwgewassen en de atmosfeer, is de balans ongeveer nul. Het zijn de zustergassen methaan ('aardgas') en stikstofmonoxide ('lachgas') die hier van belang zijn.

Landbouwmethaan ontstaat op uiteenlopende plaatsen en heeft vrijwel altijd te maken met microben die zich tegoed doen aan organisch materiaal op plekken waar weinig of geen zuurstof is. De voornaamste methaanbronnen zijn derhalve de magen van koeien, schapen en waterbuffels. Een kleinere hoeveelheid methaan is afkomstig van rijstvelden en uit de verbranding van biomassa. (Biomassaverbranding, met name van bossen, produceert ook aanzienlijke hoeveelheden koolstofdioxide, maar daar komen we later nog op terug.)

Stikstofmonoxide komt direct uit bodems, vooral wanneer die een overschot bevatten aan stikstofhoudende bestanddelen doordat ze zijn volgestopt met nitraatrijke kunstmeststoffen of dierlijke mest.

Niemand heeft nog in detail onderzocht in hoeverre deze uitstoot zal toenemen als er niets tegen gedaan wordt. Het IPCC-rapport schat echter dat de agrarische bijdrage aan deze twee broeikasgassen rond 2030 met 31 tot 37 procent zal zijn gestegen.[10]

Er bestaan verschillende manieren om de agrarische uitstoot binnen de perken te houden. Vrijwel al die manieren zijn gericht op de verhoging van de efficiency van ons grondgebruik, en het zijn vrijwel allemaal bestaande technologieën: een betere voeding voor vee bijvoorbeeld, zodat de dieren niet zoveel boeren laten. In Nieuw-Zeeland onderzoekt men of ze de microben die koeien helpen hun eten te verteren zo kunnen veranderen dat ze suikers gaan aanmaken in plaats van methaan. Zelfs los van de klimaatveranderingen is dit een in landbouwkundig opzicht zinvol streven omdat ieder verlies van koolstof in de vorm van methaan betekent dat er minder koolstof beschikbaar is voor de lichaamsmassa van het dier. Het is ook mogelijk de hoeveelheid voedingsstoffen in de bodem te reguleren met meer natuurlijke middelen dan nitraatrijke kunstmest. *Agroforestry* is een methode waarbij gewassen die in elkaars voedselbehoeften voorzien naast elkaar worden geplant. Het is zelfs mogelijk landbouwgronden te gebruiken voor nettokoolstofopslag door minder te ploegen. Ploegen verstoort namelijk de bodem en prikkelt microben de aanwezige koolstof te mobiliseren.

Geen van deze praktijken is goedkoop of direct uitvoerbaar voor zelfvoorzienende boeren in ontwikkelingslanden, die waarschijnlijk het overgrote deel van de groei van zogenoemde business as usual-uitstoot voor hun rekening zullen nemen. Maar als we nu op een of andere manier voor uitstoot laten betalen door aan ieder broeikasgas een redelijke prijs te koppelen, zou dat de noodzakelijke agrarische veranderingen gedeeltelijk kunnen bekostigen. Het IPCC-rapport stelt dat de totale agrarische uitstoot in 2030 met ongeveer een derde teruggedrongen kan zijn als we een prijs hanteren van 50 dollar per ton CO_2eq, en met de helft bij een prijs van 100 dollar per ton. De voorspelde toename zou hiermee in één klap van de kaart zijn geveegd.[11]

Bossen

Het neerhalen en verbranden van bomen brengt per jaar zo'n 8 miljard ton koolstofdioxide in de atmosfeer.[12] Dat is een enorme hoeveelheid: meer dan 16 procent van de totale menselijke broeikasgasuitstoot en meer dan de uitstoot uit zowel de landbouw als de transportsector. En het is grotendeels onnodig. De vernietiging van bossen is een van de meest krankzinnige vormen van gerommel met het klimaat die wij mensen tot op heden hebben verzonnen.

Het overgrote deel van het koolstofdioxide uit ontbossing is afkomstig van de verbranding van tropisch oerwoud, met name van het Amazoneregenwoud. De redenen voor de kap lopen uiteen van het kappen van afzonderlijke hardhoutbomen voor kleinschalige landbouw (het zogenoemde *slash-and-burn*), tot de aanleg van grootschalige agrarische palmolieplantages. Zelfs het omhakken van losse bomen veroorzaakt vaak enorme vernietiging: ook de bomen eromheen vallen om, omdat ze met houtachtige lianen met elkaar verbonden zijn, en anders rammen nietsontziende bulldozers ze wel tegen de vlakte. De gaten die in het bladerdak ontstaan, laten het hete tropische zonlicht door, waardoor het bos verdroogt en er plaatselijk branden ontstaan; houtvesters leggen bovendien vaak wegen aan voor zichzelf, wat de instroom van slash-and-burn-boeren stimuleert.[13]

Klimaatmodellen geven aan dat stopzetten van de huidige ontbossing, beter bosmanagement en herbebossing van geschikte gebieden[14] de jaarlijkse uitstoot gemakkelijk en goedkoop zou kunnen terugdringen tot 14 miljard ton per jaar rond 2030.[15] Er bestaan maar weinig wetenschappelijke voorspellingen voor deze periode als we het business as usual-scenario blijven volgen, maar men lijkt ervan uit te gaan dat de jaarlijkse uitstoot door ontbossing in 2030 ongeveer op hetzelfde niveau zou liggen als vandaag – met andere woorden, op 8 miljard ton per jaar. In dat geval zou de toepassing van bovenstaande tactieken betekenen dat we niet alleen de uitstoot uit bossen tot nul zouden reduceren, maar dat die bossen zelfs aanzienlijke hoeveelheden van de uitstoot uit andere bronnen zouden opnemen en ons zouden helpen de vereiste mondiale reductie tot stand te brengen.[16]

De voedselproductie zou nauwelijks te lijden hebben. De bodem in het tropisch regenwoud is relatief arm aan voedingsstoffen, die vooral zijn opgeslagen in bomen en afgevallen bladeren, en deel uitmaken van een voortdurende biologische recycling. Je kunt de grond dus niet langer dan een paar jaar bebouwen, wat een van de redenen is dat slash-and-burn-boeren steeds weer verkassen. Dankzij innovaties op het gebied van de bodemwetenschappen zijn boeren in Centraal-Brazilië erin geslaagd gewassen als sojabonen te telen in het voorheen onvruchtbare Cerradogebied. Dat heeft de druk op de Amazone verlicht, terwijl de totale landbouwproductie is gestegen.[17]

Bovendien is iedere uitstootreductie uit bossen relatief goedkoop, zeker in vergelijking met andere manieren van koolstofreductie. Uit economisch onderzoek blijkt dat de directe opbrengst uit tot landbouwgrond getransformeerde bosgronden, inclusief de opbrengst uit de houtverkoop, in veel gebieden gelijk is aan minder dan 1 dollar per ton CO_2, en meestal aan aanzienlijk minder dan 5 dollar per ton.[18] Ieder economisch systeem dat een prijskaartje hangt aan de uitstoot van koolstofdioxide door aan iedere ton CO_2 een bedrag te koppelen, zou een veelvoud van deze verdiensten opbrengen. Analyses geven aan dat een reductie van bijna de helft, minder zou kosten dan 20 dollar per ton CO_2, en een reductie van meer dan twee derde minder dan 50 dollar per ton.[19] Zoals we in hoofdstuk 10 zullen laten zien, zijn dit uiterst redelijke cijfers in vergelijking met de te verwachten prijzen op de toekomstige koolstofmarkten.

Hoe we zorgen dat de landen waarin de meeste ontbossing plaatsvindt genoeg fondsen en prikkels krijgen om het proces een halt toe te roepen, is eerder een politieke dan een technologische kwestie. In de hoofdstukken 10 en 11 laten we zowel bestaande strategieën als nieuwe ideeën de revue passeren. Duidelijk is dat we moeten zorgen dát het gebeurt. Het is waar dat veel ontwikkelde landen, met name in Europa en Noord-Amerika, hun bossen eeuwen geleden al tot landbouwgrond hebben getransformeerd, en dat dit het fundament legde voor hun latere ontwikkeling. Dat is dan ook een van de redenen dat de ontwikkelde wereld financieel zou moeten bijdragen aan de voorkoming van verdere ontbossing in het regenwoud. Voor degenen die ervan leven, lijken de tropische bossen misschien een goedkope en vrijwel onuitputtelijke bron van inkomsten, maar de uitstoot die ze met al dat verbranden in de atmosfeer brengen, kost ons de aarde.

Afval

Afval draagt met ongeveer 1,2 miljard ton CO_2eq relatief weinig bij aan de uitstoot, niet meer dan een paar procent van het mondiale totaal, maar het is gemakkelijk aan te pakken. Veel van de uitstoot heeft de vorm van methaan van vuilstortplaatsen, dat relatief eenvoudig is op te vangen en vaak weer gebuikt kan worden om elektriciteit op te wekken. Belangrijker echter is de indirecte uitstoot uit afval, die veel moeilijker te kwantificeren, maar waarschijnlijk zeer substantieel is. Vanuit klimaatoogpunt is het dwaas dingen één keer te gebruiken en dan weg te gooien. De archeoloog E.W. Haury schreef eens: 'Hoe we de [afval]hopen ook bekijken, als vuilnis waar we met een grote boog omheen lopen, of als symbool van een manier van leven, het [...] is een rijkere bron van informatie dan wat ook.'[20] Als buitenaardse archeologen zich zouden buigen over al die plastic tasjes die we na één keer gebruiken weer hebben weggegooid, over al die verpakkingen, doosjes, blikjes en papiertjes die slechts even van nut zijn geweest maar die we in de vorm van koolstofuitstoot duur hebben betaald, wat zouden ze dan in vredesnaam van ons denken?

8

Auto's, vliegtuigen en treinen

Transport heeft in het verhaal rond de klimaatverandering zoveel aandacht gekregen dat we er een volledig hoofdstuk aan wijden. Deze sector is momenteel verantwoordelijk voor 13 procent van de mondiale broeikasgasuitstoot, en is na energiecentrales veruit de snelst groeiende.[1] Het is ook verreweg de meest besproken sector, waarschijnlijk omdat juist op dit terrein het individu een grote bijdrage kan leveren. Vrijwel alle energie voor transport komt uit petroleum en tenzij we ingrijpende veranderingen doorvoeren, zal de broeikasgasuitstoot uit transport in 2030 80 procent hoger liggen dan vandaag.[2]

Een deel van het probleem is dat welvaart en koolstofvretend transport lange tijd hand in hand zijn gegaan. Hoe rijker de wereld, hoe verder mensen willen reizen en hoe minder koolstofefficiënt de middelen die ze kiezen. Naarmate de welvaart in een land stijgt, gaan de inwoners over van lopen of fietsen op bussen en lokale treinen, en uiteindelijk op auto's, hogesnelheidstreinen en luchtverkeer.[3]

Het grootste deel van de stijging die men voor de komende tientallen jaren voorziet, zal komen uit de ontwikkelingslanden, maar je kunt moeilijk hardmaken dat de inwoners van die landen niet evenveel recht hebben op leuke reisjes als mensen in de geïndustrialiseerde wereld. Om de uitstoot binnen de perken te houden is een combinatie nodig van nieuwe koolstofarme technologieën, hogere efficiency en aantrekkelijke alternatieven voor de meest vervuilende vervoersmiddelen.

TECHNOLOGISCHE OPLOSSINGEN

Biobrandstoffen

Allereerst een waarschuwing over een van de meest prominente nieuwe transporttechnologieën, de koolstofarme brandstoffen, ook wel bekend als biobrandstoffen. Koolstofarme energietechnologieën produceren over het algemeen elektriciteit. De transportsector is echter in vrijwel alle gevallen afhankelijk van vloeibare brandstof die gemakkelijk geleverd kan worden aan afzonderlijke auto's, bussen, treinen en vliegtuigen. (Elektrische auto's vormen hierop een veelbelovende uitzondering, maar hierover later meer.) Een mogelijke manier om vloeibare brandstof te genereren zonder schade aan de atmosfeer is de productie van nieuwe groene brandstoffen op basis van koolstofneutrale biomassa. Op die manier kunnen we min of meer blijven doen wat we nu doen, maar zijn de koolstofconsequenties minder hoog.

Dit is zo'n aantrekkelijke gedachte dat twee van deze zogenoemde 'biobrandstoffen' al in gebruik zijn: bio-ethanol, een directe benzinevervanger, en biodiesel, wat precies is zoals het klinkt. Bio-ethanol kan worden gemaakt uit vrijwel ieder gewas dat suiker of zetmeel bevat, maar zetmeelhoudende gewassen als graan of aardappelen moeten eerst een chemische bewerking ondergaan, waarbij het zetmeel in suiker wordt omgezet. Vervolgens wordt er gist aan de suiker toegevoegd en laat men het mengsel fermenteren, zoals bij alcoholhoudende dranken. Biodiesel wordt gemaakt van olierijke gewassen als koolzaad, zonnebloemen of oliepalmen.

In principe zouden biobrandstoffen koolstofneutraal moeten zijn: de uitstoot die vrijkomt bij de verbranding is gelijk aan de koolstofdioxide die de gewassen eerder aan de lucht hebben onttrokken. Helaas schuilt er een addertje onder het gras, zoals zo vaak bij pogingen fossiele brandstoffen te vervangen.

Allereerst is er het gevaar dat er landbouwgrond aan de voedselproductie wordt onttrokken of dat granen die voorheen als voedsel dienden nu tot brandstof worden verwerkt. Dat zou de prijzen van bestaande voedingsmiddelen opdrijven en vooral de armen in de wereld hard treffen.

Dit proces is al gaande. In juni 2007 verscheen er een rapport van de Organisatie voor Voedsel en Landbouw (FAO) van de Verenigde Naties waarin men waarschuwde dat de voedselprijzen flink gestegen waren door de vraag naar granen en plantaardige olie voor biobrandstoffen. Het rapport signaleerde een stijging van de importprijzen voor voedsel in ontwikkelingslanden van maar liefst 90 procent sinds 2000.[4] In aanmerking genomen dat veel van diezelfde ontwikkelingslanden al gebukt gaan onder de gevolgen van de klimaatveranderingen veroorzaakt door het gebruik van fossiele brandstoffen in het Westen, leidt deze poging tot herstel dus eerder tot een verdubbeling van het leed.

Om de benodigde gewassen te telen zijn bovendien nitraatrijke kunstmeststoffen nodig, waardoor de bodem stikstofmonoxide gaat afgeven, dat zelf een krachtig broeikasgas is. Daarnaast kost het omploegen van de grond en het oogsten en verwerken van de gewassen zelf energie, waarin meestal wordt voorzien door fossiele brandstoffen te verbranden. Voor iedere volgende stap – het omzetten van zetmeel in suiker, het omzetten van suiker in alcohol – is energie nodig. Het zou zomaar kunnen dat bepaalde biobrandstoffen meer broeikasgassen produceren dan de oude fossiele brandstoffen die ze hopen te vervangen.

In een poging zijn imago met betrekking tot het klimaat wat op te krikken en zijn land van brandstof te verzekeren, heeft president Bush een campagne opgezet die erop gericht is zo snel mogelijk bio-ethanol uit maïs te maken. Dat veroorzaakt waarschijnlijk echter evenveel schade als het oplost. Veel onderzoekers hebben geprobeerd een zogenoemde 'levenscyclusanalyse' te maken van bio-ethanol uit verschillende gewassen, maar het is nog altijd moeilijk precies vast te stellen op welke cijfers de berekeningen gebaseerd dienen te worden. Zo heeft een groep wetenschappers uit Berkeley, Californië, een groot aantal onderzoeken onder de loep genomen en kwam op basis daarvan tot de conclusie dat bio-ethanol uit maïs ongeveer 18 procent minder broeikasgas produceert dan normale benzine. Dat is natuurlijk lang geen 100

TECHNOLOGISCHE OPLOSSINGEN

procent, maar het klinkt nog altijd veelbelovend. Totdat je de onzekerheid opmerkt, tenminste. Hoewel 18 procent de meest betrouwbare schatting is, onderkennen de onderzoekers dat het werkelijke cijfer in feite van alles zou kunnen zijn: van 36 procent minder dan benzine (een nog beter resultaat) tot 29 procent *meer* (uiteraard veel en veel slechter).[5]

Een rapport van het Internationaal Energie Agentschap uit 2007 concludeerde dat de gemiddelde CO_2-reductie uit biobrandstoffen op basis van maïs uitkomt op ongeveer 15 tot 25 procent ten opzichte van benzine. Rietsuiker zou echter leiden tot een reductie van maar liefst 90 procent en is daarmee een zeer verkieslijk alternatief.[6]

Het is ook belangrijk uit te rekenen hoeveel koolstofdioxide de productie van biodiesel precies kost. En daarnaast zouden we ons af moeten vragen waar ter wereld de benodigde plantaardige olie vandaan komt. De EU heeft bepaald dat in 2010 de brandstofmix in alle lidstaten 5,75 procent biobrandstoffen moet bevatten. Hierdoor is er een nieuwe oliewedloop ontstaan. Aangezien Europa niet over voldoende grond beschikt om de noodzakelijke plantaardige olie te produceren, zal het op grote schaal moeten importeren. Dat is goed nieuws voor landen als Maleisië en Indonesië, die de grootste producenten van palmolie ter wereld zijn. Milieuorganisaties waarschuwen echter dat deze landen van plan zijn grote stukken maagdelijk regenwoud te kappen voor palmolieplantages.

Een levendig, gevarieerd ecosysteem vervangen door een monocultuur van strenge rijen palmen is niet alleen een esthetisch verlies (en zou de laatste klap kunnen betekenen voor de charismatische orang-oetang), het is ook gevaarlijk. De rijke variatie aan soorten beschermt het regenwoud tegen ziektes en plagen, terwijl een ziekte die zich specifiek tegen oliepalmen richt een volledige plantage van de ene op de andere dag kan verwoesten.

En dan is er natuurlijk de koolstofdioxidekwestie. De verbranding van grote stukken maagdelijk regenwoud, opgeteld bij de kans dat die branden zich verspreiden naar de koolstofrijke veengronden in die regio, zou genoeg uitstoot kunnen veroorzaken om de voordelen van biodiesel voor tientallen jaren op te heffen. Dit soort zogenoemd groene brandstof is dan dus allesbehalve groen.[7] Een rapport van de VN uit 2007 stelde nadrukkelijk dat de meeste biobrandstoffen dan misschien minder koolstofuitstoot veroorzaken dan fossiele brandstoffen, maar alleen 'wanneer er geen bossen worden gekapt [...] of veengronden worden gedraineerd, waarin de koolstof van eeuwen ligt opgeslagen'.[8]

Dat wil niet zeggen dat biobrandstoffen slecht zijn. Ze zouden zelfs uitstekend kunnen werken. De afgelopen dertig jaar zijn ze een geweldige bron van inkomsten geweest voor Brazilië, dat op de oliecrisis van 1970 insprong door suikerriet te verwerken tot bio-ethanol en nu verantwoordelijk is voor meer dan de helft van de wereldvoorraad. Het plan heeft in ieder geval voor een gedeelte zo goed gewerkt omdat het land over grote stukken goed bewaterde landbouwgrond beschikt die uitermate geschikt is voor de productie van suikerriet. Brazilië deelt zijn expertise nu met landen in zuidelijk Afrika, zodat men de zieltogende suikerrietindustrie aldaar nieuw leven kan inblazen.

Het belangrijkste punt van aandacht is echter dat niet alle biobrandstoffen even effectief zijn in het gevecht tegen de klimaatverandering. Het VN-rapport opperde een manier om het probleem van de ruwe uitstoot bij de aanplant en verwerking te omzeilen, in de vorm van een internationaal certificatieprogramma waarbij precies wordt vastgesteld hoeveel broeikasgas de bio-energie in de loop van haar levenscyclus bespaard of gekost heeft.[9] 'Hoewel de ontwikkeling en implementatie van een in brede kringen geaccepteerd certificatieprogramma een flinke uitdaging zijn,' voegt het daar streng aan toe, 'zou dit regeringen, industrieën en andere belanghebbenden niet mogen weerhouden die uitdaging aan te gaan.'

Het is mogelijk de competitie met voedselgewassen te omzeilen door een manier te bedenken om de cellulose rond de celwanden van planten te gebruiken. Cellulose is het materiaal dat maakt dat planten rechtop blijven staan. In tegenstelling tot koei-

TECHNOLOGISCHE OPLOSSINGEN

en en paarden kunnen mensen cellulose niet verteren, maar deze zit wél vol met suikers. Als die suikers omgezet zouden kunnen worden in ethanol, kunnen we stelen, houtsnippers en harde wilde grassen gaan gebruiken, die op geen enkele manier met voedselgewassen concurreren. Termieten beschikken over de vereiste technologie. Ze scheiden een enzym uit waarmee ze cellulose kunnen verteren en de voedingsstoffen aan de plant kunnen onttrekken. Het zou mooi zijn als we van hun voorbeeld kunnen leren. In de Verenigde Staten worden momenteel acht kleinschalige fabrieken gebouwd voor de winning van ethanol uit oogstafval, in Iowa, New York, Tennessee, Michigan, Georgia, Kansas, Colorado en Florida. Er is echter nog flink wat onderzoek nodig voordat deze omzetting van cellulose werkelijk rendabel zal zijn.

Vliegtuigen

Vliegtuigen zijn gebombardeerd tot de nieuwe schurken in het klimaatverhaal. Als je de algemene cijfers bekijkt, is dat niet helemaal eerlijk. De luchtvaart is direct verantwoordelijk voor ongeveer 700 miljoen ton koolstofdioxide per jaar, niet meer dan 1,6 procent van de mondiale broeikasgasuitstoot.[10] Per molecuul weegt die uitstoot echter veel meer, omdat de bijdrage van vliegtuigen aan het broeikaseffect bijzonder efficiënt is. Lozing van stikstofoxiden op grote hoogte (die ozon vormen, ook een broeikasgas) in combinatie met water van de condensatiestrepen, dat vederwolken kan gaan vormen, kan het directe effect van koolstofdioxide met een factor 3 verhogen.[11]

En dan is er het ongelijkheidsverhaal. Een van de redenen dat vliegtuigen zo weinig bijdragen aan de totale broeikaslast, is dat maar een relatief klein deel van de mensheid zich vliegreisjes kan veroorloven. Een vlucht van Los Angeles naar New York en terug genereert bijvoorbeeld een stevige 1,5 ton koolstofdioxide per passagier. Zonder zelfs maar rekening te houden met de extra broeikaseffecten van het vliegen is dat evenveel als de gemiddelde inwoner van India in een heel jaar produceert. (Om de luchtvaart recht te doen: dit argument geldt ook voor energiewinning. Zoals vermeld heeft zeker een derde van de wereldbevolking geen toegang tot moderne energiebronnen.)

Een derde reden dat de luchtvaart zoveel aandacht krijgt, is dat er, anders dan bij andere koolstofvretende vervoersmiddelen, geen goede alternatieven voor fossiele brandstoffen aan de horizon zijn. Waterstof is misschien een mogelijkheid, zeker als we die zouden kunnen maken met duurzame energiebronnen in plaats van fossiele brandstoffen. Helaas zou deze waarschijnlijk in vloeibare vorm vervoerd moeten worden, terwijl waterstof veel zwaarder is dan de kerosine waar vliegtuigen nu op vliegen, en daarnaast zou hij ook nog eens gekoeld moeten worden. Erger nog: de output van het verbranden van waterstof is... water. Op de grond is dat geen probleem, maar in de lucht ontstaan er nog meer vederwolken, die ook weer opwarming veroorzaken.

Een andere optie is kunstmatig kerosine te vervaardigen. Dit proces wordt inmiddels veel toegepast met steenkool en soms aardgas als grondstof. In principe is het ook mogelijk met biomassa, zoals het restafval van voedselgewassen, voor een koolstofarm alternatief. De technologie vraagt slechts een paar aanpassingen, maar of deze brandstof kan concurreren is nog maar de vraag, daar de grondstoffen voor kerosine relatief goedkoop uit gaten in de grond worden gehaald.

Biobrandstoffen zijn misschien een betere optie. Ethanol levert per pond echter minder energie op, zodat er veel grotere brandstoftanks nodig zouden zijn voor een reis van gelijke afstand. Biodiesel bevriest bij de lage temperaturen hoog in de lucht en heeft dus verwarmde brandstoftanks en motoren nodig.

Een mogelijk alternatief is butanol, dat lijkt op ethanol maar met twee keer zoveel koolstofatomen in de chemische structuur. Hierdoor levert butanol meer energie op in relatie tot zijn gewicht, en het bevriest ook pas bij veel lagere temperaturen. (Bovendien is het minder corrosief dan ethanol, waardoor het gemakkelijker via pijpleidingen te transporteren is.) In 2007 besloten Virgin Atlantic en Boeing de handen ineen te slaan en

TECHNOLOGISCHE OPLOSSINGEN

samen met motorfabrikant General Electric Aviation een vliegtuig te ontwikkelen dat op biobrandstoffen kan vliegen. Het is de bedoeling in de loop van 2008 met een van Virgins Boeings 747 een testvlucht te maken met een mix van biobrandstof in een van de vier motoren.

Het hoofd van Virgin, Richard Branson, vermoedt dat butanol weleens de oplossing zou kunnen zijn, hoewel hij niet uitsluit dat er nog iets beters wordt ontdekt. In 2006 kondigde Virgin aan de komende tien jaar alle winst uit hun vluchten en treinreizen (een bedrag van meer dan een miljard dollar) te investeren in een nieuwe onderneming, Virgin Fuels, gericht op onderzoek naar nieuwe koolstofarme brandstoffen voor transport. Dit is veel meer een verstandige zakelijke investering dan een kwestie van liefdadigheid: wie in staat is een effectief koolstofarm brandstofsysteem voor vliegtuigen te ontwerpen, zal zich financieel kunnen meten met Bill Gates.

Ook oliegigant BP gokt op butanol, zij het niet noodzakelijkerwijs voor vliegtuigen. In 2006 kondigde het bedrijf aan 1 miljard dollar te investeren in de ontwikkeling van nieuwe biobrandstoffen. Ook andere grote energiebedrijven, plus het Amerikaanse ministerie van Energie, beginnen hier geld voor vrij te maken.

Zelfs als de biobrandstofexperimenten iets opleveren, is het onwaarschijnlijk dat de standaardvliegtuigbrandstof in de komende decennia zal worden vervangen.[12] Voorlopig zijn pogingen de milieueffecten van de luchtvaart te beperken dus afhankelijk van de verbetering van de brandstofefficiency. Deels omdat een groot deel van de vluchtkosten opgaat aan vliegtuigbrandstof, hebben vliegtuigfabrikanten al een aardige naam opgebouwd als het gaat om efficiencyverbetering. Moderne vliegtuigen zijn inmiddels ongeveer 70 procent brandstofzuiniger dan de vliegtuigen van veertig jaar geleden.[13] De romp van de nieuwe Boeing 787 'Dreamliner' is gemaakt van lichtgewicht composietmaterialen en hij is nog eens 20 procent zuiniger.

Onderzoek naar andere brandstofbesparende technologieën,

waar men in de jaren 1990 mee was gestopt, toen de olieprijzen kelderden, krijgt hernieuwde aandacht. Suctiesystemen tegen turbulentie, nieuwe ontwerpen voor romp en vleugels en open turbopropmotoren aan de staart van het vliegtuig zouden de brandstofefficiency met nog eens 69 procent kunnen opschroeven.[14]

Het is ook aan te raden de manier waarop vliegtuigen vliegen te veranderen. Er wordt aardig wat brandstof verspild aan taxiën en eindeloos rondcirkelen boven luchthavens. Verscheidene luchtvaartmaatschappijen onderzoeken of het mogelijk is vliegtuigen naar de startbaan te verslepen en de motoren pas vlak voor vertrek aan te zetten. Verbeteringen op het terrein van de luchtverkeersleiding zouden daarnaast kunnen bijdragen aan een minimale vluchtafstand en een onmiddellijke landing bij aankomst.

Maar zelfs als al deze strategieën voor een toenemende efficiency worden doorgevoerd, zullen ze waarschijnlijk teniet worden gedaan door de nog grotere toename van het aantal passagiers. Volgens het IPCC-rapport zal de uitstoot uit de luchtvaart, uitgaande van een business as usual-scenario waarin de te verwachten efficiencyverbeteringen zijn verwerkt, in 2030 2,5 keer zo groot zijn als nu. Zelfs als de brandstofzuinigheid nog drastischer verbetert, zal de uitstoot bijna verdubbelen.[15]

Dus totdat er sprake is van een nieuwe, volledig groene vliegtuigbrandstof, is de meest geëigende strategie mensen evan te overtuigen het vliegen te laten, vooral als er andere, minder koolstofvretende manieren van reizen mogelijk zijn. Met name ultrakorte vluchten veroorzaken verhoudingsgewijs een veel te hoge uitstoot, omdat een zeer groot gedeelte van de vlucht opgaat aan taxiën, wachten, stijgen en rondcirkelen. De boodschap luidt: als je de trein kunt nemen, doe dat dan ook.[16]

Ten slotte willen we hier nog even iets kwijt over het goederenvervoer, een sector die tot op heden aan de aandacht van criticasters van de luchtvaart is ontsnapt. Het meeste internationale goederentransport gaat over zee, en schepen zijn verantwoordelijk voor ongeveer 800 miljoen ton koolstofdioxide per jaar,[17] iets meer dus dan de luchtvaart. Net als de luchtvaart groeit ook de scheepvaart enorm. En net als bij de luchtvaart zijn vragen over welk land uiteindelijk verantwoordelijk is voor de uitstoot zo omstreden dat deze sectoren niet worden meegenomen in berekeningen van de nationale uitstoot.

Treinen

Treinen zijn al een relatief koolstofvriendelijke manier van reizen, ook als ze fossiele brandstoffen gebruiken. De uitstoot bedraagt soms maar 10 procent van dezelfde reis met de auto, afhankelijk van het aantal passagiers in de auto en wat voor brandstof de trein precies gebruikt.[18] Treinen kunnen ook een bijzonder plezierige manier van reizen zijn vergeleken met het moderne luchtverkeer, met zijn eindeloze rijen bij de beveiliging en de krappe stoeltjes. Met een goede prijsstelling en dienstregelingen kan de trein ook voor kortere reizen aantrekkelijk worden gemaakt. Buiten bepaalde regio's zal dat de nodige investeringen eisen; het noordoosten van de Verenigde Staten is bijvoorbeeld uitstekend per trein te bereizen, maar de mogelijkheden in de rest van het land zijn beperkt.

Ook op plaatsen waar voldoende treinen rijden, is er genoeg ruimte voor verbetering. Door koolstofarme brandstoffen als biodiesel te gebruiken, treinen op elektriciteit te laten lopen en nieuwe koolstofarme technologieën in te zetten zodra ze via het energienetwerk verkrijgbaar zijn, kunnen we de koolstofuitstoot tot vrijwel niets reduceren. De beroemde Franse TGV loopt op elektriciteit die voor 80 procent uit kernenergie afkomstig is en is een van de meest koolstofarme vervoersmiddelen ter wereld, uitgezonderd de fiets en de benenwagen. Waar je ook heen wilt in Frankrijk, wat koolstof betreft is dit de beste keuze.

De coördinatie van de kaartverkoop en het gebruik van treinen voor lange afstanden, zowel nationaal als internationaal, plus de uitbreiding van hogesnelheidsnetwerken zullen de concurrentiepositie van de trein ten opzichte van korte vluchten moeten verbeteren. In juli 2007 werd er een nieuw netwerk gelanceerd door heel Europa, het zogenoemde Railteam, dat het mogelijk maakt een kaartje te kopen door verschillende landen en bestemmingen op elkaar af te stemmen.[19] Hoewel de transnationale treinnetwerken elders in de wereld niet zo geavanceerd zijn, zou de drang om uitstoot terug te dringen, vooral van het goederenvervoer, misschien zelfs de lang verwachtte Trans-Aziatische Spoorlijn nieuw leven kunnen inblazen door spoorbreedtes en prijzen te coördineren, en Europese landen rechtstreeks te verbinden met grote delen van Azië.

Auto's

Driekwart van alle transportuitstoot wordt veroorzaakt door het wegverkeer. Als we niet ingrijpen, zijn er in 2030 meer dan een miljard voertuigen op de weg en in 2050 nog een miljard meer.

Om de dreigende crisis rond de transportuitstoot te bezweren, zullen we een alternatieve manier van rijden moeten vinden waarbij geen koolstofdioxide vrijkomt. Een optie die al op de markt is, is de hybride auto. De hedendaagse hybriden, met de Toyota Prius als marktleider, combineren een normale benzinemotor met een elektromotor en een accu. Het idee is dat de accu oplaadt wanneer de motor loopt, vooral bij het remmen. De elektromotor/accu wordt gebruikt voor extra kracht bij het accelereren, voor stuurbekrachtiging en andere extra's, en voor het draaien van de motor bij een lage belasting, wanneer normale interne verbrandingsmotoren het minst efficiënt zijn.

Bij standaardverkeersomstandigheden in de Verenigde Staten geeft dit een verbetering van de brandstofzuinigheid van maximaal 50 procent, met een equivalente daling in broeikasgasuitstoot. Mogelijk is het resultaat in bijzonder drukke stedelijke omgevingen nog beter, wanneer de accu door het vele remmen meer wordt opgeladen en de elektromotor proportioneel meer wordt ingeschakeld voor langzaam – anders inefficiënt – rijden. Een bijkomend voordeel is dat hybriden gebruik kunnen maken van het hedendaagse benzinedistributiesysteem, en in klasse, kracht en grootte nauwelijks voor gewone auto's onderdoen. In 2005 werden er wereldwijd meer dan een half miljoen hybride auto's aangeschaft. (Dat lijkt heel wat, maar is slechts een fractie van de 63 miljoen motorvoertuigen die dat jaar werden verkocht.[20])

Vanuit broeikasperspectief zouden volledig elektrische voertuigen, die rechtstreeks aangedreven worden door het elektriciteitsnetwerk, nog beter zijn. Op die manier kan het transport zijn voordeel doen met alle duurzame en koolstofarme energie die op het energienetwerk te krijgen is. Een aantal van de eerste gemotoriseerde voertuigen liep op elektriciteit, totdat ze werden weggeconcurreerd door de goedkope, gemakkelijk verkrijgbare fossiele brandstoffen waarmee de interne verbrandingsmotor wordt aangedreven. Er bestaan moderne elektrische auto's, maar die zijn nog niet geschikt voor lange afstanden en ook is de accu snel leeg. Mogelijk zijn plug-inhybriden een goede tussenstap. In 2007 kondigden General Motors en Ford aan hybride auto's te gaan ontwikkelen die korte afstanden kunnen afleggen zonder benzine te verbruiken en gemakkelijk kunnen worden opgeladen bij een gewoon stopcontact. Dat zou vooral handig zijn als de elektriciteit ook nog afkomstig was uit een koolstofarme bron.

Een andere belangrijke strategie is de verbetering van de brandstofzuinigheid van de auto's zelf. Aërodynamische ontwerpen, het gebruik van lichtere materialen en de vergroting van de zuinigheid van de motor zullen stuk voor stuk bijdragen aan het terugdringen van de uitstoot, hoewel er altijd een gevaar bestaat dat dergelijke innovaties een excuus vormen om nog grotere en sterkere auto's te bouwen. Ook hier kan de keuze van de consument een groot stempel drukken op de toekomst van de auto. Wanneer wij als consumenten aandringen op auto's die licht en zuinig zijn, in plaats van onnodig groot en sterk, zullen fabrieken op onze eisen moeten inspringen. Wanneer we aan de andere kant blijven vasthouden aan het sleetse idee dat groot mooi is, doen fabrikanten dat ook.

Wat we ook in de gaten moeten houden is hoeveel uitstoot een auto veroorzaakt tijdens het productieproces. Men probeert inmiddels auto's te ontwerpen met een zo laag mogelijke uitstoot 'van de wieg tot aan het graf'. Ze zouden bijvoorbeeld vervaardigd kunnen worden van lichte, sterke, biologisch afbreekbare materialen die, in tegenstelling tot roestvrij staal, bij lage temperaturen geproduceerd worden.

We zullen ook ons rijgedrag moeten veranderen. Een veelbelovende strategie is het zogenoemde ecorijden, dat bestuurders aanmoedigt tot bewust zuinig autogebruik: rem gelijkmatiger en trek gelijkmatiger op, houd het toerental laag, zet de motor af als je stilstaat, rijd minder hard en zorg dat de banden goed zijn opgepompt. Uit onderzoek in de Verenigde Staten en Europa blijkt dat dit soort maatregelen de brandstofzuinigheid met maar liefst 20 procent kan verbeteren, en in Nederland is ecorijden een onderdeel van het standaardlesprogramma op rijscholen. Sommige auto's zijn al uitgerust met technologische hulpmiddelen die zoveel mogelijk rendement halen uit iedere liter brandstof.

Het zou nog beter zijn als we mensen prikkelen hun afhankelijkheid van de auto op te geven en minder koolstofintensieve vormen van transport te kiezen, zeker voor korte tripjes. Auto's verbruiken meer energie en stoten meer broeikasgas per passagierskilometer uit dan welke vorm van transport over de grond ook. Zo ongeveer alles is beter. De terugdringing van het aantal auto's op de weg heeft bovendien aardige neveneffecten: wat dacht je van een wereld waarin de wegen veiliger zijn, files minder voorkomen, de luchtvervuiling lager is en we niet zo afhankelijk zijn van de grillige olieprijzen?

De geschiedenis leert echter dat de meeste mensen pas bereid zijn te veranderen als de alternatieven zowel gemakkelijker als aantrekkelijker zijn. Vooral voor korte tripjes kun je daar goed op inspelen. Zo was 70 procent van de autoritjes in Bogotá in 1998 korter dan drie kilometer. Momenteel is er een project gaande, gefinancierd door het Clean Development Mechanism (CDM), waarbij een groot aantal bussen is ingezet op speciale busbanen, die daardoor zowel snel als gemakkelijk zijn in het gebruik. Men verwacht dat dit de stad in de komende dertig jaar meer dan 7 miljoen ton koolstofdioxide zal schelen, tegen een kostprijs van minder dan 20 dollar per ton.[21]

In steden waar het openbaar vervoer al geavanceerd is, zou je het betrouwbaarder kunnen maken met behulp van internet en zelfs draadloze technologie. Op de website van 'BusMonster' in Seattle vind je kaarten en real-time informatie over de plek waar een bus zich bevindt. Voordat je van huis gaat, kun je op internet nagaan wanneer je bus precies aankomt bij de dichtstbijzijnde halte en hoe lang het, de verkeersomstandigheden in aanmerking genomen, gaat duren voor je op de plaats van bestemming bent. In de toekomst kan dit soort informatie rechtstreeks naar je mobiele telefoon worden verzonden.

Op het platteland zouden 'oproepbare' bussen de auto weleens naar de kroon kunnen gaan steken. In 1999 werd in Wiltshire, Groot-Brittannië, de zogenoemde 'Wigglybus' ingesteld. De bus heeft een vaste route, maar als je van tevoren belt, word je opgehaald. De bus wordt per satelliet in de gaten gehouden en het belcentrum stuurt de chauffeur een lijst van de mensen bij wie hij langs moet. Er zijn nu drie verschillende belroutes in bedrijf die de plattelandspassagiers direct na een telefoontje dikwijls gewoon voor de deur ophalen.

In gebieden die zich razendsnel ontwikkelen is het vooral van belang de transportmogelijkheden te integreren in een efficiënt stadsontwerp. De bevolking is soms zo talrijk, dat het al een groot verschil kan maken als een relatief klein percentage de auto inruilt voor het openbaar vervoer. Eén onderzoek gaf aan dat een goede planning de voorspelde transportuitstoot voor 2020 in een snelgroeiende stad als Sjanghai bijna zou kunnen halveren.

Op de langere termijn is koolstofarme brandstof misschien een oplossing. Een mogelijkheid die veel aandacht heeft getrokken is waterstof. Het idee is dat we een energiebron met een lage uitstoot gebruiken om water te splitsen in waterstofgas en zuurstof. Waterstof kan ook uit aardgas worden gemaakt. Hoewel hierbij koolstofdioxide vrijkomt, is het nog altijd meer koolstofefficiënt dan gewone benzine verbranden. En als de koolstof ook nog opgevangen en opgeslagen kan worden, is de uitstoot vrijwel nihil.

In de meeste versies van deze visie wordt de waterstof opgeslagen, getransporteerd en afgeleverd aan een zogenoemde brandstofcel die op commando energie genereert.[22] Brandstofcellen zijn uiterst efficiënt en stil. Auto's die op brandstofcellen werken, zouden zelfs zo stil zijn, dat het misschien nodig is ze op een andere manier geluid te laten maken, zodat voetgangers ze kunnen horen aankomen. De schoonheid van deze oplossing zit 'm echter vooral in het feit dat er alleen water uit de uitlaat komt.

De technologie is redelijk geavanceerd en er rijdt inmiddels een aantal proefauto's rond. In april 2003 opende IJsland het eerste waterstoftankstation ter wereld. Het land hoopt tegen 2030 economisch volledig te zijn overgegaan op waterstof, gemaakt met de koolstofvrije geothermische energiebronnen die het land rijk is. Het eerste waterstoftankstation van Noorwegen ging open in augustus 2006 en de regering heeft plannen voor een waterstofcorridor van 580 meter tussen Oslo en Stavanger. De Europese Unie test momenteel waterstofbussen en China is van plan er een aantal in de zetten bij de Olympische Spelen van Peking in 2008. Leden van de California Fuel Cell Partnership hebben bijna 200 testvoertuigen rondrijden en de staat is van plan waterstof te introduceren op 21 tankstations langs de snelweg.[23]

Momenteel is de technologie echter nog niet rijp om volledig commercieel gemaakt te worden. De voornaamste problemen zijn het vinden van de juiste manier voor de opslag en distributie van de waterstof, plus de verbetering van de efficiency en de verlaging van de kosten van de brandstofcellen. Veel grote autofabrikanten, waaronder General Motors, Chrysler, Mercedes, BMW en Toyota, doen hun uiterste best deze kwesties op te lossen; Toyota heeft zelfs alle ministers van Japan een prototype brandstofcelauto geschonken. Wanneer de technologie eenmaal zover is dat men tot massaproductie overgaat – en dat zou weleens voor 2020 het geval kunnen zijn – zouden de noodzakelijke veranderingen aan de bestaande, op benzine gebaseerde infrastructuur commercieel rendabel kunnen worden.

Een andere optie om de uitstoot uit het wegverkeer terug te dringen is het gebruik van biobrandstoffen. De meeste benzine-auto's kunnen zonder enige aanpassing rijden op een brandstof-mix die voor 10 procent uit ethanol bestaat; sommige nieuwe auto's zijn zelfs in staat het spul puur te verbranden. De technologie werd in de jaren zeventig in Brazilië geïntroduceerd, en met een flexi-brandstofaanpassing kunnen auto's rijden op benzine, alcohol of een willekeurig mengsel van die twee. Ook biodiesel kan zonder al te veel aanpassingen gebruikt worden voor auto's en treinen. Veel landen hanteren nu streefdoelen voor de hoeveelheid biobrandstoffen in het wegtransport, maar zoals we gezien hebben is het van vitaal belang dat we precies weten waar die biobrandstoffen vandaan komen en hoeveel uitstoot er is vrijgekomen tijdens het eerste, ongeziene deel van hun bestaan.

9

Kracht om te veranderen

Sinds we tijdens de Industriële Revolutie op het idee kwamen, is ons enthousiasme om fossiele brandstoffen te verbranden nauwelijks getemperd. Met name de laatste dertig jaar van de twintigste eeuw nam de broeikasgasuitstoot door mensen drastisch toe. De stijging bedroeg maar liefst 70 procent, en tegen 2004 produceerden we daardoor een totaal van 49 miljard ton CO_2eq per jaar.[1]

Men verwacht dat die uitstoot in de nabije toekomst verder zal oplopen. Vrijwel al ons energiegebruik is gebaseerd op kolen, olie en gas. Er is nog voor tientallen jaren genoeg olie en aardgas in de wereld, en voor eeuwen genoeg kolen.[2]

Veruit de grootste uitstootstijging sinds 1970 is afkomstig uit energiewinning. Met een toename van bijna 150 procent is deze sector inmiddels verantwoordelijk voor een kwart van de mondiale broeikasgasuitstoot.[3] Een mogelijke remedie bestaat eruit energiecentrales op fossiele brandstoffen efficiënter te maken. Door bijvoorbeeld van de meest schadelijke fossiele brandstof (kolen) over te stappen op de minst schadelijke (aardgas) zal de uitstoot al 50 procent krimpen.[4] Als we echter nog een kans willen maken de meest gevaarlijke gevolgen van de klimaatverandering te bezweren, is dit niet genoeg. We zullen manieren van energiewinning moeten vinden waarbij geen broeikasgassen vrijkomen.

Helaas is de technologische voorraadkast dan misschien niet helemaal leeg, maar zijn er ook niet al te veel alternatieven. Ondanks de groeiende belangstelling voor klimaatverandering in de afgelopen jaren, bestaat er in industriële kringen nog maar wei-

TECHNOLOGISCHE OPLOSSINGEN

nig serieuze belangstelling voor alternatieve energiebronnen. Als we de hoeveelheid onderzoek en ontwikkeling van een willekeurige industrie vergelijken met de totale omzet, komt er een schrijnend beeld naar voren. In de Verenigde Staten bedragen de cijfers voor onderzoek naar energie niet meer dan 0,5 procent van de omzet, tegenover 3,3 in de auto-industrie, 8 procent in de elektronische industrie en 15 procent in de farmaceutische industrie.[5] Wereldwijd zijn de investeringen in onderzoek en ontwikkeling op energiegebied de afgelopen decennia ongeveer constant gebleven en in sommige landen, waaronder Groot-Brittannië, zijn ze zelfs gedaald, nu de olieprijzen zijn gekelderd en de energiebedrijven door de deregulatie meer gericht zijn op kortetermijnwinsten dan op langetermijnonderzoek.

Maar de wereld begint nu eindelijk de ogen te openen voor de technologische uitdaging waarmee we ons geconfronteerd zien. Binnen de energie-industrie ontstaan er langzamerhand initiatieven, zowel zelfstandig als in samenwerking met derden. Een van ons (David King) is bijvoorbeeld betrokken geweest bij de oprichting van het Energy Technologies Institute in Groot-Brittannië, dat binnenkort in bedrijf zal gaan. Dit partnerschap tussen de regering en een consortium van industrieën zal in de komende tien jaar 1 miljard pond ontvangen voor onderzoek naar de ontwikkeling van nieuwe, koolstofarme vormen van energie.

Het Internationaal Energie Agentschap voorspelt dat er tussen nu en 2030 meer dan 20 biljoen dollar geïnvesteerd moet worden om in de groeiende energiehonger te voorzien.[6] Regeringen en bedrijven overal ter wereld zullen binnenkort moeten beslissen waar die investeringen naartoe gaan. In dit hoofdstuk geven we een overzicht van de koolstofarme technologieën die wereldwijd op het boodschappenlijstje zouden moeten staan.[7] (Veel van deze technologieën hebben overigens hun eigen nevenvoordelen, vooral voor de terugdringing van lokale en regionale luchtvervuiling.)

Hydro-energie

Hydro-elektrische energie is momenteel de belangrijkste bron van duurzame energie.[8] In 2004 leverde deze 5 procent van alle energie in de wereld en een dikke 90 procent van de elektriciteit uit duurzame bronnen. Landverdrinken voor nieuwe waterkrachtreservoirs kent echter zijn eigen milieuproblematiek. Vaak gaat het bijvoorbeeld gepaard met een verlies van ecosysteem-diensten, zoals in Egypte: vroeger bleven er ieder jaar nadat de rivier de Nijl buiten zijn oevers was getreden grote hoeveelheden voedingsstoffen achter op het land eromheen; veel van die voedingsstoffen eindigen nu op de bodem van de gigantische Aswandam, en voor het eerst in de lange, lange geschiedenis van het land hebben boeren hun toevlucht moeten nemen tot kunstmest. Daarnaast staat op de inundatie van een gebied meestal ook een sociale prijs, omdat een groep mensen gedwongen wordt zich elders te vestigen.

Bovendien bestaan er nog altijd vraagtekens over de exacte hoeveelheid koolstofuitstoot die een waterkrachtcentrale kan besparen. Hoewel er bij de opwekking van de elektriciteit zelf geen broeikasgassen vrijkomen, kunnen ondiepe reservoirs methaan afgeven, een veel krachtiger broeikasgas dan koolstofdioxide. Over het geheel genomen geven de meeste waterkrachtcentrales echter een veel beter broeikasresultaat dan hun navenanten op fossiele brandstoffen.

Vanwege deze twijfels over de milieuvoordelen van grote waterkrachtcentrales hebben de VN ze niet opgenomen in het Clean Development Mechanism, een initiatief om industrielanden koolstofarme technologieën in ontwikkelingslanden te laten bekostigen. (In hoofdstuk 10 is meer te lezen over het Clean Development Mechanism en hoe het werkt.) Zo'n totale verwerping lijkt ons geen goed uitgangspunt. Volgens ons is het veel beter potentiële projecten afzonderlijk te beoordelen op basis van een volledige milieu- en broeikasanalyse.

Geothermische energie

Het is uiteraard een prachtig idee om de natuurlijke warmte van gesteenten te gebruiken voor stoomvorming en elektriciteitswinning. Het enige probleem met geothermische energie is dat je wél het geluk moet hebben over warm gesteente te beschikken. IJsland, dat boven op een aantal vulkanen ligt, hoeft maar even in de grond te boren voor de hitte die het nodig heeft; op de meeste andere plaatsen is de ondergrondse warmte echter niet groot genoeg om een substantiële hoeveelheid energie te genereren.

Geothermische warmte kan wél vrijwel altijd gebruikt worden voor de verwarming van gebouwen door middel van warmtepompen. De elektriciteit die nodig is om de warmte uit de grond te pompen, wordt ruimschoots gecompenseerd door de besparing op meer conventionele warmtebronnen op basis van fossiele brandstoffen. Deze technologie is in veel gebieden toepasbaar en warmtepompen zouden ook standaard moeten worden aangebracht in huizen overal ter wereld. Vooral nieuwe stadswijken zijn geschikt, omdat het gemakkelijker is de nodige gaten te boren vóórdat je de huizen bouwt.

Desalniettemin is niet meer dan 0,4 procent van de totale energiewinning momenteel afkomstig uit geothermische energie en is de kans klein dat daar in de toekomst veel verandering in komt.[9]

Bio-energie

Bio-energie is warmte en/of elektriciteit die gegenereerd is door de verbranding van min of meer ieder willekeurig biologisch materiaal (ook wel biomassa genoemd). Je kunt hierbij denken aan houtblokken, houtsnippers, stro, landbouwafval (zoals stelen en bladeren), snelgroeiende bomen, gewassen die speciaal geteeld worden vanwege hun energetische eigenschappen, en zelfs het pure afval uit rioleringen of het methaan van vuilstortplaatsen is geschikt. Wereldwijd voorziet bio-energie in een indrukwekkende 10 procent van de energiebevoorrading, hoewel het grootste deel daarvan opgaat aan eenvoudige (en inefficiënte) houtvuurtjes in ontwikkelingslanden, waarvan de rook ernstige gezondheidsproblemen veroorzaakt. Het IPCC-rappport schat dat ieder jaar alleen al in India een half miljoen vrouwen en kinderen sterven door luchtvervuiling binnenshuis.[10]

Om een flinke bres te slaan in het broeikasprobleem zou biomassa op grote schaal fossiele brandstoffen moeten vervangen voor het genereren van elektriciteit en verwarming. Het lastige is dat biomassa geen bijzonder geconcentreerde vorm van energie is, vooral niet in vergelijking met fossiele brandstoffen, waarvan de energie gedurende honderden miljoenen jaren is samengeperst. Desondanks wordt deze al in meer dan 150 kolencentrales overal ter wereld aan het steenkool toegevoegd.

Op de lange termijn ontwikkelt de biotechnologie mogelijk gewassen die specifiek kunnen worden geteeld vanwege hun hoogenergetische kwaliteiten; dergelijke soorten zijn momenteel echter nog niet in beeld.

Zoals we in hoofdstuk 8 al hebben uitgelegd, zouden gewassen ook een nuttige bron van koolstofarme transportbrandstof kunnen vormen.

Kernenergie (splitsing)

De energie van kernsplitsing komt vrij bij het splitsen van zware atomen. Kernenergie, lang de gebeten hond van de milieubeweging, begint nu aan een groene wedergeboorte dankzij de relatief lage broeikasgasuitstoot. In principe zou er bij kernenergie helemaal geen sprake van koolstofuitstoot moeten zijn, omdat er geen fossiele brandstoffen aan te pas komen. De verwerking van uraniumerts tot splijtstofstaven kost echter energie, net als de bouw en na verloop van tijd de ontmanteling van de centrale zelf, en die energie wordt in elk geval momenteel gewoonlijk nog geleverd door fossiele bronnen.

Alle gedetailleerde onderzoeken zijn het er echter over eens dat kernenergie een bijzonder koolstofarme energiebron is en daarmee een goede kandidaat voor de nieuwe energiemix. Het is bovendien een van de zeer weinige technologieën die we onmiddellijk kunnen toepassen. Duurzaam is kernenergie niet, in de zin dat uraniumerts gewonnen moet worden en op een gegeven moment op zal raken, maar met de huidige voorraden kunnen we nog honderden jaren vooruit, zelfs bij een sterk groeiende industrie – en technologische ontwikkelingen op het gebied van brandstofrecycling zouden daar weleens duizenden jaren van kunnen maken.[11]

Problematischer zijn kwesties als afval, veiligheid en kernproliferatie, waardoor het nucleaire traject in veel landen uiterst omstreden is. De weerstand tegen kernenergie is gedeeltelijk een overblijfsel uit een tijd dat centrales zowel minder veiligheidsbewust waren, als meer afval genereerden dan tegenwoordig.

Tussen 1980 en 2005 is de efficiency van kerncentrales in de Verenigde Staten (het percentage gewonnen energie in vergelijking met het theoretisch maximum) van 60 tot 90 procent gestegen, en de volgende generatie kerncentrales zal zelfs nog minder afval voortbrengen per geproduceerde eenheid energie. Het afval van deze nieuwe generatie kerncentrales zal dan ook slechts een fractie bijdragen aan de hoeveelheid bestaand afval in landen die in het verleden voor kernenergie hebben gekozen.

En dan is er de vraag wat we met het hoogwaardig afval moeten doen; het blijft tenslotte duizenden jaren radioactief. Finland, Zweden, Frankrijk, Groot-Brittannië en de Verenigde Staten zoeken allemaal naar mogelijkheden om het afval te begraven in stabiel ogende rotsformaties.

Veiligheid staat natuurlijk hoog op de agenda als het gaat om kernenergie, hoewel we niet moeten vergeten dat veel andere vormen van energiewinning historisch gezien hun eigen risico's met zich meebrachten. Zelfs in de ontwikkelde wereld sterven er nog altijd mijnwerkers bij ondergrondse ongelukken of aan silicose, de bittere erfenis van langdurige inademing van kolenstof.

Het gevaar van een grote nucleaire ramp heeft er echter toe

geleid dat de ontwerpers van kerncentrales grote vooruitgang hebben geboekt op het gebied van de veiligheid. Een van de meest interessante ontwikkelingen is misschien wel de groeiende aandacht voor *walk-away safety*, waarbij de reactor zo is ontworpen, dat hij zichzelf ogenblikkelijk uitschakelt zodra er iets misgaat.

In de nieuwe Westinghouse AP1000 (die inmiddels op de markt is, maar nog niet op commerciële schaal in gebruik) zijn binnen de reactorwand grote watertanks geplaatst. Als de druk in het voornaamste koelcircuit daalt, gaat er in de tank een klep open. Het water valt omlaag en de reactor koelt af. De klep is faalveilig, omdat hij energie nodig heeft om dicht te blijven. Als de energie uitvalt, gaat hij dus automatisch open. Mochten er problemen ontstaan, dan kunnen de werklieden zich uit de voeten maken en sluit de reactor zichzelf af.

Een ander ontwerp op basis van walk-away safety is de Zuid-Afrikaanse kiezelbedreactor. De brandstof voor deze reactor bestaat uit 'grafietkiezels' die duizenden minuscule brandstofdeeltjes bevatten. In de loop van een aantal maanden zakken de kiezels langzaam naar de bodem van de reactor; daar worden ze eruit gehaald, op eventuele schade gecontroleerd en vervolgens weer pneumatisch naar de top geblazen. Zo is het feitelijk onmogelijk de kern te smelten. Men verwacht dat de eerste proefcentrale in Zuid-Afrika in 2011 stroom gaat leveren.

Een ander veelgehoord bezwaar is dat vreedzame kernenergie gebruikt kan worden voor de gevaarlijke proliferatie van kernwapens. Hoewel het materiaal voor een kernbom niet automatisch ontstaat in een kerncentrale, kan het met de juiste technologie en voldoende tijd uit het kernafval gesorteerd worden. Ontwerpers proberen uit alle macht deze kwestie voor toekomstige generaties kerncentrales op te lossen, maar het is niet waarschijnlijk dat ze de dreiging volledig kunnen elimineren.

Het non-proliferatieverdrag is echter door bijna 190 landen ondertekend en de zorgvuldige inspecties door de atoomwaakhond van de VN, de International Atomic Energy Authority

(IAEA), hebben tot op heden verdachte activiteiten bijzonder snel opgepikt. Landen als Noord-Korea en Iran, die hun kernreactoren gebruikten om hun pogingen om kernwapens te maken te verbergen, zijn ontmaskerd en hierdoor heeft het probleem wereldwijd aandacht gekregen. De motivatie van willekeurig welk land om kernwapens te vervaardigen heeft bovendien een volstrekt andere oorsprong dan een behoefte aan energie uit kerncentrales. Noord-Korea probeerde geen wapens te maken, omdat Frankrijk kernenergie had.

Kernenergie neemt nu ongeveer 5 procent van de wereldwijde energievoorziening voor haar rekening en in sommige kringen voorspelt men een verdubbeling van dit cijfer rond 2030. Vanwege de vooruitgang die geboekt is ten aanzien van de duidelijke nadelen van kernenergie en omdat het een van de zeer weinige koolstofarme technologieën is die we met onmiddellijke ingang kunnen gebruiken, zijn wij van mening dat er in landen die over de technologie beschikken, en misschien ook in andere landen, nog minimaal één generatie kerncentrales nodig is in afwachting van de komst van andere koolstofarme energiebronnen.

Als je instinctieve weerstand voelt tegen kernenergie, neem bovenstaande argumenten dan alsjeblieft zorgvuldig in overweging. Om nieuwe kerncentrales te realiseren is de steun van privépersonen en de gemeenschap hard nodig, en het probleem van de klimaatverandering dwingt ons allemaal tot een aantal bijzonder moeilijke keuzes. Zoals we al hebben gezegd, is kernenergie een van de zeer weinige beschikbare koolstofarme technologieën, en hoewel het misschien niet per se een ideale vorm van energie is, zijn de gevaren van een klimaatverandering zonder twijfel beduidend erger.

Windenergie

Wind klinkt als de ideale oplossing voor de energiecrisis. De lucht is toch in beweging, dus waarom zouden we die energie niet gratis inschakelen, zonder enig gevaar voor koolstofuitstoot? Gedeeltclijk daarom schieten windturbines overal ter wereld als paddenstoelen uit de grond. Sinds 2000 is het aantal installaties met 28 procent per jaar toegenomen, met een record van 40 procent in 2005.

Wind zorgt echter nog maar voor 0,2 procent van de mondiale energiemix. Een van de redenen is dat windenergie met enige imagoproblemen te kampen heeft. De turbines zouden lawaaierig zijn en problemen veroorzaken voor radars en vliegtuigen. Bovendien komen onoplettende vogels en vleermuizen nog wel eens tussen de bladen terecht. Het grootste obstakel is dat windmolens vooral productief zijn op grote, winderige, open terreinen en die zijn dikwijls ook erg mooi. Zelfs voorvechters van duurzame energie zien niet graag enorme turbines oprukken in hun geliefde natuurgebieden. Een van de meest in het oog springende windparken in de Verenigde Staten is tegelijkertijd het enige windpark aan de kust. De vijf gigantische turbines liggen langs de weg naar Atlantic City, New Jersey, en jaarlijks rijden er 35 miljoen mensen langs op weg naar de stad.[12] De zwaarste klus bij het opzetten van het park was het verkrijgen van de medewerking van de plaatselijke bevolking. In Groot-Brittannië, waar net iets meer dan 2 gigawatt (GW) aan potentiële windenergie het nationale energienetwerk heeft gehaald, ligt nog eens 9 GW onder vuur doordat aanlegvergunningen worden aangevochten.

Net als bij kernenergie is dit een gebied waarop de houding van het individu een groot verschil kan maken voor het collectief. Als er in een nabijgelegen gebied plannen zijn voor een windpark, neem je eigen reactie dan eens nauwkeurig onder de loep. Het is niet altijd een goed idee windmolens te plaatsen op plekken van grote schoonheid of in de vrije natuur, maar dat zijn niet de enige plekken waar windenergie iets oplevert. Uiteindelijk zal wind in de strijd tegen de klimaatverandering een aanzienlijk percentage van de totale energiemix voor zijn rekening moeten nemen, en niemand kan het zich permitteren deze optie zonder blikken of blozen uit de eigen achtertuin te weren.

De meest succesvolle windparken op het land zijn kleinschalig begonnen en in de loop der tijd uitgebreid. Het blijkt dat windturbines niet lawaaierig zijn, noch bijzonder lelijk (vooral niet in vergelijking met elektriciteitsmasten), en wanneer er eenmaal een of twee staan, is het makkelijker mensen te enthousiasmeren voor uitbreiding. In een aantal kleine, winderige plaatsjes hebben de mensen ontdekt dat een grote windturbine de voltallige gemeenschap heel goedkoop van elektriciteit kan voorzien. Een turbine is dan zeker geen doorn in het oog, maar de stille getuige van de intelligente en verantwoordelijke handelwijze van de inwoners. Wie in zo'n stadje woont, zou best eens met de plaatselijke bestuurders kunnen gaan praten.

Het is ook mogelijk windmolens in zee te plaatsen, wat minder problemen oplevert voor het uitzicht. De meest winderige plaatsen zijn echter meestal ook de plaatsen met de moeilijkste omstandigheden. Er zullen nieuwe materialen moeten worden ontwikkeld willen de turbines het beuken van de golven kunnen doorstaan, en ook het transport van de opgewekte elektriciteit kan problemen opleveren. Deze optie staat dan ook nog in de kinderschoenen, zelfs in landen waar het langs de kust erg winderig is.

Een laatste potentieel probleem met wind (en veel andere duurzame bronnen) is de onberekenbaarheid. Denemarken, met 5 GW aan geïnstalleerde windkracht, heeft dit opgelost door als er wind staat elektriciteit te exporteren naar de buurlanden (Noorwegen, Zweden en Duitsland) en die bij windstilte te importeren, bijvoorbeeld van Noorse waterkrachtcentrales. Voor landen die geen alternatieve leveranciers in de buurt hebben, zal het grillige karakter van wind echter een probleem blijven, in elk geval totdat we manieren bedenken om windelektriciteit op te slaan en betere methodes ontwikkelen om te voorspellen wanneer het gaat waaien.

Geen van deze problemen is echter onoverkomelijk en wind gaat zonder twijfel een uiterst belangrijk component vormen van de toekomstige koolstofarme energiemix, met Noord-Europa, het zuidelijkste puntje van Zuid-Amerika, Tasmanië en de Grote

Meren, en de noordoost- en de westkust in Noord-Amerika als meest veelbelovende locaties. Een onderzoek heeft voorspeld dat wind rond 2030 in principe 126.000 terawattuur aan elektriciteit per jaar zou kunnen genereren. Dat zou, tussen twee haakjes, vijf keer de mondiale vraag zijn.

Zonneverwarming

Er valt genoeg zonlicht op de aarde om 10.000 keer in onze energiebehoefte te voorzien. Het is echter sterk verstrooid. Er bestaan inmiddels verschillende technologieën die het zonlicht concentreren met behulp van parabolische spiegels en het vervolgens richten op vloeistoftanks, meestal gevuld met water of olie. Als je het geluk hebt in een zonnig land te wonen, zijn dit soort zonnepanelen een uitstekende manier om water te verhitten voor afzonderlijke huishoudens. De apparaten staan als satellietschotels op het dak en zorgen voor een lekker warm bad of een heerlijke hete douche waar je geen schuldgevoel aan overhoudt.

Zonneverwarming kan ook op veel grotere schaal worden toegepast door de warme vloeistof een motor te laten aandrijven die energie genereert. Er kan altijd een wolkje langsdrijven, dus van tijd tot tijd moet de elektriciteit uit zonnewarmte aangevuld worden met energie uit een andere bron (waarschijnlijk kolen, aardgas of bio-energie). De beste plekken om krachtcentrales op zonneverwarming te bouwen zijn woestijnen op de lagere breedtegraden, waar het zonlicht intens is en de bewolking minimaal. Het zuidwesten van Amerika, met name de Mojavewoestijn, beschikt over een geweldige combinatie van veel zon en weinig wolken. Sinds eind jaren tachtig staan daar zonne-energiecentrales, en nieuwe projecten zijn in aanbouw of in de planningsfase.

Ook in elf andere landen, waaronder Australië, Spanje, Israël en Marokko, zijn nieuwe projecten gepland of in aanbouw. Analyses schatten dat zonne-energie tegen 2040 in 5 procent van de mondiale elektriciteitsbehoefte kan voorzien. Het potentieel is echter nog veel groter: er hoeft slechts 1 procent van de woestijnen in de wereld via hoogspanningskabels met de rest van de wereld verbonden te worden om tegemoet te komen aan de volledige mondiale elektriciteitsbehoefte die we verwachten voor 2030.

Fotovoltaïsche zonne-energie (zonnepanelen)

Anders dan zonneverwarming maakt deze technologie gebruik van afzonderlijke zonnestralen; de stralen wrikken elektronen los in een elektronisch paneel en genereren zo rechtstreeks elektrische stroom, zonder eerst gebruik te hoeven maken van warme vloeistof en een motor.

De schattingen lopen uiteen, maar er zijn genoeg van dit soort zonnepanelen over de wereld verspreid voor ten minste 5 GW (0,0004 procent van de totale energie in de wereld). Zonnepanelen hebben het grote voordeel dat ze rechtstreeks geplaatst kunnen worden waar de energie nodig is, zodat er geen energieleidingen nodig zijn. Ze zijn dus zeer populair in rurale gebieden in ontwikkelingslanden, waar elektriciteit van het reguliere netwerk niet voorhanden of onbetrouwbaar is.

De panelen zijn echter nog niet efficiënt genoeg in de omzetting van zonlicht in elektriciteit en de productiekosten zijn te hoog om te kunnen concurreren met andere vormen van elektriciteit in de ontwikkelde wereld.

Een van de redenen dat zonnepanelen zo duur zijn, is dat ze meestal gebaseerd zijn op siliconen, omdat de industrie volop ervaring heeft met het maken van siliconechips voor computers. Een goedkoper alternatief zou zijn het gebruik van plastic, aardewerk of ander materiaal, mogelijk ontworpen met behulp van nanotechnologie, de wetenschap van de toekomst. Daar zijn echter technologische doorbraken voor nodig en het zal nog wel een paar decennia duren voor zoiets op de markt komt. In principe zijn de mogelijkheden fantastisch: een energiebron die goedkoop is, geen uitstoot of afval oplevert en beschikt over ongelimiteerde voorraden (de zon). Zonnepanelen zouden ook in combinatie met directe zonneverwarming gebruikt kunnen worden, zodat je zelfs de warmte kunt benutten die gegenereerd wordt door de elektronische chips zelf.

Koolstof afvangen en opslaan (ccs)

Dit zou weleens de belangrijkste overbruggingstechnologie kunnen zijn tussen het gebruik van fossiele brandstoffen en nieuwe, koolstofarme alternatieven. Deze is zelfs zo belangrijk, dat veel mensen over ccs (*carbon capture and storage*) spreken alsof die al in gebruik is, hoewel het proces zich nog in de testfase bevindt.

Het idee is dat we op de normale manier fossiele brandstoffen verbranden voor energiewinning, maar het koolstofdioxide afvangen en begraven voordat het kan ontsnappen naar de atmosfeer. Dat heeft als groot voordeel dat we de uitstoot uit traditionele krachtcentrales op fossiele brandstoffen kunnen elimineren, zodat we genoeg tijd hebben om nieuwe koolstofarme alternatieven te ontwikkelen. ccs is waarschijnlijk vooral belangrijk voor landen als India en China, die momenteel in steeds hoger tempo hun enorme koolreserves exploiteren om hun extreem snelle economische groei van brandstof te voorzien.

Critici van ccs menen dat we op deze manier onze oude, slechte, vervuilende gewoontes in stand houden en bedrijven die op fossiele brandstof draaien ontmoedigen over te schakelen op alternatieve energievormen. Maar het is nu te laat voor dergelijke bezwaren. De gebruikelijke levensduur van een kolencentrale is veertig jaar, en ontwikkelingslanden met grote voorraden kolen zullen die vast en zeker gebruiken. Zelfs wanneer we ons sterk maken voor duurzame en koolstofarme energie, zo voorspelt het Internationaal Energie Agentschap, zullen fossiele brandstoffen in 2050 vermoedelijk nog altijd de helft van de energietoevoer verzorgen.[13] Als we ook maar de geringste kans willen maken de klimaatverandering in toom te houden, dan kunnen we niet buiten een of andere vorm van ccs.

De technologie werkt waarschijnlijk het best op één enkele grote bron van koolstofdioxide, zoals een krachtcentrale of de

TECHNOLOGISCHE OPLOSSINGEN

schoorstenen van een grote energie-intensieve industrie. Uit onderzoek blijkt dat CCS de uitstoot van krachtcentrales op fossiele brandstoffen met 80-90 procent terug zou kunnen dringen, al zou dat het nodige kosten. De huidige technologieën voor het afvangen van koolstof zijn nog duur, en elektriciteit opgewekt in een krachtcentrale op fossiele brandstoffen die gebruikmaakt van koolstofafvang zal altijd meer kosten dan energie uit een centrale die haar koolstofdioxide de atmosfeer in blaast. Willen we CCS economisch rendabel maken, dan zal er een of ander prijssysteem geïntroduceerd moeten worden dat de reductie van koolstofuitstoot beloont.

In principe is CCS op ieder soort energiecentrale toepasbaar, hoewel het in de praktijk veel goedkoper en efficiënter werkt in moderne 'schonere' ontwerpen die al relatief geconcentreerde stromen CO_2 lozen. (Deze ontwerpen veroorzaken ook plaatselijk veel minder vervuiling, hoewel ze duurder zijn en maar weinig gebruikt worden in ontwikkelingslanden, waar energiecentrales als paddenstoelen uit de grond schieten.) Belangrijker nog, zo blijkt uit scenariostudies, is dat CCS altijd zowel efficiënter als goedkoper is wanneer het in de centrale is ingebouwd in plaats van later toegevoegd, ongeacht het specifieke ontwerp van die centrale. Gegeven het tempo waarin er momenteel nieuwe krachtcentrales gebouwd worden, met name in India en China, is het van het grootste belang zo snel mogelijk CCS-systemen te installeren in proefprojecten voor nieuwe centrales. Uit onderzoek blijkt dat het technologisch mogelijk is binnen vijf tot tien jaar proefprojecten met CCS op de rails te hebben, maar dat vereist een combinatie van politieke wil en economisch initiatief.

Als het koolstofdioxide eenmaal is opgevangen, kan het tot een vloeistof worden samengeperst voor transport via pijpleidingen of schepen, of 'gefixeerd' worden tot een inert vast chemisch bestanddeel. Wat opslag betreft, is de meest voor de hand liggende optie het gas in een diep geologisch netwerk van tunnels en spleten te injecteren, zoals een leeg olie- of gasveld, of een zilte aquifer. (Zoetwateraquifers worden meestal gebruikt voor de winning van drink- en irrigatiewater.) Lege olie- en gasvelden zijn waarschijnlijk het gemakkelijkst, aangezien die in groten getale voorhanden zijn en we al weten dat ze hun inhoud honderden miljoenen jaren kunnen bewaren. Kolenrijke landen als China en India beschikken echter niet over eigen lege olievelden. De uitdaging is dus een veilige manier te vinden voor de exploitatie van aquifers. Er zou echter meer dan genoeg ruimte beschikbaar moeten zijn: het IPCC schat dat we in gas- en olievelden tussen de 675 en 900 gigaton CO_2 op kunnen slaan, en dat zoutformaties nog eens 1000 gigaton voor hun rekening kunnen nemen.[14] Volgens weer andere rapporten is deze schatting nog zeer conservatief.

In de Verenigde Staten zijn zeven Carbon Sequestration Regional Partnerships opgezet om de mogelijkheden van CCS te onderzoeken. Dit zijn regionale partnerschappen waarbij overheidsinstanties, universiteiten en particuliere ondernemingen betrokken zijn uit 41 staten, twee indiaanse naties en vier Canadese provincies. Op dit moment werken ze aan kleinschalige veldproeven voor koolstofopslag, maar het is de bedoeling dat de volgende fase van het project zich zal richten op grootschaliger pogingen voor de integratie van afvang en opslag.[15] De resultaten zijn ook van belang voor 'Future Gen', een project van 1,5 miljard dollar geïnitieerd door zowel de overheid als particuliere initiatiefnemers en gericht op het ontwerpen, bouwen en uitbaten van een kolencentrale met een bijna-nul uitstoot. Dit project bevindt zich echter pas in de fase van het uitkiezen van een geschikte plek.[16]

In 2007 schreef de Britse regering een prijsvraag uit voor fondsen ter ontwikkeling van een CCS-demonstratiecentrale. De Europese Unie financiert de ontwikkeling van een soortgelijke demonstratiecentrale in China, in het kader van het initiatief tot bijna-nul emissies uit kolen.[17] Groot-Brittannië en China ondertekenden in 2005 een overeenkomst waarin precies werd vastgelegd welk deel van het project door de Britten gefinancierd zou worden, gevolgd door een vergelijkbare overeenkomst tussen de EU en China het jaar daarop, met als doel in 2014 een demonstratieproject gereed te hebben. Projecten als dit zouden moeten bijdragen aan het opsporen en overwinnen van technische problemen die te maken hebben met afvang en opslag.

Over de verspreiding en de schaal van ccs in de toekomst zijn de meningen verdeeld. Volgens sommige scenario's zal ccs nooit meer zijn dan een overbruggingstechnologie, die snel wordt ingezet maar halverwege de eeuw ingehaald zal worden door andere koolstofarme technologieën. Anderen gaan ervan uit dat ccs zeker tot aan het einde van de eeuw een grote rol zal spelen.[18] Een speciaal ipcc-rapport over ccs uit 2005 berekent dat rond 2050 tussen 30 en 60 procent van de mondiale CO_2-uitstoot uit krachtcentrales geschikt zou kunnen zijn voor afvang en opslag, en dat ook 30 tot 40 procent van de uitstoot uit de cement- en andere industrieën tegen die tijd afgevangen kan worden.

Een verleidelijk vooruitzicht is dat ccs eventueel gebruikt kan worden voor de afvang en opslag van het koolstofdioxide uit de verbranding van biomassa. In dat geval zouden we de hoeveelheid koolstofdioxide in de lucht kunnen terugdringen, wat zou bijdragen aan de realisatie van dat lage stabilisatiedoel van 450 ppm CO_2eq.

Kernfusie

Zoals we eerder hebben gezien, werkt 'gewone' kernenergie door atoomsplitsing. Fusie werkt daarentegen door de kernen van twee atomen te 'fuseren', het proces waardoor de zon energie genereert. Aan kernfusie is een aantal duidelijke voordelen verbonden. Allereerst komt er nauwelijks radioactief afval bij vrij.[19] Ten tweede bestaat er een overvloed aan grondstoffen: kernfusie maakt gebruik van een natuurlijke, zware vorm van waterstof, die rijkelijk aanwezig is in het zeewater, en van lithiummetaal, dat op aarde veel voorkomt. (Het wordt onder andere gebruikt voor de batterijen van laptopcomputers.) Het afvalproduct, niet-radioactief heliumgas, drijft gewoon weg.

De grote vraag is echter hoe je die twee kernen zover krijgt dat ze hun natuurlijke afkeer van elkaar lang genoeg overwinnen om te fuseren en die enorme hoeveelheden energie af te geven. Als we het net zo willen doen als de zon, hebben we extreem hoge temperaturen nodig. Dat vraagt ongelooflijk veel energie, plus materialen die tegen die hitte bestand zijn.

De Joint European Torus (JET) in Groot-Brittannië heeft 16 megawatt energie uit fusie gewonnen door gas op te sluiten in een magnetische fles en tot meer dan 100 miljoen graden te verwarmen; de Japanse torus in Naka, die gemodelleerd is naar de JET, heeft vergelijkbare resultaten geboekt. Dit zijn de grootste fusiemachines ter wereld. Een fusie-energiecentrale zal echter ongeveer tien keer zo groot moeten zijn als deze twee en 24 uur per dag moeten draaien.

Een van ons (David King) heeft uit naam van de EU meegewerkt aan de opzet van een internationaal consortium dat de problemen rond kernfusie gaat aanpakken. Met vertegenwoordigers uit de EU, Rusland, Japan, China, Zuid-Korea, India en de Verenigde Staten is dit de grootste internationale technologische onderneming ooit. Voor het eerst komen landen samen uit zowel ontwikkelde als ontwikkelingsgebieden, uit zowel het Oosten als het Westen. Ieder land draagt een stevige 500 miljoen euro bij, en de EU en Frankrijk zelfs meer.

Gezamenlijk staat het consortium op het punt een experimentele machine te bouwen in Frankrijk, de International Thermonuclear Experimental Reactor. De machine gaat ongeveer 10 miljard dollar kosten, wordt zo groot als een eventuele krachtcentrale en zal twintig jaar in bedrijf worden genomen, in een poging de wetenschappelijke en technologische problemen van fusie op te lossen. Als alles goed gaat, zou binnen veertig jaar de eerste commerciële fusie-energie beschikbaar kunnen zijn, en als de betrokken regeringen hun investeringen in het project opvoeren, zelfs nog sneller.

Laatste opmerking

De meeste technologieën en strategieën die we in dit hoofdstuk beschrijven, zijn op dit moment of binnenkort gebruiksklaar. De rest is rijp voor investeringen. Zoals we aan het begin van dit hoofdstuk al vermeldden, zal er de komende 25 jaar ongeveer 20 biljoen dollar in energie worden geïnvesteerd. Als een significant deel daarvan naar fossiele brandstoffen gaat in plaats van naar koolstofarme alternatieven, zal het niet meevallen een weg terug te vinden. Zelfs technologieën als de afvang en opslag van koolstof, die naast de traditionele energiecentrales op fossiele brandstoffen werken, zijn veel duurder als je ze achteraf installeert dan wanneer je ze meteen al in het ontwerp van een nieuwe krachtcentrale opneemt. Met andere woorden, de technologie vertelt hetzelfde verhaal als de wetenschap: de noodzaak onze CO_2 uitstoot te veranderen is dwingend en we zullen er nu mee moeten beginnen.

DEEL III

Politieke oplossingen

Inmiddels zou duidelijk moeten zijn dat de wereld de uitstoot van broeikasgassen moet terugdringen, en zowel over de technische mogelijkheden als de inventiviteit beschikt om dat ook daadwerkelijk te doen. Maar wetenschap en technologie zijn het gemakkelijke gedeelte. Zij bieden de middelen. Wat we nu nodig hebben is de wil. Dit gedeelte van het boek behandelt de economische en politieke aspecten van de klimaatverandering. Veel ligt onvermijdelijk in handen van landen en grote bedrijven, maar het individu kan desalniettemin vanuit de basis de nodige druk uitoefenen. Deze hoofdstukken laten zien waar we bij politieke overeenkomsten op moeten letten. Ze zijn een gids, zo je wilt, die laat zien of politici doen wat ze moeten doen. Aan het einde van dit deel zetten we alle oplossingen op een rijtje, zowel de technologische als de politieke, zodat iedereen kan zien hoe hij een persoonlijke bijdrage kan leveren.

10

Het ligt aan de economie, sufferd

Betalen we nu of betalen we later?

Al geruime tijd is er rond de kwestie van de klimaatverandering een strijd gaande tussen economie en wetenschap. Vrijwel vanaf het begin heeft de wetenschap gezegd: laten we nu ingrijpen, voordat het te laat is. Maar tot voor kort klonk vanuit economische hoek: wacht tot we allemaal rijker zijn, of tot er zich nieuwe technologieën aandienen.

Dat komt doordat veel theoretisch economen steeds maar vol hielden dat het loslaten van onze koolstofverslaving de wereldeconomie zou schaden en ernstig economisch leed zou veroorzaken, tegenover een relatief kleine klimaatwinst. Zelfs onder degenen die accepteerden dat klimaatverandering meer was dan een halfbakken groene theorie, overheerste de mening dat het beter was de economische groei af te wachten. Op die manier zouden we onze toekomstige welvaart kunnen inzetten voor iets wat vooral gezien werd als een toekomstig probleem.

Deze redenatie werd in 2007 met de grond gelijkgemaakt met de publicatie van *The Economics of Climate Change* door de Britse econoom Nicholas Stern en zijn team. Het zogenoemde Sternrapport, vervaardigd in opdracht van de Britse regering, is het meest uitgebreide overzicht ter wereld. De meer dan 600 pagina's bevatten vele gedetailleerde analyses van de economische lusten en lasten van de klimaatverandering. Maar wat overal ter wereld de voorpagina's haalde was dit: volgens Stern kost onmiddellijke aanpak van de klimaatverandering gericht op een maximale waarde van 500-550 ppm CO_2eq niet meer dan 1 procent van de mondiale consumptie per hoofd van de bevolking per jaar (bbp); het probleem op de lange baan schuiven leidt alleen maar tot hogere kosten, en de klimaatverandering op haar beloop laten zou de wereld uiteindelijk maar liefst 20 procent van het bbp per jaar kunnen kosten.[1]

Nu 1 procent betalen en dan later 20 procent besparen moet iedereen toch als muziek in de oren klinken, maar andere economen sprongen ogenblikkelijk boven op de kwestie en beweerden dat Stern zijn antwoord in zijn modellen had ingebouwd. Meer conventionele modellen, zo zeiden zij, zouden op een veel lager toekomstig voordeel uitkomen en waarschijnlijk op hogere kosten nu. Stern verdedigde zijn keuzes met hand en tand, en de strijd is nog altijd in volle gang.

Waarom kunnen die economen het maar niet eens worden? De reden is illustratief voor het fundamentele verschil tussen economische en wetenschappelijke modellen, en toont wat ons betreft ook aan waarom economische modellen ons uiteindelijk geen werkelijke zekerheid kunnen geven over wat het precies gaat kosten als we de klimaatverandering voorlopig negeren.

De redenatie is enigszins technisch, maar de moeite van het vermelden waard. Want als je de oorsprong van de Sterncontroverse begrijpt, begrijp je ook hoe weinig vertrouwen je kunt hebben in welke uitgesproken, specifieke economische beweringen over de toekomstige kosten van klimaatverandering dan ook.

Algemeen gesteld proberen economische modellen die het effect van willekeurige veranderingen bekijken, uit te zoeken of mensen er in de toekomst op voor- of achteruitgaan. Om het zeer eenvoudig te stellen: stel dat er iets gebeurt waar ik 5 pond rijker van word, maar wat vier anderen elk 5 pond kost. Over het geheel genomen gaan we er dan alle vijf op achteruit.

Modellen die de consequenties van de klimaatverandering onderzoeken, doen iets soortgelijks. Hoewel de modellen complexer zijn en met veel meer factoren rekening houden, werkt het nog steeds min of meer zo dat de consequenties voor iedereen in de wereld bij elkaar worden opgeteld om tot een cijfer voor mondiale welvaart te komen, dat hetzij positief (over het geheel genomen is de wereld beter af), hetzij negatief uitvalt (het zal al met al een verslechtering betekenen).

De resultaten krijgen echter nog een extra draai in een procedé dat economen *discounting* noemen. Discounting van de toekomst is economenjargon voor het 'beter één vogel in de hand'-principe. De gedachte is dat een brood vandaag meer waard is dan volgende week, omdat de toekomst onzeker is. Als je het van de zonnige kant bekijkt, heb je volgende week misschien de loterij gewonnen en hoef je je nooit meer druk te maken over de prijs van brood. Als je het somber inziet, heb je volgende week misschien geen brood meer nodig omdat je onder de tram bent gelopen. Hoe het ook zij, dat brood is nu meer waard dan later, en het verschil wordt de *discount rate* genoemd.

De discount rate die Stern voor zijn klimaatcalculaties koos was ongebruikelijk laag. Met andere woorden, een brood volgende week zou bijna evenveel waard zijn als een brood nu in je hand. Hierdoor kosten problemen in Sterns toekomst aanzienlijk meer dan veel economen prettig vinden. Door een lage discountrate te kiezen, beweerden zijn critici, schroefde Stern de kosten van de toekomstige klimaatverandering veel te hoog op.

Daar kwam nog bij dat Stern een ongebruikelijk laag cijfer hanteerde voor het *discounting level* tussen arm en rijk.[2] Andere economen waren verontwaardigd dat Stern niet een meer egalitaire keuze had gemaakt en beweerden dat het discounting level te veel gewicht legde op toekomstige generaties. Aangezien economieën geneigd zijn tot groei, zijn mensen in de toekomst waarschijnlijk rijker dan wij. Door de armen (wij dus) minder gewicht toe te kennen en de rijken (onze kleinkinderen) meer, vallen de toekomstige kosten eveneens hoger uit.[3]

Stern blijft achter zijn keuzes staan. Hij zegt dat sterk *discounten* voor de toekomst leuk en aardig is als het gaat over dingen die gebeuren tijdens je leven, maar aangezien het probleem van de opwarming van de aarde zich op een tijdschaal van eeuwen afspeelt, zeg je met een hoge discount in feite dat mensen die nog niet geboren zijn minder belangrijk zijn dan wij nu. In het bovenstaande voorbeeld is het alsof je zegt dat een brood nu voor jou belangrijker is dan later voor je ongeboren kleinkind. Stern vindt het onethisch dit soort aannames te doen over toekomstige generaties, die zelf nog geen stem hebben.

Hij wijst er ook onomwonden op dat als wij mogen zeggen: 'Laat het probleem over aan de volgende generatie', datzelfde ook voor die generatie geldt. Als we deze route kiezen, schuiven we als mensheid de uitdaging af op steeds verdere afstammelingen, terwijl de wereld om ons heen instort en in vlammen opgaat.

Ten aanzien van het discountingcijfer voor rijk en arm stelt Stern dat critici die voor een veel hogere waarde pleiten, logischerwijs ook voorstanders moeten zijn van een grootschalige herverdeling van welvaart tussen rijk en arm in de huidige wereld.[4] (Ook het IPCC-rapport schrijft droogjes: 'Op de meeste andere beleidsterreinen tonen de rijken zich lang niet zo begaan met de armen als je zou denken op grond van het *equity weight* dat in veel modellen wordt toegepast.'[5])

Desalniettemin lijkt Stern door ongebruikelijke waarden voor deze twee cijfers te kiezen, erop gespitst de toekomst zoveel mogelijk te laten kosten. Cambridge-econoom sir Partha Dasgupta (die geen probleem heeft met Sterns lage cijfer voor toekomstige discounting, maar zijn relatieve ongelijkheid tussen arm en rijk moeilijker te verteren vindt[6]) wijst erop dat we niet werkelijk weten hoeveel verschil deze keuzes maken voor Sterns bevindingen.

De moeilijkheid, zegt hij, is dat de toekomstige kosten van een teveel aan koolstof buitengewoon gevoelig zijn voor de discountingwaarden die je kiest. Het IPCC-rapport sluit zich hierbij aan. Het stelt dat een discounting van de toekomst met 3 procent betekent dat een ton koolstof uiteindelijk sociale kosten met zich meebrengt van ongeveer 62 dollar. Als we daar 2 procent van maken, stijgen de kosten ogenblikkelijk tot 165 dollar per ton, en bij een discountwaarde van nul, loopt het cijfer op tot een schrikbarend bedrag van 1610 dollar per ton.[7] Dat is een groot prijsverschil voor een kwestie die eerder ethisch is dan financieel, namelijk hoeveel waarde we hechten aan onze kleinkinderen.

Het komt erop neer dat harde cijfers met betrekking tot de toekomstige kosten van klimaatverandering sterk afhankelijk zijn van in wezen intuïtieve keuzes. Zo bezien lijkt iedere poging de toekomstige schade van een duidelijk prijskaartje te voorzien een hopeloze zaak.

Dit probleem wordt nog groter wanneer je rekening houdt met de kans dat het klimaat op aarde een van de drempels uit hoofdstuk 5 overschrijdt. De mate van onzekerheid waar de economische modellen dán mee moeten rekenen, maakt concrete voorspellingen zo goed als onmogelijk. In de woorden van Dasgupta: 'Klimaatverandering en verlies aan biodiversiteit zijn twee fenomenen die zich waarschijnlijk niet laten vertalen in formele, kwantitatieve economische analyses. Wij economen hadden niet moeten aandringen op wat ik zie als misplaatste concreetheid. En dat geldt nu meer dan ooit.'[8]

Maar ook al kunnen we geen precieze economische kosten aan de toekomst koppelen, we weten wel dat een veranderend klimaat zeer grote aantallen mensen directe ellende gaat opleveren in de vorm van overstromingen, droogtes en honger, en dan hebben we het nog niet eens over alle indirecte gevaren die voortkomen uit massamigratie en oorlogen om bestaansmiddelen. Het proces is al in gang gezet. Je zou zelfs kunnen stellen dat er weinig reden is je zorgen te maken over de toekomstige kosten van klimaatverandering als de effecten nu al merkbaar zijn. Bovendien zijn veel van de toekomstige variabelen hoe dan ook niet uit te rekenen. Hoeveel is het ons waard Venetië te behouden voor toekomstige generaties? Of Londen? Of Cairo?

Als we al deze problemen in overweging nemen, hoe beslissen we dan of we nu in actie komen of het probleem tot later bewaren? Het is misschien niet zo'n gek idee te luisteren naar wat de wetenschap te zeggen heeft. In hoofdstuk 6 hebben we gezien dat we de hoeveelheid broeikasgassen moeten stabiliseren op 450 ppm CO_2eq als we willen voorkomen dat toekomstige generaties te maken krijgen met zeer ernstige, zelfs gevaarlijke, klimaatveranderingen. En willen we daarin te slagen, dan moeten we nu ingrijpen. Het broeikasgasgehalte zal in de komende vijftien jaar moeten pieken. Als we nog langer wachten, is die 450 p-ppm een gepasseerd station. (Zelfs stabilisatie op een hoger niveau vereist dat we binnen twintig jaar ingrijpen.) De komende tien jaar zijn de enige ruimte die wij, of welke generatie dan ook, nog hebben.

Zo gesteld luidt de economische vraag niet zozeer: 'Hoeveel kost het ons als we niet nu ingrijpen, maar later?', als wel: 'Kunnen we het betalen om nu in te grijpen?' En het antwoord luidt dat de kosten van uitstootreductie weleens verrassend laag kunnen uitvallen.

Wat gaat het kosten?

Het Sternrapport nam een breed scala aan potentiële kosten onder de loep gericht op de aanpak van de klimaatverandering, evenals besparingen door efficiencyverbetering. Globaal luidde de conclusie dat de jaarlijkse kosten van een traject naar een stabilisatieniveau van 550 ppm of lager in 2050 zouden uitkomen tussen de -1,0 en +3,5 procent van het bbp, met een gemiddelde van ongeveer 1 procent.

Het IPCC-rapport sluit zich in grote lijnen bij deze cijfers aan, hoewel hun berekeningen iets hoger uitvallen: de kosten voor 550 ppm in 2050 zouden liggen tussen de 1 en de 5 procent van het bbp; voor 650 ppm zou dat 'minder dan 2 procent van het bbp' zijn en voor 450 ppm is er te weinig onderzoek gedaan om tot een betrouwbare schatting te komen.[9]

Het zakelijke tijdschrift *McKinsey Quarterly* publiceerde een artikel met een bijzonder intrigerende benadering van het probleem.[10] De auteurs maakten een lijst van alle mogelijke manieren om broeikasgassen terug te dringen tegen de maximale 'marginale kosten' van 40 euro per ton. (Dat wil zeggen dat veel van hun methodes in feite geld besparen; een groot aantal kost wel

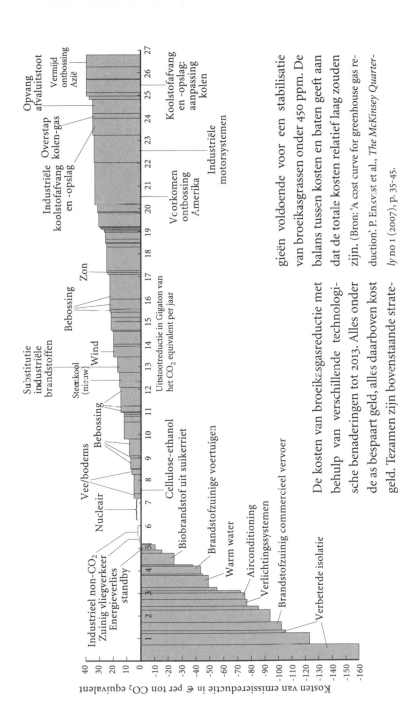

De kosten van broeikasgasreductie met behulp van verschillende technologische benaderingen tot 2013. Alles onder de as bespaart geld, alles daarboven kost geld. Tezamen zijn bovenstaande strategieën voldoende voor een stabilisatie van broeikasgrassen onder 450 ppm. De balans tussen kosten en baten geeft aan dat de totale kosten relatief laag zouden zijn. (Bron: 'A cost curve for greenhouse gas reduction?' P. Enkvst et al., *The McKinsey Quarterly* no 1 (2007), p. 35-45.

iets, maar nog altijd veel minder dan 40 euro per ton; en geen enkele methode kost meer dan dat.) Vervolgens zetten ze deze verschillende manieren uit in een grafiek.

In de grafiek staan alle oude bekenden op een rijtje. Het begint links met de methodes die het meest opleveren: de isolatie van gebouwen (een enorme besparing van meer dan 150 euro per ton); efficiëntere verlichting (een besparing van 100 euro per ton); verwarming (een besparing van 50 euro per ton), enzovoort. Op ongeveer nul nettokosten staat de reductie van industriële broeikasgassen anders dan koolstofdioxide. Vervolgens wordt de prijs positief bij kernenergie (ongeveer 1 euro per ton), en komt via het afvangen en opslaan van het koolstof uit centrales (nettokosten 30 euro per ton) uit bij de duurste methodes, zoals biodiesel en het afvangen van afvaluitstoot (net geen 40 euro per ton).

Als we zover gaan, zeggen de auteurs, besparen we tussen nu en 2030 in totaal genoeg geld voor een stabilisatietraject naar een broeikasgasuitstoot van het equivalent van 450 ppm. Bemoedigend is dat deze benadering volledig gebaseerd is op methodes die ofwel al bestaan, ofwel eraan zitten te komen (zoals de afvang en opslag van koolstof). Er zijn geen onmiddellijke technologische doorbraken nodig.

Ook hebben de auteurs alle besparingen en kosten bij elkaar opgeteld om de totale prijs van het traject te bepalen. Ze beweren dat we tegen 2030 slechts ongeveer 0,6 procent van het bbp betalen als we iedere genoemde methode volledig benutten. Zelfs als een aantal methodes tegenvalt, zijn de kosten tegen 2030 nog altijd maar 1,4 procent van het bbp.

Kunnen we ons dit soort bedragen permitteren? Dat is meer een politieke dan een economische kwestie. Dasgupta wijst erop dat 1 procent van het wereldwijde bbp de rijke landen zou komen te staan op 1,8 procent van het bbp, omdat zij het grootste deel van de kosten zullen moeten dragen. Dat is een bedrag van meer dan zeven keer het jaarlijkse mondiale budget voor ontwikkelingshulp. Als je het zo formuleert, zal het niet gemakkelijk zijn regeringen voor de goede zaak te winnen. De verleiding is groot het geld dat nodig is om de klimaatverandering te betalen als alternatieve kosten te beschouwen. Waarom besteden we het geld niet direct aan hulp en redden we niet nu meteen levens, in plaats van te wachten tot later?

Dat is echter een oneigenlijk argument. Er bestaat geen pot met geld waaraan de hele wereld heeft bijgedragen en waarvan we nu moeten beslissen waaraan we het uitgeven. Als het geld niet naar oplossingen voor klimaatverandering gaat, is de kans uiterst klein dat het in plaats daarvan aan hulp wordt besteed. Bovendien zit geld voor de aanpak van de klimaatverandering in een ander potje, namelijk de pot voor energie. Zoals we in hoofdstuk 9 hebben gezien, voorspelt het Internationaal Energie Agentschap dat er tussen nu en 2030 wereldwijd meer dan 20 biljoen dollar geïnvesteerd moet worden om te voldoen aan de groeiende honger naar energie. De vraag die we nu moeten beantwoorden, is of we het geld uit die pot investeren in fossiele brandstoffen of in koolstofarme bronnen.

Daarnaast vinden wij het misplaatst klimaatkosten te beschouwen als een alternatieve vorm van hulp. Het gaat hier niet om geld geven aan arme mensen, zodat ze een iets beter leven krijgen. Het gaat om een mondiale cultuurverandering, zodat we een klimaat achterlaten waar onze kleinkinderen in kunnen leven. Zoals gezegd hebben we nog maar twintig jaar de tijd om de broeikasgassen tot een acceptabel niveau te beperken. En hoe rijk sommige delen van de wereld ook worden, daarna is het te laat.

Om die redenen vinden wij dat we de kosten van klimaatverandering niet moeten zien als een gift, maar als een verzekering tegen een gevaarlijke toekomst. De schrijvers van het artikel in *McKinsey Quarterly* wijzen erop dat de omzet van de verzekeringsindustrie in 2005 wereldwijd 3,3 procent van het bbp bedroeg, exclusief de omzet uit levensverzekeringen. In dat perspectief lijken de kosten van de klimaataanpak alleszins redelijk. Investeringen in nieuwe vormen van energie en het opeisen van de besparingen uit verhoogde efficiency zouden onze economische groei zelfs een stimulans kunnen geven.

Hoe gaan we het betalen?

Normaliter baseren we beslissingen over onze uitgaven op markt-signalen, zoals prijzen. Maar de prijs die we momenteel voor energie betalen, houdt geen rekening met de gevolgen voor het klimaat; koolstofarme opties zijn niet voordeliger en er staan ook geen boetes op koolstofrijke keuzes. Om die reden noemt het Sternrapport de klimaatverandering 'het grootste marktfalen dat de wereld ooit heeft gezien'.[11]

Veel economen pleiten voor een aanpassing van de markt om de situatie te herstellen. De eenvoudigste manier is belasting heffen op iedere ton uitgestoten broeikasgas. Op die manier zou de prijs van iedere activiteit waarbij broeikasgas vrijkomt de werkelijke kosten voor het milieu weerspiegelen. De markt zou de grootste overtreders aanpakken en de overstap op koolstofarme alternatieven kosteneffectief maken.

Er zijn aanwijzingen dat dit een werkbare optie is, in elk geval op nationaal niveau. Aan het begin van de jaren 1990 introduceerde Noorwegen een koolstofbelasting op de uitstoot uit energiewinning en dit leek inderdaad technologische innovatie te stimuleren.[12] Er ontstaan echter problemen wanneer je die aanpak wereldwijd wilt doorvoeren. Afspraken over internationale belastingen komen altijd uiterst moeilijk tot stand. Zo heeft de Europese Unie enorme problemen ondervonden bij de regulatie van de talloze en complexe verschillen in omzetbelastingen van haar lidstaten. Hoewel Zweden, Finland en Denemarken in de jaren 1990 eveneens koolstofbelastingen invoerden, hebben zij hun maatregelen niet afgestemd op Noorwegen of op elkaar. Als landen die zo dicht bij elkaar liggen al niet tot overeenstemming kunnen komen, is er maar weinig hoop dat dit wél lukt bij al die totaal verschillende landen in de rest van de wereld. Het is bovendien moeilijk voorstelbaar dat welk land dan ook 'ja' zegt tegen een jaarlijkse belastingaanslag van de Wereldbank.

Een politiek meer kansrijke strategie is het zogenoemde *cap and trade*-systeem. Dit plan is gemodelleerd naar de succesvolle strategie in de Verenigde Staten halverwege de jaren negentig tegen de uitstoot van zwaveldioxide, dat zure regen veroorzaakt. Het *cap*-deel betekent dat iedere deelnemer aan het plan bepaalde emissierechten krijgt toegewezen. Het *trade*-deel betekent dat iedereen die zijn limiet overschrijdt, rechten kan kopen van iedereen die nog uitstoot overheeft. Ieder jaar liggen de rechten iets lager en daalt de uitstoot navenant, geholpen door de onzichtbare hand van het kapitalisme.

Een van de slimme aspecten van cap and trade is dat de uitstootreductie zo economisch mogelijk geschiedt. Als het voor mij goedkoper is jouw uitstootreductie te betalen dan mijn eigen, dan kan ik jouw rechten kopen. In de Verenigde Staten werkte dat voortreffelijk voor de reductie van zwavel: de uitstoot daalde sneller dan verwacht en tegen een fractie van de kosten die de criticasters hadden voorspeld. In 1999 riep BP een interne markt in het leven voor de handel in koolstofdioxide-emissies tussen de verschillende dochtermaatschappijen. De kosten van het systeem bedroegen 20 miljoen dollar, maar in de loop van de volgende drie jaar bespaarde het bedrijf hierdoor een indrukwekkende 650 miljoen dollar aan energie.

In 2004 zette Groot-Brittannië als eerste land in de wereld een nationaal systeem op voor de handel in koolstofuitstoot. Een Europees plan volgde al snel, in januari van het jaar daarop, en het Britse initiatief sloot zich daarbij aan. 's Werelds eerste internationale systeem voor emissiehandel was geboren.[13] Het systeem staat alleen open voor lidstaten van de Europese Unie, maar zeker sinds de toetreding van tien Oost-Europese landen in 2004 en nog eens twee in 2007 bestaan er tussen de EU-landen zulke grote verschillen in economische ontwikkeling, dat ze samen in feite een microkosmos vormen waaruit we kunnen aflezen hoe een wereldwijd emissiesysteem zou kunnen werken.

In iedere lidstaat is deelname aan het Europese plan voor een aantal industrieën verplicht. Energiecentrales, de metaalindustrie en producenten van cement, baksteen, pulp en papier dienen zich allemaal aan een uitstootquotum te houden. (Gezamenlijk zijn deze industrieën verantwoordelijk voor bijna 40 procent van de totale uitstoot in de EU.) De afzonderlijke regeringen bepalen hoe ze de rechten tussen deze industrieën verdelen. De grootste besparingen komen meestal voor rekening van de elektriciteits-bedrijven, aangezien die het minst kwetsbaar zijn voor internationale concurrentie.

Het proces koppelt een natuurlijke prijs aan de koolstofuit-stoot per ton, die voortkomt uit het standaard economische model van vraag en aanbod. In het Europese plan hield de prijs gedurende het eerste jaar uitstekend stand op een bedrag tussen 10 en 20 euro per ton, een waarde waarop uitstootbesparingen zeker de moeite waard zouden zijn. Maar in april 2006 gebeurde er een ramp. De daadwerkelijke uitstootcijfers van de betrokken industrieën voor 2005 waren veel lager dan voorspeld. Cap and trade werkt alleen als de rechten relatief moeilijk verkrijgbaar en dus gewild zijn. De *caps* of quota moeten aanzienlijk lager liggen dan de daadwerkelijke uitstoot, anders heeft het geen zin ze in te stellen. Nu bleek dat in veel van de betrokken landen de voorspelde uitstoot schromelijk was overschat. De koolstofprijzen kelderden en de rechten voor de eerste fase verloren vrijwel al hun waarde.[14]

Dit was een pijnlijke les in de gevaren van het opzetten van een gloednieuwe markt. We weten nu beter dan ooit dat we een reële schaarste aan rechten moeten creëren, wil een markt als deze werken en het recht op de uitstoot van broeikasgas een zeldzaam en gewaardeerd goed worden. De EU is hier al flink mee aan de slag gegaan. Voor de volgende fase van het project, die loopt van 2008 tot 2012, zijn aanzienlijk striktere quota vastgesteld en de eerste rechten voor deze fase lijken behoorlijk waardevast, met een prijs tussen 15 en 20 euro per ton.[15] Dus ondanks enige kinderziektes is de markt inmiddels goed gepositioneerd en zal die zich ongetwij-feld manifesteren als een krachtig instrument in de uitstootre-ductie van een regio die zich als geheel 's werelds grootste gecom-bineerde economie mag noemen.[16]

In de Verenigde Staten vinden vergelijkbare ontwikkelingen plaats. Californië heeft nu een eigen systeem voor koolstofhandel, en hetzelfde geldt voor een consortium van staten in het noordoosten van Amerika; de Chicago Climate Exchange, die handelt in vrijwillige emissiequota, is sinds de oprichting in 2003 met succes in bedrijf. Elders in de wereld, in New South Wales in Australië, is de emissiehandel sinds 2003 verplicht voor elektriciteitsbedrijven, en de premier kondigde onlangs aan dat er tegen 2012 een nationaal systeem wordt ingesteld. Toen het internationale klimaatverdrag, het Kyotoprotocol, in februari 2005 van kracht ging, trad er ook een systeem voor emissiehandel in werking voor landen die het verdrag hadden geratificeerd.

In mei 2007 rapporteerde de Wereldbank dat de mondiale koolstofmarkt in het voorgaande jaar was verdubbeld, met een groei van 10 miljard dollar in 2005 en 30 miljard dollar in 2006. De grootste groei kwam uit de verkoop en herverkoop van rechten binnen de Europese Unie.[17] Ondertussen krimpt de EU niet alleen haar uitstoot in, maar onderzoekt men ook hoe men nieuwe sectoren kan inlijven, met name het transport en de internationale lucht- en scheepvaart. Vooral de laatste twee zijn omstreden, omdat ze momenteel niet eens worden meegeteld in de uitstoot van afzonderlijke landen.

Op zichzelf zijn koolstofmarkten niet voldoende. In het in 2007 verschenen rapport van de Wereldbank over de staat van de koolstofmarkt staat dat 'de enormiteit van de klimaatuitdaging [...] een diepgaande transformatie vereist, ook in sectoren die zich niet gemakkelijk lenen voor cap and trade'.

Landbouw, particulier vervoer en huishoudens zijn bijvoorbeeld niet erg geschikt voor het soort toezicht en gereken die bij een cap and trade-systeem komen kijken. In deze gevallen zullen overheden energiebedrijven moeten verplichten meer duurzame energie te gebruiken, efficiencystandaards in te stellen en vooral betrouwbare informatie te verschaffen over de exacte hoeveelheid broeikasgas waarvoor een product in de loop van zijn bestaan verantwoordelijk is.

Het rapport van de Wereldbank wees ook met nadruk op de noodzaak dat afzonderlijke regeringen en internationale consortia investeringen stimuleren in de ontwikkeling van nieuwe, koolstofarme technologieën. Een belangrijk initiatief in dezen is de organisatie van samenwerkingsverbanden tussen overheid en particuliere bedrijven voor de stimulering van investeringen in onderzoek en ontwikkeling, zoals het Energy Technologies Institute in Groot-Brittannië.[18]

Het Robin Hood-effect

De meeste analisten zijn het erover eens dat de kosten vooral verhaald moeten worden op de rijkste landen in de wereld, die niet alleen het best in staat zijn om te betalen, maar historisch gezien ook de voornaamste veroorzakers van het broeikasprobleem zijn. De kosten zullen echter niet overal gelijk uitvallen. Volgens weer zo'n akelige ironie die we in de broeikaskwestie voortdurend tegenkomen, zijn in de rijke landen vooral oplossingen vereist die geld besparen (zoals het isoleren van huizen), terwijl de duurste oplossingen (zoals de afvang van koolstof uit krachtcentrales in India of het voorkomen van ontbossing in Brazilië) nodig zijn in de armere landen, die hoe dan ook al minder schuld hebben aan het ontstaan van het probleem. Iedere betalingsregeling zal zich ervan moeten vergewissen dat geld vanuit de rijkere landen daadwerkelijk in de armere landen terechtkomt en specifiek gericht is op een economisch zo efficiënt mogelijke terugdringing van uitstoot.

In principe maakt cap and trade de overdracht van gelden tussen verschillende naties mogelijk, maar in de praktijk moeten we verdere stappen ondernemen om te zorgen dat er een geldstroom van rijkere naar armere landen op gang komt. Er is hier geen sprake van een modern Robin Hood-principe van generositeit aan de armen. Het is in feite de enige manier waarop we ontwikkelingslanden kunnen stimuleren hun oude, vervuilende industriële gewoontes te overwinnen en rechtstreeks te investeren in koolstofarme alternatieven, een noodzakelijke stap voor de planeet als geheel.

Het Kyotoprotocol introduceerde twee andere mechanismen om geld uit de meest industrielanden door te sluizen naar minder ontwikkelde landen. In verdragsjargon staan ze bekend als *Joint Implementation* (JI) en het *Clean Development Mechanism* (CDM).

Joint Implementation betekent dat een ontwikkeld land koolstofkrediet kan winnen door een project op te zetten voor de reductie van uitstoot in een ander relatief goed ontwikkeld land. Frankrijk zou bijvoorbeeld kunnen betalen voor efficiencyverbeteringen in Roemenië. (Joint Implementation werkt hoofdzakelijk voor landen in Oost-Europa en de voormalige Sovjet-Unie, die relatief ontwikkeld zijn, maar waar kleine investeringen een groot verschil kunnen maken in energiezuinigheid.)

Het Clean Development Mechanism is vergelijkbaar, maar werkt tussen ontwikkelde landen en veel armere ontwikkelingslanden. De Verenigde Staten zouden zo krediet kunnen winnen door een project voor uitstootreductie in India op te zetten. De achterliggende gedachte is dat deze strategie twee voordelen heeft: voor ontwikkelde landen is uitstootreductie zo relatief goedkoop, terwijl ontwikkelingslanden fondsen ontvangen voor de implementatie van nieuwe, koolstofarme technologieën.

Beide benaderingen brengen een aantal potentiële problemen met zich mee. Critici beweren bijvoorbeeld dat de ontwikkelde landen vrijuit gaan. In principe zouden deze mechanismen het mogelijk maken dat je je doelen haalt zonder noemenswaardige aandacht te besteden aan de nieuwe technologieën en benaderingen die we eerder beschreven. Je zou kortetermijnproblemen af kunnen kopen zonder ook maar enige langetermijninvestering te doen om je eigen koolstofgedrag te doorbreken. Als bijkomend nadeel verliezen rijke landen hierdoor de drang nieuwe technologieën te ontwikkelen die weer aan onderontwikkelde naties kunnen worden doorgegeven.

Het andere probleem is de zorg dat de betrokken projecten ook daadwerkelijk de totale uitstoot terugdringen, en dat ze alleen via deze weg tot stand hadden kunnen komen. Wat als een bos dat specifiek was aangeplant om koolstofdioxide op te nemen vervolgens gekapt wordt voor brandhout? Of als een bedrijf in zonnepanelen failliet gaat voordat de panelen geleverd zijn? En wat als het project anders uit andere fondsen zou zijn betaald? Dit soort vragen heeft vooral het Clean Development Mechanism in een slecht daglicht geplaatst.

Europeanen doen momenteel veel ervaring op met het CDM binnen het European Emissions Trading Scheme (ETS). In juni 2007 publiceerde het Wereld Natuur Fonds (WNF) een rapport genaamd *Emission Impossible,* waarin men een reeks problemen signaleerde in de manier waarop het Europese systeem het CDM gebruikt.[19] Allereerst vroeg het WNF zich bezorgd af of het huidige systeem de EU-landen de mogelijkheid biedt hun volledige uitstootreductie af te wentelen op ontwikkelingslanden, zonder in eigen huis ook maar iets te hoeven veranderen. De regels stellen een grens aan het *percentage* van het emissiequotum dat elders kan worden uitbesteed. Voor Frankrijk is dat bijvoorbeeld 13,5 procent van het quotum, en voor Groot-Brittannië ligt de grens bij 8 procent. Het probleem is dat dit percentage geldt voor de *totale toegestane uitstoot* en niet alleen voor het verschil tussen het emissiequotum en het business as usual-scenario. Volgens vrijwel alle voorspellingen is het verschil tussen het quotum en business as usual voor Frankrijk bijvoorbeeld minder dan 13,5 procent van de totale uitstoot. Met andere woorden, het WNF liet zien dat deze percentages bijna of helemaal overeenkwamen met de daadwerkelijke verplichte uitstootreductie voor ieder land.

Zolang officiële instanties zich rekenschap geven van deze kwesties, kunnen ze gemakkelijk worden rechtgezet door gewoon de toegestane percentages te kortwieken. Zorgwekkender misschien is de kwaliteit van de CDM-projecten, zoals blijkt uit verschillende onderzoeken. Ontwikkelingslanden die het Kyotoprotocol geratificeerd hebben, kunnen projectvoorstellen indienen die volgens hen de koolstofuitstoot terugdringen. Deze worden dan beoordeeld door een CDM-bestuurscommissie in Zwitserland. De gedachte is vooral te controleren of de projecten de voorgestelde uitstootbesparingen kunnen realiseren en of de besparingen 'additioneel' zijn, in de zin dat ze niet zouden hebben plaatsgevonden zonder de extra gelden van het CDM. Bovendien moet de raad nagaan of de projecten aansluiten op het algemene doel van duurzame ontwikkeling in de betrokken landen.

Het WNF heeft een lijst gemaakt van goedgekeurde projecten die volgens hen niet aan een of meer van deze criteria voldoen. Zo zou in 2006 een waterkrachtproject in China zijn geaccepteerd, hoewel in de inzending aan de CDM-raad stond dat 'inkomsten uit CDM-kredieten irrelevant zijn voor de beslissing het project door te laten gaan', en dat 'in oktober 2003 met de bouw is begonnen'. Ook in *Nature* verscheen een kritisch artikel over het CDM[20] en in Groot-Brittannië beweerde het dagblad *Guardian* dat mogelijk 20 procent van alle tot dusver in het kader van het CDM uitgegeven koolstofkredieten discutabel is.[21]

Ook hiervoor bestaat een eenvoudige oplossing, mits die met kracht wordt doorgevoerd. Het WNF pleit voor certificatie van toekomstige CDM-projecten middels de zogenoemde Gouden Standaard.[22] Dit is een onafhankelijke maatstaf voor de beoordeling van plannen voor emissiereductie in ontwikkelingslanden van zowel internationale als individuele investeerders. De Gouden Standaard staat bijvoorbeeld alleen projecten toe die zich richten op duurzame energie en efficiency, en is uiterst conservatief in zijn oordeel over de 'additionaliteit' van een project. Dit zou een uitstekend uitgangspunt zijn voor ieder gebruik van het CDM in een nieuw internationaal verdrag.

Deze benadering geeft een veel grotere garantie dat de vereiste emissies gehaald worden. Door projecten als herbebossing uit te sluiten is de Gouden Standaard aan de andere kant ook enigszins beperkt. Het zou nog beter zijn een door regeringen geaccepteerde nieuwe maatstaf te ontwikkelen die ruimte biedt aan alle mogelijke manieren van uitstootreductie en een betrouwbare methode oplevert om emissies te berekenen, zelfs voor projecten die moeilijker te kwantificeren zijn.

Ondanks al deze problemen werpen de pogingen van het CDM om buitenlandse investeringen in de uitstootreductie van ontwikkelingslanden te realiseren zeker vruchten af. Volgens het rapport van de Wereldbank over de koolstofmarkt van 2007 hebben de mechanismen van het Kyotoprotocol de ontwikkelingslanden 8 miljard dollar aan nieuwe middelen opgeleverd, die zelf ook weer 16 miljard dollar hebben aangetrokken aan gerelateerde investeringen in de winning van schone energie. Wanneer de startproblemen van het CDM zijn opgelost, zal het zich ontwikkelen tot een onontbeerlijk instrument in de aanpak van het klimaatprobleem.

Een laatste punt met betrekking tot dit onderwerp is de kwestie van de ontbossing. Het Sternrapport noemde de afremming van de ontbossing een van de meest kosteneffectieve en snelle manieren van emissiereductie. Dat de uitstoot van koolstofdioxide afneemt als we minder bossen omhakken en verbranden, ligt voor de hand. Voor het Kyotoprotocol, en dus het CDM, was het echter te ingewikkeld een werkbare formule op dit terrein te vinden en om die reden hield men zich bij projecten voor herbebossing en aanplant.

Volgens het Sternrapport genereert de omzet van één hectare bos in weidegrond slechts 2 dollar aan inkomsten per jaar; voor sojabonen of oliepalmen is dat 1000 dollar per jaar; en de verkoop van hardhout levert eenmalig tussen de 240 en 1035 dollar op. Maar als je diezelfde hectare bos intact laat, kan die zelfs bij een bescheiden koolstofprijs van 30 dollar per ton 17.500 dollar waard zijn, zo rekent het rapport ons voor.[23]

Momenteel is er echter geen voorziening die krediet verstrekt voor bosbescherming. Dit leidt tot een aantal flagrante absurditeiten. Milieugroepen beweren bijvoorbeeld dat in Maleisië en Indonesië bossen gekapt en verbrand worden voor de aanplant van suikerriet voor 'koolstofarme' biobrandstof.

Na druk uit wetenschappelijke hoek nam de United Nations Framework Convention on Climate Change in 2007 het initiatief tot een tweejarige consultatie om een mechanisme te vinden om de reductie van ontbossing te stimuleren, provisorisch Reducing Emissions from Deforestation (RED) genaamd.[24] Uit naam van de Coalitie van Regenwoudlanden kwamen Papoea-Nieuw-Guinea en Costa Rica met het voorstel van een cap and trade-systeem aangevuld met een apart systeem van ontbossingskredieten. Het idee is dat ieder land een ontbossinglimiet vaststelt, omgerekend in tonnen koolstofdioxide. Alle reducties onder deze grens zouden dan verkocht kunnen worden op een koolstofmarkt. Bij uitstoot boven de ondergrens wordt een land automatisch uit de markt gestoten.[25] Ook bij deze optie zou een oplossing gevonden moeten worden voor de problemen die de onderhandelaars van het Kyotoprotocol tegenkwamen: hoe bepaal je een betrouwbare ondergrens voor het tempo van ontbossing; hoe zorg je ervoor dat het bos voorgoed intact blijft en niet alleen een paar jaar, tot de aandacht zich op iets anders richt; en hoe vermijd je 'lekkages' waarbij mensen die aan de ene kant van het bos niet mogen kappen, hun activiteiten gewoon verplaatsen.

Aanpassing

Zoals we in hoofdstuk 4 hebben laten zien, zal ieder land zich moeten aanpassen aan de klimaatverandering die inmiddels in gang is gezet en die we niet meer kunnen ontlopen. De landen die het zwaarst getroffen zullen worden, zijn de landen die zich financieel het minst kunnen veroorloven (en die historisch gezien het minst aan het klimaatprobleem hebben bijgedragen).

Er bestaan inmiddels drie mondiale fondsen die de minst ontwikkelde landen helpen zich aan te passen. Het Least Developed Contry Fund krijgt bijdragen uit ontwikkelde landen en gebruikt die om de armste landen te helpen met de ontwikkeling van aanpassingsplannen. In april 2006 had het fonds in totaal 89 miljoen dollar ontvangen aan toezeggingen en daadwerkelijke financiële middelen. Het Special Climate Change Fund ondersteunt directe aanpassingsactiviteiten en heeft tot op heden 45 miljoen dollar binnengekregen. Ten slotte is er het Adaptation Fund, dat rechtstreeks verbonden is met het CDM. Iedere CDM-transactie draagt een heffing van 2 procent af aan dit fonds, dat gericht is op de financiering van aanpassingsprojecten in de armste landen. De Wereldbank schat dat dit bedrag rond 2012 opgelopen zal zijn tot 500 miljoen dollar.[26]

De eerste twee fondsen zijn afhankelijk van steun, een in de ogen van een aantal ontwikkelingslanden ongepast model. Een heffing is inderdaad meer gepast dan vertrouwen op de generositeit van landen. Bovendien is het mogelijk dat hulpbronnen aan andere ontwikkelingsprojecten worden onttrokken. Het derde fonds is gebaseerd op een heffing, maar kampt met het economische probleem dat het in feite een belasting is over het geïnvesteerde geld en daardoor investeringen in het CDM op een betreurenswaardige manier ontmoedigt. (Je zou dit probleem kunnen omzeilen door eenzelfde heffing in te stellen op alle handel in koolstof, zodat het onderscheid ongedaan wordt gemaakt.)

Er zijn ondertussen verscheidene alternatieven naar voren gebracht.[27] Een aantrekkelijke mogelijkheid is een heffing in te stellen op vrijwillige, vervuilende activiteiten, zoals reizen per vliegtuig. (Dat zou de langdurige vrijstelling van brandstofheffingen voor het luchtverkeer gedeeltelijk compenseren en helpen de voorspelde explosieve groei van het aantal vliegreizen te matigen.) Een andere mogelijke benadering is de instelling van een afzonderlijk heffingsfonds voor de industrielanden op basis van hun bbp of, beter nog, op basis van hun broeikasgasuitstoot in het verleden.

De kleur van geld

Alles welbeschouwd begint het probleem van de klimaatverandering steeds meer een economische aangelegenheid te worden, in plaats van een wetenschappelijke of een technologische. Overal ter wereld krijgen effectenhandelaars en bedrijven in de gaten hoeveel geld er omgaat in klimaatzaken en iedereen pikt graag een graantje mee. Ook in het zakenleven breekt het besef door dat de klimaatverandering zowel kansen als risico's met zich meebrengt.

In sommige gevallen zoeken bedrijven de steun van de consument door een klimaatvriendelijke positie in te nemen. Zo hebben sterk uiteenlopende bedrijven als het liberale Google, en het rechtse, normaliter antigroene televisiestation Fox News recentelijk beloofd koolstofneutraal te gaan werken. Anderen proberen een voorsprong te nemen door hun eigen efficiency te verbeteren, terwijl weer anderen werken aan milieuvriendelijke producten voor de verkoop. BP (dat zijn oorspronkelijke naam 'British Petroleum' heeft ingeruild voor het nieuwe 'Beyond Petroleum', de Petroleum Voorbij,) wil de komende tien jaar 8 miljard investeren in de ontwikkeling van alternatieve energie. En Wal-Mart, de grootste detailhandelaar ter wereld, probeert uit alle macht zijn spaarlampen aan de man te brengen (en heeft bovendien beloofd overal in het bedrijf uitstootbesparende maatregelen door te voeren.)[28]

Anderen maken zich sterk om onontkoombare grenzen aan de broeikasgasuitstoot te stellen. Voor een rapport getiteld *Getting Ahead of the Curve* lichtte het Pew Center on Climate Change uit Michigan 31 grote Amerikaanse bedrijven door.[29] Vrijwel allemaal waren ze ervan overtuigd dat de overheid op het punt stond de broeikasgasuitstoot aan banden te leggen en 84 procent dacht dat er vóór 2015 maatregelen genomen zouden zijn. Onlangs zijn General Motors, Ford en Chrysler toegetreden tot het US Climate Action Partnership, dat bij de Amerikaanse regering lobbyt voor verplichte uitstootlimieten.

Het rapport van het Pew Center citeert Linda Fisher, vicepresident van Du Pont: 'We moeten de marktkansen begrijpen, meten en beoordelen. Hoe weet je welke producten succesvol zijn in een wereld waarin het broeikasgas beperkt is, en hoe breng je die kennis over? Welke doelen moeten we stellen aan ons onderzoek? Kunnen we duurzame energie op een creatieve manier gebruiken? Kunnen we het maatschappelijk gedrag veranderen door middel van producten en technologieën? Het bedrijf dat deze vragen succesvol beantwoordt, komt als winnaar uit de bus.'

Geld is nu officieel groen van kleur.

11

De weg na Kyoto

Het befaamde Kyotoprotocol werd geboren uit de Klimaattop van 1992 in Rio de Janeiro. De United Nations Framework Convention on Climate Change (UNFCCC) fungeerde als vroedvrouw. Dit was het eerste klimaatverdrag ter wereld. Het werd in 1994 van kracht en is sindsdien door 189 landen ondertekend, inclusief de Verenigde Staten en Australië – dichter bij wereldwijde unanimiteit is geen enkel internationaal verdrag ooit gekomen.[1] Het doel van het protocol is het bereiken van 'de stabilisatie van de broeikasgasconcentratie in de atmosfeer op een niveau dat gevaarlijke [door mensen geïnitieerde] inmenging met het klimaatsysteem voorkomt'.

Technisch gezien was het Kyotoprotocol een amendement van het UNFCCC-verdrag, dat specifieke verplichte emissiereducties toewees aan alle ondertekenaars. Iedere ondertekenaar die het protocol vervolgens ratificeerde, verbond zich aan de voorwaarden. Het protocol richtte zich op een mondiale uitstootreductie van 5 procent in 2012 ten opzichte van het niveau van 1990. Hoewel dit veel te laag was om een wezenlijke bijdrage te leveren aan de oplossing van het probleem, was het vooral bedoeld als een eerste stap, waarna het niveau opgeschroefd zou worden.

Hoewel iedere deelnemer aan de UNFCCC het verdrag mocht tekenen en ratificeren, waren alleen de zogenoemde Annex 1-landen, de meest geïndustrialiseerde staten, verplicht hun uitstoot terug te dringen. Een ontwikkelingsland dat tekende, zou vervolgens toestemming krijgen projecten in te dienen voor het CDM, dat we beschreven in hoofdstuk 10 en dat rijke landen de kans

POLITIEKE OPLOSSINGEN

moet bieden een deel van hun verplichtingen na te komen door middel van investeringen in schonere technologieën in de armere landen.

Kyoto had misschien zijn gebreken, maar het was nog altijd een belangrijke eerste stap in het omslachtige proces van het realiseren van een internationale overeenkomst over de aanpak van de klimaatverandering. Om dat resultaat te onderstrepen, tekende vrijwel iedereen. Maar liefst 175 van de 178 partijen hebben het protocol intussen geratificeerd. Van de resterende drie is Kazachstan van plan te ratificeren; alleen vanwege technische redenen, die verband houden met een statusverandering van ontwikkelingsland naar ontwikkeld land, is dat nog niet gebeurd.

De enige twee landen die het verdrag niet geratificeerd hebben en verklaard hebben dat ook nooit te zullen doen, zijn de Verenigde Staten en Australië.[2] Beide regeringen komen steeds meer alleen te staan in hun standpunt ten opzichte van Kyoto in het bijzonder en ten opzichte van afspraken over beperking van de broeikasgasuitstoot in het algemeen. Beide beginnen inmiddels echter uit een ander vaatje te tappen; later in dit hoofdstuk en in hoofdstuk 13 zullen we hier nader op ingaan.

Als rijkste economie ter wereld en een van de grootste haarden van broeikasgasuitstoot, zijn met name de Verenigde Staten belangrijk; de rest van de wereld weet heel goed dat deelname van de Verenigde Staten aan een toekomstige overeenkomst van essentieel belang is.

De eerste fase van het Kyotoprotocol eindigt in 2012 en de wereld dient het dringend eens te worden over een nieuw verdrag met veel ambitieuzere doelstellingen. Terwijl de wetenschap ons vertelt dat we de uitstoot drastisch dienen terug te dringen, zijn we momenteel op de verkeerde weg. De mondiale uitstoot blijft gewoon groeien. In de jaren 1990, de periode van de totstandkoming en ondertekening van Kyoto, steeg de broeikasgasuitstoot van fossiele brandstoffen en industrie met 1,1 procent per jaar. Aan het begin van deze eeuw was dit cijfer opgelopen tot meer dan 3 procent en het groeit nog altijd.[3]

Het ontbreken van uitstootdoelen voor de ontwikkelingslanden bleek voor de Verenigde Staten een belangrijk struikelblok. Het is waar dat het grootste gedeelte van de recente toename aan emissies komt van landen buiten de Annex 1, maar dat is niet het hele verhaal. In 2004 bedroeg de gezamenlijke uitstoot van de ontwikkelingslanden en de minst ontwikkelde economieën (tezamen ongeveer 80 procent van de wereldbevolking) ongeveer 73 procent van de *uitstootgroei*, maar nog altijd slechts 41 procent van de totale mondiale uitstoot en niet meer dan 23 procent van de cumulatieve uitstoot sinds halverwege de achttiende eeuw.[4] Bovendien hebben vrijwel alle ontwikkelingslanden een veel lagere uitstoot per hoofd van de bevolking dan hun rijkere, meer verkwistende geïndustrialiseerde tegenhangers. De nieuwe overeenkomst zal zeker voor ontwikkelingslanden moeten gelden, maar moet ook rekening houden met hun relatieve bijdrage en middelen.

Waar moet ik tekenen?

Het nieuwe internationale verdrag moet de volgende vier hoofdpunten bevatten:

1 Een wereldwijde doelstelling

Iedereen die bij het verdrag betrokken is (dat wil zeggen, ieder land op aarde) zal moeten instemmen met het algemene mondiale doel. Hoe ver mag de temperatuur oplopen voordat we de klimaatverandering de pas afsnijden?

Het door de internationale gemeenschap overeengekomen doel zal flexibel genoeg moeten zijn om in te kunnen springen op de nieuwste ontwikkelingen in de klimaatwetenschap. In combinatie met de ernst van mogelijke klimaatrampen zou dit logischerwijs betekenen dat we ons op een zo laag mogelijk doel moeten richten – op grond van het principe dat het gemakkelijker is beperkingen te verlichten zodra er nieuwe informatie beschikbaar komt, dan ze aan te scherpen. Maar hoe lager het doel, hoe sneller we in actie moeten komen, en hoe moeilijker het zal zijn dit streven zowel in technisch als in economisch en politiek opzicht te realiseren.

Van alle besluiten in het nieuwe internationale verdrag is dit zowel het moeilijkst als het belangrijkst. Het zal de grootst mogelijke impact hebben op het handelen van ieder land afzonderlijk, ongeacht de wijze waarop de reducties uiteindelijk onderling verdeeld worden. Het zal ook het grootste verschil maken voor onze kansen een wereldramp te voorkomen.

Het vaststellen van wetenschappelijk doelen is helaas nog altijd een onzekere onderneming, maar het gebied ontwikkelt zich in rap tempo en zal dat ook moeten blijven doen. Voor afwachten is het inmiddels echter te laat. Er is al een gevaarlijke klimaatverandering in gang gezet. Het nieuwe verdrag zal met de best beschikbare cijfers moeten komen om erger te voorkomen, met name de catastrofale mogelijkheden beschreven in hoofdstuk 5.

De atmosfeer bevat inmiddels rond de 430 ppm aan broeikasgassen. Zoals we in hoofdstuk 6 hebben gezien, mogen we niet hoger uitkomen dan het 450 ppm equivalent als we de meest ernstige gevolgen van een klimaatverandering willen voorkomen.

Grofweg moet de uitstoot in de industrielanden hiervoor halverwege de eeuw 80 procent lager liggen dan in 1990.[5] We zullen ook tussendoelen moeten stellen voor bijvoorbeeld 2025 of 2030, zodat we zeker weten dat we op de goede weg zijn. De cijfers voor ontwikkelingslanden zijn gevarieerder, afhankelijk van de manier waarop de reductielasten worden verdeeld.

2 Nationale doelstellingen

Als het algemene doel eenmaal is gesteld, is de volgende stap een verdeling vaststellen van de reducties onder de landen in de wereld. Dit is een onvoorstelbaar zware klus, gezien de noodzaak de economische behoeften en politieke verwachtingen van landen met totaal verschillende achtergronden te verzoenen. Mogelijke criteria voor een verdeling zijn de broeikasgasuitstoot per hoofd van de bevolking, de totale uitstoot van het land, de historische verantwoordelijkheid voor de huidige hoeveelheid broeikasgassen in de atmosfeer; de welvaart en de economische mogelijkheden tot verandering, en de kwetsbaarheid voor klimaatproblemen op korte en lange termijn.

Een van de moeilijkste vragen is: waar te beginnen? Dat wil zeggen, welk uitstootniveau nemen we als uitgangspunt voor de reducties? Het Kyotoprotocol koos voor 1990, wat een van de redenen is dat de Verenigde Staten weigerden te ratificeren. In 1997, toen president Clinton het protocol ondertekende, was de uitstoot in de Verenigde Staten al explosief gestegen tot ver boven het niveau van 1990. Veel Amerikaanse politici waren van mening dat de doelstellingen om die reden te draconisch zouden zijn voor het welzijn van Amerika, en zowel democraten als republikeinen stemden tegen. Ondertussen was de uitstoot in het voormalige Sovjetblok gekelderd in vergelijking met 1990, dankzij de economische stagnatie die inzette na de perestrojka. De Russen konden zonder enig ingrijpen gemakkelijk aan hun Kyoto-eisen voldoen en ieder volgend verdrag uitgaande van 1990 zou hun miljarden dollars aan emissierechten opleveren. Dus hoewel 1990 voor het grootste deel van de wereld een referentiepunt blijft, zou het voormalige Sovjetblok daar te veel garen bij spinnen en de Verenigde Staten te weinig. (Toen de G8-top in Duitsland in juni 2007 een gemeenschappelijke verklaring uitgaf waarin men sprak over de noodzaak tot halvering van de broeikasgasuitstoot in 2050, bleef het uitgangspunt van die halvering onvermeld omdat de 1990-kwestie nog te controversieel was.)

Om dit probleem te omzeilen, kiezen veel analytici ervoor de doelstellingen van Kyoto voor 2010 als uitgangspunt te nemen voor een post-Kyotoverdrag, en voor de Verenigde Staten en de Russische Federatie de daadwerkelijke uitstoot van 2010 als norm te hanteren. Het nadeel hiervan is dat de rest van de wereld dit zou kunnen opvatten als een beloning van de Amerikaanse spilzucht; het voordeel is dat er een grote kans bestaat dat de toekomstige president van de Verenigde Staten het verdrag zal ondertekenen. Deze oplossing zou Rusland verhinderen zijn miljarden dollars aan emissierechten te gelde te maken, maar tot op heden heeft Rusland geen enkele poging tot verkoop gedaan – waarschijnlijk omdat alleen de Verenigde Staten zich dergelijke uitgaven kunnen permitteren, en die hebben zich nadrukkelijk gedistantieerd van de emissiehandel van Kyoto. Aangezien de kans klein is dat de Verenigde Staten instemmen met een toekomstig plan dat 1990 als uitgangspunt neemt, is het twijfelachtig of deze rechten Rusland ooit veel zullen opleveren.

Als de uitgangsdatum eenmaal is vastgesteld, luidt de volgende vraag hoe we de lasten moeten verdelen. Allereerst is er de belangrijke – en omstreden – kwestie hoe we lucht- en scheepvaart in het verhaal gaan incorporeren. Men verwacht dat beide sectoren de komende decennia explosief zullen groeien, zij het vanuit een relatief laag startpunt. Het is moeilijk te beoordelen wie precies verantwoordelijk is voor de emissies uit internationale vluchten en scheepvaart: horen die bij het land van herkomst, bij het land van ontvangst, of bij het land met de meeste passagiers of lading aan boord? Als niet alle landen ondertekenen, ontstaat bovendien het gevaar dat operators de regels zullen ontduiken door te tanken in een niet-deelnemend land. Om die redenen is zowel de lucht- als de scheepvaart buiten het Kyotoverdrag gehouden en worden ze niet formeel meegeteld in de broeikasberekeningen van afzonderlijke landen. Maar, in de onvergetelijke formulering van Friends of the Earth: 'Een koolstofmanagementsysteem dat deze uitstoot gewoon buiten beschouwing laat, is als een caloriearm dieet dat de calorieën in chocola niet meetelt.'[6]

Vervolgens – en dat is van nog groter belang – zal het nieuwe verdrag een lastenverdeling moeten vinden tussen industrie- en ontwikkelingslanden. President Bush heeft herhaaldelijk gezegd dat de Verenigde Staten geen enkel verdrag zullen ondertekenen waarbij de ontwikkelingslanden niet betrokken zijn. Zijn argumentatie leunt op het feit dat de uitstoot in de ontwikkelingslanden het snelst groeit en dat in elk geval volgens één bron China de Verenigde Staten inmiddels voorbij is gestreefd als 's werelds grootste uitstoothaard.[7] Aan de andere kant kan China daar in alle redelijkheid tegenoverstellen dat zijn uitstoot groot is vanwege de enorme bevolking. Als je de uitstoot omrekent naar hoofd van de bevolking, dan loopt Amerika in de geïndustrialiseerde wereld nog steeds voorop en steekt met kop en schouders boven China uit. (De per capita uitstoot in de Verenigde Staten voor 2004 was 24 ton CO_2eq, in vergelijking met een magere 5 ton in China.)[8] Bovendien kunnen alle ontwikkelingslanden met recht te berde brengen dat ze voor hun burgers dezelfde levensstandaard willen als de Amerikanen hebben.

We moeten vooral niet uit het oog verliezen dat de rijke landen bereikt hebben wat ze bereikt hebben in de wereld door goedkope energie te exploiteren en zo de atmosfeer te vervuilen met alle broeikasgassen van tegenwoordig. Met name koolstofdioxide blijft zo lang in de atmosfeer hangen dat een aanzienlijk deel van de moleculen die nu in de lucht zitten afkomstig is uit de stoommachines en kolenvuren van de vroege Industriële Revolutie.

Tijdens de Kyoto-onderhandelingen in 1997 kwam Brazilië met een suggestie die sindsdien bekendstaat als het Braziliaanse Voorstel. Het idee was de uitstootlasten te verdelen naar gelang de historische verantwoordelijkheid van de verschillende landen voor het probleem. Met andere woorden, we zouden moeten berekenen hoe groot de concentratie aan broeikasgassen is die in de loop der tijd door ieder land in de atmosfeer is gebracht en op basis van die cijfers de uitstootreductie verdelen. Dat zou bijvoorbeeld betekenen dat landen met een lange uitstootgeschiedenis, zoals Duitsland en Groot-Brittannië, meer zouden moeten terugdringen dan op grond van hun huidige uitstoot het geval is. Het zou ook betekenen dat grote uitstoters met een relatief jonge industrie, zoals Australië, een minder zware last te dragen krijgen.

Het lijkt een schitterende oplossing, eenvoudig en eerlijk – het 'de vervuiler betaalt'-principe met een historische component. Er rijzen echter een aantal problemen wanneer je de historische bijdrage van landen aan het huidige broeikaseffect wilt berekenen. Methaan heeft bijvoorbeeld een veel kortere atmosferische levensduur dan koolstofdioxide, dus vroege uitstoot is nu minder belangrijk. En natuurlijk hebben landen met een vroege technologische ontwikkeling (en historisch gezien een hoge uitstoot) daar economisch de vruchten van geplukt, maar veel van die 'vruchten' zijn sindsdien overgedragen op landen met een jongere industrie.

Tot op heden is het Braziliaanse Voorstel nog niet aangenomen, maar het laat zien dat we creatief moeten zijn in ons denken als we én de lasten van uitstootreductie op een eerlijke manier willen verdelen én ons doel willen bereiken én – en dat met name – iedereen zover willen krijgen dat hij ondertekent. Het uiteindelijke verdrag zal op een of andere manier rekening moeten houden met de verschillen in ontwikkelingsniveau en historische verantwoordelijkheid tussen de ondertekenaars. Het zal ook flexibel en kosteneffectief moeten zijn, en in staat de klimaatklus te klaren. Hieronder zetten we een aantal ideeën op een rijtje die al her en der op de onderhandelingstafel liggen en geven we een aantal kreten en signaalwoorden die we in de gaten moeten houden. Het zijn stuk voor stuk manieren om de nationale doelstellingen te verdelen en ze zeggen niets over de manier waarop de afzonderlijke landen die moeten bereiken, of wat er gebeurt als ze dat niet doen.

Contractie en convergentie (of 'We zien je in 2050')

Dit is dé kreet op de lippen van veel onderhandelaars. Het 'convergentie'-deel refereert aan een vastgesteld laag doel aan broeikasgasuitstoot per hoofd van de bevolking, waaraan ieder land zich verplicht, bijvoorbeeld per 2050. Het specifieke doel is afhankelijk van hoe laag we algemeen inzetten, zoals overeengekomen in het eerste deel van het verdrag. Een mondiaal doel van 450 ppm aan broeikasgassen zou bijvoorbeeld een convergentie betekenen van ongeveer 2 ton CO_2eq per hoofd van de bevolking in 2050, terwijl 550 ppm uitkomt rond 3 ton per capita.[9] Voor de rijkste landen valt dit cijfer uiteraard veel lager uit dan de huidige uitstoot per hoofd van de bevolking en voor ontwikkelingslanden ligt het waarschijnlijk hoger.

De geïndustrialiseerde wereld zou dus zijn uitstoot moeten 'inkrimpen' om het doel te bereiken, terwijl ontwikkelingslanden in staat worden gesteld hun uitstoot te verhogen en hun economieën te ontwikkelen, voordat iedereen uiteindelijk op hetzelfde punt uitkomt. Volgens deze strategie is het mogelijk dat het uitstoottraject van een aantal ontwikkelingslanden eerst boven het uiteindelijke doel uitstijgt, terwijl hun economie zich versterkt, en dan pas daalt.

Er is zelfs een voorziening die de landen met de laagste uitstoot (en ontwikkeling) meer emissierechten toekent dan ze nodig hebben. Ze kunnen dan de overtollige 'hete lucht' verkopen om hun ontwikkeling te financieren.

Contractie en convergentie heeft als voordelen dat ieder land van meet af aan betrokken is, dat het een transparant, duidelijk concept is en dat het leidt tot een definitieve uiteindelijke concentratie van broeikasgassen. Die eenvoud is echter tegelijkertijd de achilleshiel, aangezien hij nauwelijks rekening houdt met de zeer uiteenlopende omstandigheden in de verschillende landen, of met hun historische verantwoordelijkheid voor de puinhoop waarin we ons bevinden.

Gedifferentieerde convergentie (of 'Jullie beginnen, wij volgen')

Een iets ingewikkelder versie van contractie en convergentie werd ontwikkeld in 2006: de rijkste landen van het Kyotoverdrag stemmen in met het convergeren van hun per capita emissies tot een vastgesteld laag cijfer binnen een afgesproken tijdschema. Ook afzonderlijke ontwikkelingslanden committeren zich aan dat cijfer, maar zij hoeven pas te beginnen zodra hun per capita uitstoot een bepaald percentage van het (gestaag afnemende) mondiaal gemiddelde bereikt.

Als ze die drempel nooit overschrijden, hoeven ze nooit terug te dringen. In dat geval kunnen ze vrijwillig een uitstootdoel op zich nemen. Blijven ze onder dat doel, dan kunnen ze hun overschot aan emissierechten verkopen, maar als ze hoger uitkomen, worden ze niet gestraft. (Behalve natuurlijk als ze de algemene drempel bereiken en mee moeten doen aan contractie en convergentie).

Dit heeft veel van de voordelen van het eerste plan, met als extra attractie dat het iets zwaarder leunt op de landen die historisch verantwoordelijk zijn voor het probleem en ontwikkelingslanden meer ademruimte geeft om hun achterstand in te lopen.

Trapsgewijze ontwikkeling (of 'Klim op als je er klaar voor bent')

Deze tactiek is precies wat er staat: er zijn verschillende stadia met verplichtingen op verschillende niveaus. Landen promoveren van het ene niveau naar het volgende bij overschrijding van een bepaalde drempel (zoals de per capita uitstoot of het per capita bbp). Fase Een, voor de minst ontwikkelde landen, betekent geen verplichtingen. Fase Twee zou dan bijvoorbeeld kunnen inhouden dat landen zich verplichten tot duurzame ontwikkeling met een aantal vaste broeikastargets, zoals de uitfasering van inefficiente machines. Fase Drie zou een bescheiden uitstootvermindering kunnen betekenen en Fase Vier een meer stringent en onmiddellijk uitstoottarget. Industrielanden zouden kunnen beginnen met Fase Vier, terwijl de rest zich langs de ladder omhoogbeweegt al naar gelang de veranderingen in hun ontwikkelingsniveau.

Veel hangt uiteraard af van de drempelkeuze en van de aard van de verplichtingen in de latere fases. Een van de problemen met deze benadering is dat uitstootberekeningen zo complex van aard zijn. Gegeven de onzekerheden in de verschillende ontwikkelingspaden zal het niet meevallen een mondiaal doel zeker te stellen; bovendien zullen er duurzame prikkels ingebouwd moeten worden, zodat landen bij het passeren van de verschillende drempels ook daadwerkelijk in actie komen.

Met behulp van deze benadering moet het net mogelijk zijn de broeikaslimiet van 550 ppm te halen. Voor 450 ppm moeten de meeste ontwikkelingslanden direct instappen in Fases Twee en

Drie, en Fase Vier zou een drastische (en waarschijnlijk onmogelijke) reductie vereisen tot 9 procent per jaar.[10]

Mondiale triptiek (of 'Doe wat je kunt')

Het triptiekmodel is bedacht voor de verdeling van de totale toegestane uitstoot van de EU volgens het Kyotoprotocol tussen de afzonderlijke lidstaten. Het wordt 'triptiek' genoemd, wat 'drievoudigheid' betekent, omdat het oorspronkelijk gericht was op de drie sectoren die voor de meeste uitstoot verantwoordelijk zijn: krachtcentrales, energie-intensieve industrie en 'huishoudelijk' (huishoudens en vervoer). Op die manier kon men ruimte maken voor ontwikkelingen op het gebied van koolstofarme krachtbronnen, potentiële efficiencyverbeteringen in de industrie en de relevantie van de welvaartsstandaard in het koolstofbudget.

De gedachte is iedere afzonderlijke sector een toegestane uitstoothoeveelheid toe te kennen en die dan bij elkaar op te tellen tot een vaste nationale toegestane hoeveelheid voor elk land. Alleen het totale nationale doel is verplicht; het land kan op iedere gewenste manier zien dat doel te realiseren – maar het proces zou ervoor moeten zorgen dat het op een redelijke manier bereikbaar is.

Hoewel de mondiale versie complexer is en meer sectoren omvat (waaronder landbouw en afval), blijft het basisprincipe intact. Het grote voordeel van het model is dat het rekening houdt met specifieke nationale omstandigheden. Het voornaamste nadeel is de inherente complexiteit: voor ieder land zijn enorme hoeveelheden betrouwbare gegevens nodig, het is niet makkelijk om over te onderhandelen, en de noodzakelijke precisie en details zouden niet echt leiden tot een transparant en eerlijk resultaat. Het zou een enorme uitdaging betekenen dit systeem wereldwijd in te voeren, maar voor de verdeling van quota tussen nabijgelegen en vergelijkbare landen kan het handig zijn, zoals voor de EU na Kyoto.

Sector voor sector (of 'Ik doe het als jij het ook doet')
De bedoeling van dit plan is de bezorgdheid over het effect van uitstootreductie op de mondiale concurrentiepositie te verlichten door dezelfde regels toe te passen op afzonderlijke sectoren, ongeacht het betrokken land. Zo zou de auto-industrie in de gehele wereld een standaardniveau kunnen vaststellen van uitstoot per passagier per kilometer, ongeacht waar de auto gebouwd of bestuurd wordt. Of de staalindustrie zou kunnen afspreken niet meer dan een bepaalde hoeveelheid koolstofdioxide uit te stoten per ton geproduceerd staal.

Dit zou bijvoorbeeld kunnen werken als de industrielanden absolute emissietargets zouden hanteren, zoals voor Kyoto, maar dan strenger, terwijl de snel ontwikkelende landen over de gehele linie werken aan de sectoren energie en zware industrie. Als in iedere sector de tien grootste vervuilers worden aangepakt, hebben we 80 tot 90 procent van de uitstoot uit ontwikkelingslanden te pakken.

Dit zou in elk geval de bezorgdheid temperen dat ieder bedrijf dat de uitstoot van zijn eigen energiecentrale terugdringt, vervolgens klanten verliest aan concurrenten die blijven vervuilen maar goedkopere energie produceren. Het zou alleen niet garanderen dat we onder die magische maximumdrempel aan broeikasgassen in de lucht blijven.

Intensiteit (of 'Vergeet het totaal, voel de efficiency')
Deze benadering laat het idee van algemene uitstoottargets los ten gunste van de berekening van de uitstoot per eenheid van economische groei (bbp). Het overduidelijke voordeel hiervan is dat het zorgt voor een zo koolstofefficiënt mogelijke economische groei in de toekomst en dat het doel gelijk blijft, ook als die groeipatronen veranderen.

Het grote, misschien wel overweldigende nadeel van deze strategie is dat het niets zegt over hoeveel broeikasgas er in de lucht terechtkomt. Zelfs als ieder land in de wereld zijn koolstofefficiency drastisch verbetert, stijgt de concentratie broeikasgassen zolang de economie groeit en krijgt het klimaat volop kans alle mogelijke schade aan te richten. Om één oordeel te citeren: 'effectiviteit voor het milieu niet gegarandeerd'.[11] Dit is echter momenteel een benadering die bij president Bush zeer in de smaak valt.

Geen enkele benadering zal voor iedereen aanvaardbaar zijn en mogelijk is het uiteindelijke antwoord een compromis. Maar – en dat is misschien verrassend – de keuze van de strategie maakt voor de quota van de meeste landen relatief weinig verschil. Hooguit voegt het een paar tienden van procenten toe aan het totale doel, of trekt het er een paar tienden van af. De keuze zal waarschijnlijk vooral van belang zijn voor de ontwikkelingslanden, die afhankelijk daarvan eerder of later instappen. Voor de resterende landen zijn vooral het totale doel en de uitgangsdatum van belang.

3 Wortel en stok

De derde pijler van de nieuwe overeenkomst moet een ultrabetrouwbaar mechanisme zijn dat landen stimuleert hun doelen te halen en sancties uitdeelt als ze tekortschieten. Zowel de wortel als de stok is hoogstwaarschijnlijk financieel.

Als stimulans is de emissiehandel het beste wat we in handen hebben. Hoe meer uitstoot je bespaart, hoe meer geld je verdient aan de verkoop van je overschot. Het prijzen van goederen is een formule die markten (en regeringen) uitstekend begrijpen en koolstof van een prijskaartje voorzien is de beste manier om het enorme marktfalen op het gebied van de opwarming van de aarde te herstellen.

Voor sancties is de World Trade Organization (Wereldhandelsorganisatie) het meest geëigende instrument. Alle landen weten dat lidmaatschap van de mondiale handelsclub goed is voor de economie. In het hele proces van handjeklap en koehandel voorafgaande aan de implementatie van het Kyotoverdrag, stemde Rusland alleen in met ondertekening in ruil voor lidmaatschap van de WTO. Aangezien de WTO de wereldhandelsregels vaststelt, zal deze instantie ook moeten zorgen dat ieder land accepteert dat economische voordelen hand in hand gaan met het voldoen aan klimaatverplichtingen en dat de wereld geen clementie heeft, of kan hebben, met klimaatuitvreters. Ook de publieke opinie zou een belangrijke rol kunnen spelen. Het Sternrapport formuleert het aardig: 'Aangezien de klimaatwetenschap brede acceptatie geniet, zal de openbare mening het politieke leiders overal ter wereld steeds moeilijker maken het belang van een serieuze aanpak te bagatelliseren.'[12] Hierop komen we in hoofdstuk 14 nog terug.

4 Stroom van hulpbronnen

Als laatste zal het verdrag over een mechanisme dienen te beschikken om zowel technologie als fondsen van de rijkste landen door te sluizen naar de ontwikkelingslanden.

Transfer van technologie

Ontwikkelingslanden moeten hun economische groei kunnen voortzetten zonder enorme hoeveelheden koolstofdioxide uit te braken. Dat betekent dat ze een reuzensprong moeten maken voorbij de vervuilende technologieën die de eerste wereld hebben gebracht waar die nu is. Niemand is erbij gebaat als landen hun doelstellingen niet halen omdat ze zich dat niet kunnen permitteren, en de wereld kan het zich in geen geval veroorloven de derde wereld dezelfde fouten te laten maken als het Westen. Bovendien zal geen enkel ontwikkelingsland willen meedoen aan uitstootreductie als daar niet een of andere transfer van technologie tegenover staat. Het proces zal naar alle waarschijnlijkheid gebaseerd zijn op een vorm van CDM, aangedreven door een koolstofmarkt. Het is ook van belang bilaterale en multilaterale technologische samenwerkingsverbanden te stimuleren. Als laatste zal dit deel van het verdrag een of andere manier moeten vinden om het behoud van bossen te financieren door de ontbossing af te remmen, iets wat Kyoto heeft laten liggen.

Aanpassingsfinanciering

Zoals we herhaaldelijk hebben opgemerkt, maakt de klimaatwetenschap het meer dan duidelijk dat juist de landen die het minst verantwoordelijk zijn voor de oorzaak van het probleem er het meest onder zullen lijden. Het zijn bovendien landen die het minst in staat zijn de inmiddels noodzakelijke aanpassingen te betalen. In geval van nood en met de juiste politieke wil, kunnen de Verenigde Staten hun kustgebieden beschermen tegen een volgende overstromingsramp à la Katrina en Groot-Brittannië heeft zijn kust al beschermd. Voor Bangladesh, dat niet alleen veel meer risico loopt op een ramp, maar ook een veel zwakkere economie heeft, ligt dat heel anders. Het internationale verdrag zal deze kwestie moeten aanpakken door te zorgen dat er een stroom van aanpassingsgelden op gang komt van rijke naar armere landen.

De transfer van technologie en de financiering van aanpassingen gaan waarschijnlijk hand in hand. In het verdrag zou bijvoorbeeld kunnen staan dat rijke landen die hun emissiequotum overschrijden hetzij elders ongebruikte rechten kopen, hetzij technologische of aanpassingskosten betalen.

Tijd voor de laatste ronde

Het is niet waarschijnlijk dat alle details van zo'n verdrag uitgevochten kunnen worden door alle 189 landen die het Kyotoprotocol hebben ondertekend. Voor dergelijke delicate onderhandelingen is deze groep gewoon te onhandelbaar. Er valt meer te verwachten van de recente bijeenkomsten van de meest vervuilende landen. Deze groep, inmiddels bekend als de Gleneagles Dialogue, bestaat uit de G8, de EU en vooral de vijf snelst groeiende economieën, de zogenoemde G8+5. Als deze zeer uiteenlopende landen, de grootste uitstoters ter wereld, tot overeenstemming kunnen komen, is het goed mogelijk dat de rest van de wereld volgt. In de volgende twee hoofdstukken bespreken

POLITIEKE OPLOSSINGEN

we deze sleutellanden in meer detail.

Meer dan wat ook dient het nieuwe verdrag snel tot stand te komen. Niet alleen loopt het Kyotoprotocol in 2012 af, belangrijker nog is dat we in tijdnood komen als we de klimaatverandering in de hand willen houden. Als we dertig jaar geleden in actie waren gekomen, hadden we de gevaren waar we vandaag de dag getuige van zijn en waar we de komende decennia hoe dan ook mee te maken krijgen nog kunnen voorkomen. Nu is het daarvoor te laat.

Maar het is nog altijd mogelijk de ergste consequenties voor de toekomst een halt toe te roepen. Zoals we herhaaldelijk hebben gezegd, vereist dat waarschijnlijk dat het uitstootniveau in de komende vijftien jaar een piek bereikt en dan gaat dalen, wat opnieuw betekent dat we snel in actie moeten komen. Gezien de tijd die het kost om regeringen in beweging te krijgen, zelfs met de beste wil van de wereld, dienen we begin 2009 een internationaal verdrag op tafel te hebben liggen.

De belangrijkste internationale bijeenkomst op de agenda is de VN-Klimaattop in Kopenhagen, in december 2009. Alle ondertekenaars van Kyoto zullen daar aanwezig zijn en hier zal men het eens moeten zien te worden over cruciale punten in het nieuwe verdrag.

In de kwestie van de klimaatverandering is er geen ruimte meer voor flauwekul. Het is tijd voor de laatste ronde.

12

Snel ontwikkelende landen

(of: doe mee, het is een prachtige overeenkomst)

Aanpak van klimaatverandering vereist de medewerking van de gehele wereld, maar voor sommige landen is een grotere rol weggelegd dan voor andere. De belangrijkste veranderingen zullen moeten komen van twee typen spelers: de geïndustrialiseerde wereld, die de rijkste economieën heeft en tot op heden historisch de grootste verantwoordelijkheid draagt voor de uitstoot, en het handjevol landen met een zeer snelle ontwikkeling, die in hun streven de achterstand in te lopen naar alle waarschijnlijkheid het meest zullen bijdragen aan toekomstige uitstootstijgingen.

Misschien ligt het in de menselijke aard het verleden te vergeten en zich te richten op de toekomst, of misschien is het een gemakkelijke uitweg voor diegenen van ons die in de geïndustrialiseerde wereld wonen. Hoe het ook zij, momenteel is het in het Westen bon ton te beweren dat uitstootreductie geen zin heeft, omdat die toch wegvalt tegen de enorme toename in landen met een snel ontwikkelende economie, zoals India en China. Om die reden hebben we besloten ons overzicht te beginnen met de vijf landen die op dit moment de snelste groei doormaken.

Dat betekent niet dat wij denken dat deze landen 'het probleem' vormen. Het is waar dat ze verantwoordelijk zijn voor het grootste deel van de recente spurt in uitstoot van broeikasgassen en bovendien een substantieel deel van het mondiale totaal voor hun rekening nemen. De meeste ervan zijn zich echter ook scherp bewust van de gevaren van een klimaatverandering. In feite, zo zullen we zien, doen deze landen hun uiterste best hun uitstoot aan banden te leggen, dikwijls onder bijzonder moeilijke omstandigheden.

Belangrijker nog is dat deze landen over het algemeen slechts zeer kleine hoeveelheden broeikasgas produceren per individuele burger en maar in zeer geringe mate verantwoordelijk zijn voor de huidige concentratie aan broeikasgassen in de atmosfeer. Ze hebben ook iets anders gemeen: hun ontwikkelingsbehoefte overstijgt gemakkelijk alle andere politieke en economische consideraties.

Desalniettemin zullen de vijf landen die we hier beschrijven van levensbelang zijn voor iedere toekomstige overeenkomst. Als één van de vijf niet aan het verdrag deelneemt, zou dat land zich tot een ware broeikasgasfabrikant kunnen ontwikkelen door de goederen – en het broeikasgas – te produceren die de andere vier moeten laten liggen; nettobesparingen op de mondiale uitstoot kunnen we in zo'n geval wel vergeten.

De uitstootcijfers die we voor elk land vermelden, zijn ontleend aan een rapport dat in opdracht van de Britse regering werd gemaakt door het Duitse adviesbureau Ecofys.[1] Verschillende bronnen willen nog weleens verschillende cijfers geven. Om de verwarring nog groter te maken, is niet altijd duidelijk waar die cijfers precies naar verwijzen: sommige cijfers gelden alleen voor koolstof, sommige alleen voor koolstofdioxide, en weer andere voor alle broeikasgassen, hetzij berekend als koolstofequivalenten, hetzij als koolstofdioxide-equivalenten. De uitstootcijfers die we hier hanteren, verwijzen naar alle broeikasgassen, berekend als koolstofdioxide-equivalenten. De uitstoot per hoofd van de bevolking en de totale uitstoot gelden voor het jaar 2004. De historische uitstoot is gebaseerd op de gemiddelde jaarlijkse waarden van 1900 tot 2004, per hoofd van de huidige bevolking.

China

Per capita: 5,0 ton/persoon
Historisch: 1,2 ton/persoon
Totaal: 6467 megaton
Verandering in uitstoot sinds 1990: +72,7 procent
Ratificatie Kyoto? Ja

China heeft zich recentelijk ontwikkeld tot de grootste boeman in de ogen van de klimaatsceptici, dus laten we met China beginnen. Het ontwikkelingstempo van China is zonder twijfel uitzonderlijk. Ongeveer een jaar geleden bouwde China elke week een nieuwe kolencentrale; inmiddels zijn dat er twee of meer per week. China heeft geen olievoorraden en maar weinig gas. Het heeft wél heel veel kolen, en die vormen de brandstof voor de groei van de Chinese economie.

Momenteel trekt men te pas en te onpas de cijfers voor China's nieuwe krachtcentrales uit de kast en beweert dan dat het zinloos is in het Westen iets aan de koolstofuitstoot te doen. Vanuit klimaatperspectief zijn de nieuwe krachtcentrales bedroevend slecht nieuws. Kolen zijn de meest vervuilende fossiele brandstof en veroorzaken niet alleen rook en smog in de steden, maar produceren ook veel meer koolstofdioxide per eenheid energie dan olie of gas.

En ook al geven bovenstaande cijfers voor 2004 aan dat China's totale output iets achterblijft bij die van de Verenigde Staten, één meting heeft uitgewezen dat China de Verenigde Staten inmiddels is gepasseerd en momenteel de weinig eervolle positie bekleed van 's werelds grootste broeikasgasvervuiler.[2]

Kunnen we dan in alle eerlijkheid zeggen dat China het grootste broeikasprobleem vormt? Niet precies. Veel westerse landen maskeren bijvoorbeeld hun eigen koolstofuitstoot door de fabricage van hun producten uit te besteden aan... China. Vraag je de eerstvolgende keer dat je iets koopt met het label MADE IN CHINA eens af wie er verantwoordelijk is voor de uitstoot waarmee dat product tot stand is gekomen.

Nog belangrijker is dat China een van de kleinste vervuilers is wanneer je de uitstoot berekent per hoofd van de bevolking, zeker in vergelijking met de industrielanden, en ook de relatieve historische bijdrage is uiterst gering. In tegenstelling tot het geïndustrialiseerde Westen kan China met recht zeggen dat het vrijwel niet heeft bijgedragen aan de oorzaak van de klimaatkwestie en dat zijn inwoners gemiddeld een zeer marginale rol spelen bij de voortduring van het probleem.

De grootste prioriteit van de Chinese regering is het enorme verschil in welvaart tussen de rijke burgers van Beijing en Sjanghai, en de ongeveer 700 miljoen mensen die moeten leven van minder dan 2 dollar per dag. Deze kloof overbruggen en een redelijke levensstijl garanderen voor de gigantische bevolking zijn de doelen achter de overdaad aan krachtcentrales, en dat moet iedereen toch meer dan redelijk in de oren klinken.

Maar tenzij China een manier vindt om zich te ontwikkelen zonder een enorme toename van broeikasgassen te veroorzaken, halen inspanningen in de rest van de wereld weinig uit. Als het nieuwe internationale uitstootverdrag ook maar enige kans van slagen wil hebben, moet China deelnemen. (Datzelfde geldt, tussen twee haakjes, ook voor de Verenigde Staten, maar daarover later meer.)

Het goede nieuws is dat de Chinese regering zich zeker zo bewust is van de gevaren van de opwarming van de aarde als ieder ander land. In tegenstelling tot de meeste andere regeringen bestaat het politbureau voor zeker twee derde uit hoogopgeleide wetenschappers en ingenieurs. Dit zijn mensen die het klimaatprobleem volledig begrijpen.

Men is zich bijvoorbeeld bewust van het feit dat China zelf hard getroffen zou worden door ongebreidelde klimaatveranderingen. Er bestaat al een tekort aan geïrrigeerde grond in het binnenland, en dat zal alleen maar erger worden naarmate de Tibetaanse gletsjers krimpen en de rivieren die het smeltwater ontvangen opdrogen. En Sjanghai, het economische centrum van het land, is, net als veel andere wereldsteden, uiterst kwetsbaar voor overstromingen, zowel door rivieren in het binnenland als door de stijgende zeespiegel. De Chinese regering heeft al een overeenkomst ondertekent met Groot-Brittannië om te onderzoeken hoe Sjanghai beter beschermd kan worden, maar tenzij de klimaatverandering een halt wordt toegeroepen, zal het een flinke klus worden de stad aan het einde van de eeuw nog droog te houden.

Bij een nieuw verdrag zullen we China moeten toestaan zijn uitstoot nog iets te verhogen, misschien binnen een systeem van contractie en convergentie, gekoppeld aan financiële investeringen uit industrielanden door middel van een vorm van CDM. Aangezien we niet om de kolencentrales heen kunnen, is het van levensbelang een manier te vinden voor de afvang en opslag van koolstofdioxide. De EU heeft onlangs ingestemd met de financiering van een Chinees proefproject voor CCS, en Groot-Brittannië heeft beloofd potentiële koolstofopslagplaatsen in China in kaart te brengen. Dit is met name urgent omdat het veel duurder is die twee krachtcentrales per week achteraf van filters te voorzien dan ze meteen al in te bouwen.

De belangrijkste factor die China kan overhalen mee te doen is deelname van Amerika. Zolang de Amerikanen weigeren zich aan targets te houden, kunnen de Chinezen hen voor 'hypocriet' blijven uitmaken. China doet mee als de Verenigde Staten meedoen, en op basis van de meest redelijke maatstaven ten aanzien van de verantwoordelijkheid voor de koolstofuitstoot, zowel historisch als per hoofd van de bevolking, heeft China moreel absoluut het meeste recht van spreken.

Brazilië

Per capita: 5,3 ton/persoon (plus ongeveer 7 ton/persoon door ontbossing)
Historisch: 1,6 ton/persoon
Totaal: 983 megaton (plus ongeveer 1100 megaton door ontbossing)
Verandering in uitstoot sinds 1990: +40,7 procent
Ratificatie Kyoto? Ja

Brazilië hoeft niet overtuigd te worden van de ernst van het klimaatprobleem. In 1992 bood het land Rio de Janeiro aan als locatie voor de eerste Internationale Klimaattop, waar het proces in gang werd gezet dat leidde tot het Kyotoprotocol. De regering is er zeer op gespitst de ontwikkelingslanden in de oplossing te betrekken. Ze is zich ook sterk bewust van de potentiële gevaren van de klimaatverandering voor Brazilië, met name de verwachte daling in voedselopbrengsten, gedwongen veranderingen in grondgebruik en het verlies van bossen. Net als in India is de landbouw in Brazilië sterk afhankelijk van het weer en zeer gevoelig voor veranderingen in temperatuur en regenval. Brazilië beschikt ook over uitstekende klimaatwetenschappers, naar wie goed geluisterd wordt door de huidige regering.

Ondanks een relatief hoog ontwikkelingsniveau, met name in het zuiden van het land, is de uitstoot per hoofd van de bevolking in Brazilië nog altijd laag. Een van de redenen is dat de elektriciteit in het land voor een groot deel afkomstig is uit waterkracht, waardoor de uitstootcijfers voor energiewinning tot de laagste in de wereld behoren. Bovendien begon Brazilië na de laatste oliecrisis in de jaren zeventig van de vorige eeuw suikerriet te gebruiken om autobrandstof op alcoholbasis te maken. Het land is nu de erkende wereldleider in het gebruik van biobrandstoffen, wat betekent dat ook de uitstoot door transport extreem laag is: slechts 0,74 ton koolstofdioxide-equivalent per hoofd van de bevolking, vergeleken met 2,24 voor Groot-Brittannië en 6,36 voor de Verenigde Staten. Over het geheel genomen voorzien duurzame bronnen in maar liefst 40 procent van de energietoevoer.

De ontbossing in zowel het Amazonegebied in het noorden, als in het Atlantische noordoosten van het land, brengt echter nog altijd enorme hoeveelheden koolstofdioxide in de atmosfeer. De meeste broeikasstatistieken tellen alleen de uitstoot uit het gebruik van fossiele brandstoffen, en in het geval van Brazilië maakt het een enorm verschil of je daar de cijfers door de ontbossing bij optelt. De Braziliaanse regering is zich hiervan sterk bewust en heeft de afgelopen jaren krachtige stappen ondernomen om het areaal aan beschermd gebied uit te breiden en illegaal kappen te voorkomen. Meer dan 40 procent van het Braziliaanse Amazonegebied valt nu onder een beschermingsinitiatief.

Het probleem is dat er momenteel vrijwel geen economische prikkels bestaan die ontbossing tegengaan. In het kader van het Kyotoprotocol kunnen industrielanden hun eigen teveel aan uitstoot neutraliseren door Brazilië te betalen voor *herbebossing*, maar het stoppen van ontbossing werd te problematisch bevonden en bleef daardoor buiten het Clean Development Mechanism. Een toekomstig verdrag kan het zich niet veroorloven bosbescherming buiten beschouwing te laten.

Als we de rest van de Braziliaanse uitstoot bekijken, zou contractie en convergentie vragen om een vertraging van de uitstootgroei rond 2020 en een reductie van de totale uitstoot rond 2050. Het trapsgewijze model zou op korte termijn iets meer ademruimte geven, en met name de sectorale benadering zou Brazilië ten goede komen, omdat de uitstoot uit elektriciteit al zo laag ligt.

Zuid-Afrika

Per capita: 11,1 ton/persoon
Historisch: 3,6 ton/persoon
Totaal: 505 megaton
Verandering in uitstoot sinds 1990: +29,7 procent
Ratificatie Kyoto? Ja

Voor een ontwikkelingsland heeft Zuid-Afrika een ongebruikelijk hoge per capita uitstoot. Net als China is het land economisch
sterk afhankelijk van kolen, maar het is aanzienlijk hoger ontwikkeld. De mijnbouwsector (voor goud, diamanten, platina en ura-
nium) speelt een belangrijke rol in de economie en is erg energie-
intensief. Nu het goud begint op te raken, is het land begonnen
fabricageopdrachten aan te nemen uit de ontwikkelde landen. Alle auto's uit de BMW 3-serie worden nu geassembleerd in de Ros-
slynfabriek in Pretoria.

Zuid-Afrika heeft derhalve veel energie-intensieve industrie,
en daar zal weinig verandering in komen. Ook zal het in de nabije
toekomst een mijnbouweconomie blijven. Zoals we in hoofdstuk
9 hebben gezien, investeert het land in de ontwikkeling van nucleaire kiezelbedreactoren, maar die zijn waarschijnlijk eerder
voor de export bedoeld dan voor kernenergie in Zuid-Afrika zelf.

Het land beschikt daarnaast over een goed ontwikkelde suikerrietindustrie en heeft meer dan voldoende technologische vaar-
digheden in huis om een deel daarvan tot biobrandstof te verwerken – hoewel het moeilijk zal zijn het huidige areaal uit te breiden
en meer te verbouwen. Het land worstelt bovendien nog altijd
met de naweeën van het apartheidssysteem en met het alom-
tegenwoordige trauma van de ziekte aids.

De huidige regering staat desalniettemin positief tegenover
aanpak van de klimaatverandering en is gespitst op dialoog, in
elk geval op het niveau van de ministers van Energie en Milieu
(zij het minder op het niveau van staatshoofden). Door de bank
genomen is de regering erop gebrand zich als een verantwoorde-

lijke internationale speler op te stellen. Als de voorwaarden voor de ontwikkelingslanden goed zijn en het land in staat stellen zijn talloze sociale problemen en ontwikkelingskwesties aan te pakken, is Zuid-Afrika van de partij.

Mexico

Per capita: 5,0 ton/persoon
Historisch: 1,3 ton/persoon
Totaal: 520 megaton
Verandering in uitstoot sinds 1990: +38,3 procent
Ratificatie Kyoto? Ja

Net als bij de andere landen met een snelle ontwikkeling is groei Mexico's eerste prioriteit. De regering is zich echter ook duidelijk bewust van de gevaren van een klimaatverandering, zoals woestijnvorming, verlies van voedselproductiviteit, en overstromingen langs de kust door zeespiegelstijgingen en steeds krachtiger tropische stormen.

Mexico probeert zijn broeikasgasuitstoot al terug te dringen. De regering is daarnaast zeer gebrand op deelname aan de G8+5 Gleneagles Dialoog. In 2006 was Mexico zelfs gastland van de eerste vervolgbijeenkomst van deze groep, die het jaar daarvoor in Gleneagles in het leven was geroepen. Als Mexico ervan overtuigd kan worden dat het nieuwe verdrag geen belemmering vormt voor directe economische groei, en als er binnen de G8+5-groep een gevoel ontstaat van werken aan een gemeenschappelijk doel, is Mexico vermoedelijk een grote aanwinst.

India

Per capita: 1,6 ton/persoon
Historisch: 0,6 ton/persoon
Totaal: 1.744 megaton
Verandering in uitstoot sinds 1990: +57,5 procent
Ratificatie Kyoto? Ja

Van de landen met een snelle groei laat India zich waarschijnlijk het minst gelegen liggen aan het klimaat. Het land heeft veruit de laagste per capita uitstoot van de groep en ook veruit de meest nijpende ontwikkelingsproblemen.

Als geheel zal het subcontinent echter dramatische gevolgen ondervinden van de opwarming van de aarde: men voorspelt een daling van de voedselproductie; de megadelta van de Ganges en de Brahmaputra in Bangladesh is angstaanjagend overstromings-gevoelig door een combinatie van zeespiegelstijgingen en krach-tiger tropische stormen; en hoewel de modellen tot op heden nog niet precies weten hoe de Aziatische moesson zich zal ontwikke-len onder invloed van de stijgende temperatuur, verwacht nie-mand dat de situatie blijft zoals ze is.

Indiase wetenschappers zijn zich hier wel van bewust – de voorzitter van het IPCC, 'Pachy' Pachauri, komt uit Delhi, en de Indiase Nationale Academie van Wetenschappen heeft drie op-eenvolgende wereldwijde statements ondertekend die oproepen tot actie op het klimaatfront. India heeft inmiddels ook op grote schaal geïnvesteerd in windenergie en het Indiase bedrijf Suzlon is een van de grootste fabrikanten van windturbines ter wereld.

Vooralsnog is de ernst van het probleem echter niet volledig doorgedrongen tot de Indiase regering. Toch is India, gezien het relatief lage ontwikkelingspeil, maar de sterke groei, een van de meest vruchtbare gebieden voor projecten in het kader van het Clean Development Mechanism. Bovendien kwam er recentelijk een bemoedigend signaal van Kapil Siba, de minister van Weten-schap en Ingenieurswerken. Siba verzocht onlangs om een onderhoud met een van ons (David King) om de mogelijkheden te be-spreken van een Indiaas energietechnologisch instituut naar Brits voorbeeld, gericht op de ontwikkeling van nieuwe, koolstofarme energiebronnen. Dit was de eerste officiële tegemoetkoming van de Indiase regering inzake de klimaatkwestie.

Als het nieuwe verdrag India in staat stelt in zijn dringende ontwikkelingsbehoefte te voorzien en het land kan profiteren van internationale investeringen via bijvoorbeeld het Clean Development Mechanism (er zijn onder deze vlag al belangrijke internationale investeringen binnengehaald), is de kans groot dat het meedoet. Aangezien de uitstoot per hoofd van de bevolking momenteel bijzonder laag ligt, zou contractie en convergentie het India mogelijk maken de komende tien jaar min of meer zonder ingrijpen nog in uitstoot te groeien en tegelijkertijd financiële voordelen binnen te halen uit de verkoop van emissierechten.

13

De industrielanden

(of 'Wiens schuld is het eigenlijk?')

Industrielanden

Het is duidelijk dat de belangrijkste industrielanden in de wereld de leiding zullen moeten nemen in de aanpak van de klimaatverandering. Zij zijn gezamenlijk vrijwel geheel verantwoordelijk voor het huidige probleem, en hebben hun welvaart en hoge ontwikkelingsstandaard grotendeels te danken aan het in een vroeg stadium exploiteren van fossiele brandstoffen. Dit zijn de landen die niet alleen de collectieve verantwoordelijkheid voor de klimaatverandering dragen, maar ook over de economische middelen beschikken er iets tegen te doen. Alle hebben die verantwoordelijkheid in principe aanvaard en de meeste, maar niet alle, zijn ook tot handelen overgegaan.

(Ook hier gelden de uitstootcijfers die we noemen voor alle broeikasgassen, berekend als koolstofdioxide-equivalent. De uitstoot per capita en de totale uitstoot zijn voor het jaar 2004. De historische uitstoot is de gemiddelde jaarlijkse waarde van 1900 tot 2004, per hoofd van de huidige bevolking.)

Verenigde Staten

Per capita: 24,0 ton/persoon
Historisch: 12,7 ton/persoon
Totaal: 7065 megaton
Verandering in uitstoot sinds 1990: +15,7 procent
Ratificatie Kyoto? Nee
Kyotodoel voor 2012: -7 procent (niet geaccepteerd)

Zowel qua welvaart als qua uitstoot van broeikasgassen steekt Amerika met kop en schouders boven de rest van de wereld uit. Hoewel het land volgens één rapport recentelijk de positie van grootste uitstootverantwoordelijke verloren heeft aan China, is de per capita uitstoot in de Verenigde Staten nog altijd aanzienlijk groter dan waar ook. Daarnaast is Amerika historisch in hoge mate verantwoordelijk voor de broeikasgassen die al in de lucht zitten.

Tot relatief kort geleden had Amerika een voortrekkersrol in de aanpak van de klimaatkwestie. Amerikaanse wetenschappers deden baanbrekend onderzoek naar de klimaatverandering en behoorden tot de eersten die het probleem wereldkundig maakten. De Verenigde Staten waren voorzitter van de werkgroep die het eerste mondiale klimaatverdrag tot stand bracht, de UNFCCC, en in de jaren 1990 stonden de opeenvolgende regeringen er zeer voor open te zoeken naar nieuwe manieren van emissiereductie, mede dankzij de onvermoeibare inspanningen van vicepresident Al Gore.[1]

De afgelopen jaren heeft Amerika echter de nodige consternatie veroorzaakt door de problematiek terzijde te schuiven (ondanks alle pogingen van de Britse premier Tony Blair de president op andere gedachten te brengen) en het Kyotoprotocol niet te ratificeren.

De wortels van de Amerikaanse weerstand tegen Kyoto liggen, zoals we in hoofdstuk 11 hebben gezien, bij de datum die het verdrag kiest als uitgangspunt voor uitstootreductie. In 1998, toen president Clinton het verdrag ondertekende, was de Amerikaanse uitstoot in vergelijking met het niveau van 1990 omhooggeschoten; iedere afspraak met 1990 als uitgangspunt zou veel moeilijker zijn na te komen. Dat leidde tot nervositeit onder politici, die bang waren de steeds fragielere economie te schaden. De senaat, zowel republikeinen als democraten, had al unaniem ingestemd met de zogenoemde Byrd-Hagel-resolutie, die eist dat er geen protocol getekend mag worden dat 'zou leiden tot ernstige schade aan de economie van de Verenigde Staten'. De resolutie bekritiseerde ook het gebrek aan Kyotoverplichtingen voor de ontwikkelingslanden. Zodoende diende de regering-Clinton/Gore Kyoto niet ter ratificatie in bij de senaat.

De echte klap kwam echter toen president Bush en zijn fel nationalistische adviseurs aan de macht kwamen. De kwestie van de klimaatverandering raakte politiek besmet door de nauwe associatie met de democraten, met name met vicepresident Gore. Vrijwel onmiddellijk deed men verwoede pogingen de samenstelling te veranderen van de groep wetenschappers die verbonden was aan het Intergovernmental Panel on Climate Change (IPCC). Iedereen die men verdacht van sympathieën met de standpunten van de vorige regering werd met argwaan bekeken, zoals bleek uit een gelekt document dat het nodige stof deed opwaaien. Kort nadat de republikeinen aan de macht waren gekomen, had ExxonMobil een memo gestuurd naar de aankomende regering met als voornaamste boodschap: 'Herstructureer de Amerikaanse vertegenwoordiging bij komende IPCC-bijeenkomsten zodat *geen van de voorstanders van Clinton en Gore betrokken is bij besluitvormingsactiviteiten*' [hun nadruk].[2] Hetzelfde memo vroeg specifiek om vervanging van de voorzitter van het panel, Bob Watson, hoofd Wetenschap bij de Wereldbank. Watson was een man met onkreukbare wetenschappelijke papieren, maar had eerder gewerkt met de regering-Clinton/Gore. Zijn ontslag liet niet lang op zich wachten.

Het hielp vermoedelijk niet dat veel van Amerikaanse regeringsleden nauwe banden onderhielden met de fossiele-brandstofindustrie. Voor zijn benoeming was Dick Cheney vicepresident van Halliburton; de minister van Handel, Donald Evans, had aan het hoofd gestaan van een vooraanstaand olie- en gaswinningsbedrijf; en Condoleezza Rice was directeur bij Chevron.[3]

Pogingen de klimaatverandering een halt toe te roepen liepen ook stuk op de associatie met de milieubeweging. Voor veel conservatieve republikeinen waren milieuactivisten nauwelijks beter dan communisten, met hun liefde voor het aan banden leggen van de industrie en de beperking van economische groei. Een van de eerste wapenfeiten van president Bush na zijn machtsovername was zijn verklaring dat Amerika Kyoto niet zou ratificeren. 'Kyoto is dood,' zei hij letterlijk. (Deze doodverklaring bleek sterk overdreven, zoals Mark Twain opmerkte bij het lezen van zijn eigen premature necrologie. Hoewel Bush erin slaagde Amerika van niet-ratificatie te overtuigen, tilde de ratificatie door Rusland het aantal landen over de vereiste drempel; sinds februari 2005 is Kyoto volledig operatief en vol leven.[4])

Sindsdien is klimaatverandering in Amerika een droevig verhaal, met hordes van Amerikaanse topwetenschappers die luid om actie roepen en een regering die deze roep soms negeert en soms hardhandige pogingen doet die te onderdrukken. (De pogingen tot onderdrukking leidden tot algemene afkeuring onder Amerikaanse wetenschappers[5] en tot scherpe hoorzittingen in maart 2007 voor de Congressional Committee on Oversight and Government Reform.[6]) Jack Marburger, de belangrijkste wetenschappelijk adviseur van de president, heeft er een zware dobber aan. Ondanks de overweldigende bewijzen dat er een gevaarlijke klimaatverandering gaande is, gaf hij pas eind 2007 publiekelijk toe dat de klimaatverandering een reëel, door mensen veroorzaakt probleem is.

De olie-industrie in de Verenigde Staten heeft lang in de pas gelopen met de regering, met name ExxonMobil, dat een reeks denktanks financierde met het doel het wetenschappelijk onderzoek naar de opwarming van de aarde naar de prullenbak te verwijzen. Een van die denktanks loofde 10.000 dollar uit aan iedere wetenschapper die een kritisch artikel schreef over de inhoud van het IPCC-rapport. Weer een andere, het Competitive Energy Institute, produceerde een reeks geruchtmakende tv-spotjes voor de nationale televisie waarin gesuggereerd werd dat koolstofdioxide een zegen is voor de mensheid en ten onrechte in een kwaad daglicht wordt gesteld. De wetenschapper naar wiens onderzoeksresultaten in de spotjes werd verwezen, beschuldigde de makers later woedend van selectieve verslaggeving en noemde de spotjes een 'bewuste poging verwarring te zaaien en het publiek te misleiden over het debat rond de opwarming van de aarde'.[7] (Zoals we in hoofdstuk 1 hebben gezien, is koolstofdioxide een onmisbare bouwsteen voor het leven, maar uit het wetenschappelijk onderzoek naar de opwarming van de aarde blijkt onomstotelijk dat je ook te veel kunt hebben van iets goeds.)

Om klimaatvoorvechters het zwijgen op te leggen en om te voldoen aan zijn eigen eis dat de ontwikkelingslanden aan een verdrag moeten deelnemen, riep president Bush een samenwerkingsverband in het leven dat alom wordt gezien als een concurrent voor het Kyotoprotocol, het Asia-Pacific Partnership on Clean Development and Climate, waarbij de Verenigde Staten, Japan, Zuid-Korea, China, India en Japan betrokken zijn. Net als Kyoto is het partnerschap, in elk geval voor het oog van de buitenwereld, gericht op de oplossing van het klimaatprobleem. In tegenstelling tot Kyoto is er echter geen sprake van verplichte doelen, en er zijn geen specifieke mechanismen ontwikkeld om de doelen die de leden vrijwillig op zich nemen te realiseren. (Aangezien de doelstellingen niet verplichtend zijn, staat er ook geen sanctie op als ze niet gehaald worden.)

Het partnerschap concentreert zich op de transfer van koolstofarme technologie van ontwikkelde naar ontwikkelingslanden, met een zeer sterke nadruk op de afvang en opslag van koolstof – de nog niet gewaarborgde methode voor het afvangen en ondergronds opslaan van koolstofdioxide uit kolencentrales, zodat die niet in de atmosfeer terechtkomt. Dit is naar alle waarschijnlijkheid een essentieel instrument voor uitstootreductie in landen als China, India en Zuid-Afrika, die voor hun energievoorziening momenteel sterk afhankelijk zijn van kolen, maar op zichzelf is dat niet genoeg.

In april 2006 gaf het Climate Institute of Australia een voortgangsrapport uit over het Asia-Pacific Partnership, waarin stond dat zelfs in het meest optimistische scenario het verdrag zou leiden tot een mondiale verdubbeling van broeikasgasuitstoot in 2050 ten opzichte van het huidige niveau, in plaats van de drastische reductie die nodig is om de klimaatverandering te keren. Bovendien schrijft het dat de hoeveelheid geld die tot dusver in de ontwikkeling van de nieuwe technologieën is geïnvesteerd, veel te laag is om ook maar enige impact te hebben: nauwelijks 1,1 procent van de waarde die geïnvesteerd is in de mondiale koolstofmarkten naar aanleiding van het Kyotoprotocol, en een schijntje van de hoeveelheid geld die volgens het Internationaal Energie Agentschap de komende 25 jaar in energie zal worden geïnvesteerd.[8] De republikeinse senator John MacCain bracht de gedachten van velen onder woorden toen hij zei dat het partnerschap 'niets meer [is] dan een aardig pr-plannetje'.[9]

Het tij lijkt echter te keren, zo niet in Washington, dan wel in de rest van de Verenigde Staten. Of de orkaan Katrina nu wel of niet een direct gevolg is van de opwarming van de aarde, ze heeft vele Amerikanen de ogen geopend voor de dramatische manier waarop de natuur terug kan slaan, zelfs in een 'veilige' stedelijk omgeving, en hoe dom het is de waarschuwingssignalen te negeren.

Ondertussen is de publieke opinie ten aanzien van Al Gores gepassioneerde betrokkenheid bij de klimaatkwestie sinds het onvoorstelbare succes van het boek en de film *An Inconvenient Truth* omgeslagen van republikeins anathema in een bron van inspiratie. (Dat Gore en het IPCC in 2007 de Nobelprijs voor de vrede wonnen voor hun werk op het gebied van de klimaatverandering, heeft zijn campagne ook een flinke oppepper gegeven.) Een andere belangrijke drijvende kracht is de staat Californië, die een

trotse geschiedenis kent van efficiënte aanpak van milieuproble-
men – met name in de eens smogrijke steden Los Angeles en San
Francisco – door kordate handhaving van milieuverordeningen
en stimulering van de ontwikkeling van nieuwe technologieen. Er
was geen sprake van sentimentele groene motieven toen Californië besloot katalysatoren op auto-uitlaten verplicht te stellen en
evenmin was het schadelijk voor de economie. Iedere nieuwe
aanscherping van de regels voor uitlaten stuitte op oppositie uit
de auto-industrie, maar die bleef gewoon auto's verkopen. De katalysatoren waar Californië zich sterk voor maakte, zijn nu de
standaard voor de gehele geïndustrialiseerde wereld, en de voornaamste reden dat het leefklimaat in veel steden een stuk aange-
namer is.

Onder de onwaarschijnlijke leiding van 'Governator' Arnold
Schwarzenegger heeft Californië zich even kordaat en doelgericht
gestort op de aanpak van het klimaatprobleem. In 2005 nodigde
Schwarzenegger een van ons (David King) uit op een bijeenkomst van gouverneurs van de westkust om een lezing te geven
over de positie van Groot-Brittannië ten opzichte van de klimaatverandering. Toen Schwarzenegger hoorde dat Groot-Brittannië
zich had verplicht tot een eenzijdige uitstootreductie van 60 procent in 2050, was zijn reactie: 'Wij gaan voor 80 procent.' Dat is
het soort loven en bieden dat we nodig hebben.

Californië komt ook financieel over de brug. In 2006 werd de
Global Warming Solutions Act[10] aangenomen, die de staat verplicht in 2020 terug te zijn op het uitstootniveau van 1990 (een effectieve reductie van 25 procent). De wet gaf ook het startschot
voor een systeem van emissiehandel binnen de staat en Schwarzenegger zelf heeft een hybride Hummer aangeschaft.

Negen noordoostelijke en mid-Atlantische staten hebben een
eigen handelssysteem opgezet, het Regional Greenhouse Gas Ini-
tiative (ook wel liefkozend REGGIE genoemd).[11] En honderden
burgemeesters van steden overal in de Verenigde Staten ondertekenden de US Conference of Mayors' Climate Protection Agree-
ment, die belooft de koolstofuitstoot in de eigen steden in 2012 te

hebben teruggedrongen tot 7 procent onder het niveau van 1990.[12]

Het nieuwe politieke klimaat ziet er nog veelbelovender uit sinds de democraten in het najaar van 2006 een meerderheid behaalden zowel in het Huis van Afgevaardigden als in de senaat. De republikeinse senator James Inhofe, die ooit verklaarde dat de opwarming van de aarde 'de grootste leugen was die het Amerikaanse volk ooit was verteld', moest zijn zetel in de invloedrijke senaatscommissie voor Milieu en Openbare werken afstaan. De nieuwe democratische afgevaardigde in hetzelfde comité heeft openlijk de komst van een reeks voorstellen verwelkomd gericht op de stimulering van landelijke uitstootreductie.

Dat wil echter niet zeggen dat klimaatverandering nog altijd een partijgebonden kwestie is. Het merendeel van de nieuwe voorstellen heeft zowel de steun van democraten als van republikeinen. Zelfs christelijk rechts, ooit fervente aanhangers van het standpunt van president Bush, begint een positieve houding aan te nemen tegenover actie op klimaatgebied, vanuit het uitgangspunt dat we ons als goede rentmeesters van Gods schepping dienen te gedragen.

Ook de particuliere sector begint zich in het klimaatverhaal te mengen. Grote bedrijven als Wal-Mart en General Electric presenteren zich als ware klimaatvoorvechters en zelfs ExxonMobil doet water bij de wijn. Terwijl het bedrijf nog altijd fel tegenstander is van het Kyotoprotocol, heeft het de financiering van de meest rabiate lobbygroepen gestaakt en begint het mee te denken over de manier waarop koolstofregulatie in de Verenigde Staten eruit zou kunnen zien.[13]

Tegenwoordig praat men meer en meer over klimaatverandering als een marktfalen, voortgekomen uit oneerlijke subsidies op fossiele brandstoffen en ziet men cap and trading-systemen eerder als een adequate kapitalistische aanpassing dan als een door boomknuffelaars afgedwongen belastingregeling. De talloze afzonderlijke systemen voor emissiehandel die overal in het land ontstaan, stimuleren bedrijven druk te zetten achter een nationaal systeem, zodat ze hun toekomst kunnen plannen rond één enkel, consistent geheel van regels en marktvoorwaarden. Milieu-activist Robert F. Kennedy jr. schreef in een gepassioneerd stuk in het tijdschrift *Rolling Stone* dat 'een waarlijk vrije markt het beste is voor onze planeet', omdat die de efficiency bevordert.[14] In december 2006 riep de *New York Times* 'groen' uit tot de kleur van het afgelopen jaar en in januari van het jaar daarop deed president Bush in de State of the Union de historische uitspraak dat er een manier moet worden gevonden om de Amerikaanse verslaving aan olie te doorbreken.

Er is echter nog een lange weg te gaan. Hoewel president Bush zo langzamerhand uit een ander vaatje begint te tappen, zijn zijn favoriete strategieën voor de aanpak van het probleem op z'n best twijfelachtig. Hij kiest onder andere voor een grootschalige toename van het gebruik van biobrandstoffen – een optie die, zoals we in hoofdstuk 8 hebben gezien, niet zonder gevaren is –, gekoppeld aan het streven naar een vermindering van de koolstofuitstoot per eenheid bbp van 18 procent in 2012. Dat klinkt indrukwekkend, totdat je beseft dat de totale uitstoot dan nog steeds met 13 procent zou stijgen en het plan in feite neerkomt op het geijkte business as usual-scenario.[15]

En dat is niet alles. Hoewel de onderhandelaars van de president in 2007 in Duitsland instemden met de gezamenlijke G8-verklaring, waarin de klimaatverandering als een realiteit werd geaccepteerd en men de intentie uitsprak de mondiale broeikasgasuitstoot te reduceren, wist Greenpeace de hand te leggen op een fascinerend document waaruit bleek dat diezelfde onderhandelaars hadden aangedrongen op afzwakking van de bewoordingen van de verklaring. Zo mocht er niets gezegd worden over bindende verplichtingen, omdat zo'n aanpak 'fundamenteel onverenigbaar [is] met het standpunt van de president over de klimaatverandering'.[16] Een lobbyist beschuldigde de regering-Bush van 'pogingen tot ondermijning van een post-Kyoto-overeenkomst na hun ambtstermijn'.[17]

Vlak voor de bijeenkomst in Duitsland stelde president Bush

voor een bijeenkomst te beleggen van de meest vervuilende landen in de wereld, onder voorzitterschap van Amerika, die 'parallel' zou moeten werken aan de inspanningen van de Verenigde Naties. Dit voorstel werd echter neergesabeld door andere landen, met name door Brazilië, die het opvatte als een poging het post-Kyotoproces te saboteren. In Duitsland stemde president Bush met tegenzin in met de volgende verklaring van de Duitse bondskanselier Angela Merkel, de voorzitter van de bijeenkomst van de G8+5: 'We zijn overeengekomen dat het VN-klimaatproces het meest geschikte forum is voor onderhandelingen over toekomstige mondiale initiatieven ten aanzien van de klimaatverandering.'

Gezien deze geschiedenis van recalcitrantie en later onwil, is het misschien niet reëel te hopen dat de huidige regering effectief ingrijpen in de klimaatkwestie ooit volledig zal omarmen, maar de vloedgolf van activiteiten aan de basis van de samenleving, in combinatie met de veranderende houding in het Amerikaanse bedrijfsleven en op Capitol Hill, zijn misschien voldoende om de volgende president, of die nu republikein of democraat is, te overtuigen van het feit dat handelen in het nationaal belang is. Gelukkig nemen presidentskandidaten McCain, Hagel, Obama, Edwards, Romney en (Hillary) Clinton een veel progressievere houding aan tegenover de klimaatproblematiek dan de scheidende president.

Laten we niet vergeten dat de Verenigde Staten een van 's werelds grootste uitstoters van broeikasgassen per capita zijn en de op een na grootste in het algemeen. Het land draagt bovendien een zeer grote verantwoordelijkheid voor de historische uitstoot en heeft de meest geavanceerde economie ter wereld. Hoewel de rest van de wereld niet achteroverleunt, heeft een nieuw wereldwijd verdrag maar weinig kans van slagen als de Verenigde Staten weigeren hun verantwoordelijkheid te nemen en een leidende rol te vervullen in de klimaatkwestie

De Russische Federatie

Per capita: 13,5 ton/persoon
Historisch: 7,1 ton/persoon
Totaal: 1938 megaton
Verandering in uitstoot sinds 1990: -35,1 procent
Ratificatie Kyoto? Ja
Kyotodoel voor 2012: 0 procent

In de aanloop naar het Kyotoverdrag verklaarde de Russische regering herhaaldelijk dat klimaatverandering zeker geen prioriteit is. President Vladimir Putin liet in 2003 duidelijk zien waar hij stond toen hij zei: 'Rusland is een noordelijk land, en als het hier twee of drie graden warmer wordt, is dat helemaal niet erg. We zouden minder hoeven uitgeven aan warme jassen en [...] de graanoogsten zouden toenemen.'[18] Of de graanoogsten in Rusland inderdaad zouden groeien bij een temperatuurstijging van 3 °C is twijfelachtig, maar ieder model geeft aan dat ze kelderen bij een stijging van méér dan drie graden. En de klimaatverandering zou Rusland andere problemen opleveren, waar een paar bontjassen minder niet tegen opwegen.

Voor 2070 voorspelt het IPCC-rapport bijvoorbeeld een aanzienlijke toename van overstromingen in het noorden van Rusland en grotere droogte in het zuiden. Het voorspelt ook dat het smelten van de permafrost niet alleen schade aan gasleidingen zal veroorzaken doordat de grond wegzakt, maar ook een enorm oppervlak aan droogvallende wetlands in Rusland zal blootstellen aan allesverterende branden, vergelijkbaar met de razende branden in Borneo, die het land smoorden in een walm van oranje rook.[19] Het probleem met de klimaatverandering is dat het een alles-of-nietskwestie is. Je kunt niet de vruchten plukken en de kwalijke kanten negeren.

Putin hield zijn speech toen hij ratificatie van Kyoto overwoog. Dit was een belangrijke beslissing, omdat het protocol pas van kracht zou worden als landen verantwoordelijk voor minimaal

55 procent van de kooldioxide-uitstoot van 1990 hadden ingestemd. In 2003 hadden alle grote industriële vervuilers geratificeerd, met uitzondering van Rusland, Australië en de Verenigde Staten. Elk van deze drie afzonderlijk zou het totaal over die drempel van 55 procent tillen, maar als geen van hen ratificeerde, was het protocol ten dode opgeschreven.

Amerika had al verklaard niet te zullen ratificeren en onder enorme druk van de Verenigde Staten weigerde ook Australië. Ondertussen waren de signalen uit Rusland niet goed. Een bilaterale bijeenkomst over klimaatverandering tussen Britse en Russische wetenschappers werd succesvol getorpedeerd toen Putins toenmalige stafchef Andrej Illarionov op het laatste moment de agenda veranderde en een bonte verzameling van sceptici naar voren schoof, in een poging de Britse wetenschappers de mond te snoeren.

Een van ons (David King) stond aan het hoofd van de Britse delegatie. King had al verklaard dat hij de conferentie halverwege zou moeten verlaten voor verdere regeringsonderhandelingen in het Kremlin. Maar toen hij aanstalten maakte om te vertrekken, greep Illarionov de microfoon, maakte hem met luide stem uit voor een lafaard, en 'beval' hem te blijven en vragen te beantwoorden. De Britse delegatie vertrok met deze merkwaardige uitbarsting nog nagalmend in de oren. De volgende morgen opende de *Moscow Times* met de onheilspellende kop 'Groot-Brittannië verklaart Rusland de oorlog', wat een direct citaat van Illarionov bleek te zijn.

Maar waar wetenschappelijke argumenten een regering niet kunnen overreden, kunnen economische dat soms wél. Rusland zocht aansluiting bij de mondiale handelsclub, de World Trade Organization. Naar aanleiding van David Kings verslag over de gebeurtenissen in Rusland stelde Tony Blair de EU-leiders voor een deal te sluiten: als Rusland Kyoto zou ratificeren, zou de EU Ruslands toetreding tot de WTO ondersteunen. Dit bleek een troef. Op 4 november 2004, met een tandenknarsende Illarionov langs de zijlijn, ratificeerde president Putin het Kyotoprotocol.

Voor Rusland maakte ondersteuning van Kyoto in praktische zin weinig uit. Om puur economische redenen was de uitstoot na 1990 gekelderd, wat betekende dat het land zijn Kyotoverplichtingen met gemak kon vervullen. De uitstoot was zelfs zo scherp gedaald dat Rusland voor miljarden aan rechten in handen had die het, in elk geval in principe, zou kunnen verkopen op de handelsmarkt van Kyoto. Dat deed het echter niet, waarschijnlijk omdat alleen Amerika ze had kunnen betalen, en Amerika wilde niets met Kyoto te maken hebben.

Ruslands houding tegenover een post-Kyotoverdrag blijft onzeker. Aan de ene kant kun je op basis van het nieuwe isolationisme en de omvangrijke export van aardgas verwachten dat het land kiest voor behoud van een koolstofgebaseerde economie; aan de andere kant is de mogelijkheid in elk geval een deel van de rechten te verkopen misschien verleidelijk genoeg om Rusland aan boord te houden als Amerika ook meedoet. Maar zoals we in hoofdstuk 1 hebben gezien, zou ieder toekomstig verdrag voor Rusland een recenter uitstootcijfer als uitgangspunt moeten vaststellen dan 1990.

Japan

Per capita: 10,6 ton/persoon
Historisch: 4,0 ton/persoon
Totaal: 1355 megaton
Verandering in uitstoot sinds 1990: +8 procent
Ratificatie van Kyoto? Ja
Koyotodoel voor 2012: -6 procent

Japans geavanceerde industriële ontwikkeling in aanmerking genomen, heeft het land een relatief lage uitstoot per hoofd van de bevolking. Dat komt hoofdzakelijk doordat een groot deel van de elektriciteit afkomstig is uit kernenergie en de industrie een van de meest energiezuinige ter wereld is. Daarnaast neemt het, als gastland voor de bijeenkomst waaruit het Kyotoprotocol is voortgekomen, de aanpak van het klimaatprobleem uiterst serieus.

Gedeeltelijk om die reden en gedeeltelijk omdat Japan geen eigen oliereserves heeft, is energiebesparing een zaak geworden van nationaal belang. Met de *cool biz*-campagne van 2005 probeerde de Japanse overheid ambtenaren te stimuleren de airconditioning op kantoor niet lager te zetten dan 28 °C. Duizenden werknemers besloten hun jasjes en stropdassen in de kast te laten en 's zomers voortaan overhemden met korte mouwen te dragen – en dat in een conservatieve en conformistische zakelijke cultuur. Alleen al in de metropool Tokyo leverde de campagne een energiebesparing op waarmee je een stad van een kwart miljoen mensen een maand lang van energie zou kunnen voorzien.[20] De campagne is inmiddels een jaarlijks terugkerend fenomeen. Elke zomer trekt de eerste minister zijn jas en das uit, en het kabinet en een uitzonderlijk groot deel van de bevolking volgen zijn voorbeeld.

De Japanse regering is nog altijd enigszins nerveus over de eventuele gevolgen van de reductie van koolstofuitstoot voor de Japanse economie, en het land richt zich dan ook sterk op technologische innovatie. Zo was het een van de initiatiefnemers van het nieuwe internationale fusieproject dat we beschreven in hoofdstuk 9. Het is ook een van 's werelds grootste investeerders in zonnestroomsystemen en in technieken om waterstofgas te maken uit water.

Iedere toekomstige strategie gebaseerd op per capita uitstoot zou gunstig zijn voor Japan, omdat het de hoge energiezuinigheid beloont die het land al heeft gerealiseerd.

Canada

Per capita: 23,7 ton/persoon
Historisch: 9,8 ton/persoon
Totaal: 758 megaton
Verandering in uitstoot sinds 1990: +27 procent
Ratificatie Kyoto? Ja
Kyotodoel voor 2012: -6 procent

Canada ratificeerde Kyoto in 2002, maar het is momenteel ver verwijderd van de vereiste 6 procent uitstootreductie. Tussen 1990 en 2004 is de uitstoot zelfs met 27 procent gestegen, wat in verhouding meer is dan voor de Verenigde Staten.

De bevolking staat uiterst positief tegenover actie tegen de klimaatverandering, maar de opeenvolgende regeringen zijn blijven steken bij de vraag hoe ze dat precies in praktijk moeten brengen. In 2005 kwam de toenmalige regering met een voorstel om het Kyotodoel te halen. Er werd gekozen voor een combinatie van verplichte uitstootreductie voor grote fabrieken en nutsbedrijven, en een grotendeels vrijwillige bijdrage van andere sectoren. Milieugroeperingen bekritiseerden het plan, omdat het te veel nadruk legde op vrijwillige maatregelen en initiatieven, en te weinig op verplichte reductie. Hoe dan ook, de regering slaagde er niet in het plan in werking te stellen vóór de verkiezingen van 2006, die ze verloor.

De nieuwe conservatieve minderheidsregering van premier Stephen Harper verklaarde vervolgens dat het Kyotodoel voor Canada inmiddels onhaalbaar was en staakte de financiering van een groot aantal klimaatprojecten. De regering kwam met een alternatief plan om de uitstoot aan te pakken, maar dat was uiterst vaag, omdat het broeikasgassen op één lijn stelde met smog en andere meer directe en duidelijke vormen van vervuiling. Bovendien waren de verplichte doelstellingen van het plan voor industriële uitstootreductie gebaseerd op intensiteit – dat wil zeggen, de uitstoot per productie-eenheid – in plaats van op de totale hoeveelheid. (In het deel over de VS hebben we de zwakke plekken van deze strategie al besproken.)

Deze gebeurtenissen leidden tot koortsachtige politieke activiteit. Zo werd er door het parlement een voorstel aangenomen van een onafhankelijk lid, 'een wet die moet zorgen dat Canada voldoet aan zijn verplichtingen ten opzichte van de wereldwijde klimaatverandering zoals vastgelegd in het Kyotoprotocol', bedoeld om de regering te dwingen zich aan Kyoto te houden. Alle leden van de drie oppositiepartijen stemden voor. Het voorstel kwam zowel door het parlement als door de senaat en werd op 22 juni 2007 van kracht.

De wet verplicht de regering onder andere de verwachte reducties van broeikasgassen voor ieder jaar te specificeren tot 2012, en te laten zien wat ze bijdragen aan Canada's verplichtingen op grond van Kyoto. De zittende regering heeft echter herhaaldelijk gezegd geen enkele intentie te hebben hieraan te voldoen, en op het moment van schrijven (herfst 2007) was er nog geen oplossing in zicht.

Australië

Per capita: 26,2 ton/persoon
Historisch: 10,3 ton/persoon
Totaal: 529 megaton
Verandering in uitstoot sinds 1990: +25,9 procent
Ratificatie Kyoto? Nee
Kyotodoel voor 2012: +8 procent

Australië nam deel aan de Gleneagles-dialoog in Mexico, en de recente droogtes hebben in het gehele land enorme steun gegenereerd voor actie op het klimaatfront. De premier, John Howard, heeft echter steeds geweigerd het Kyotoprotocol te ondertekenen. Zijn critici beweren dat dit vooral is om bij Amerika in het gevlei te komen, een visie die bevestigd wordt door het feit dat van de 178 partijen die bij het verdrag betrokken waren, alleen de Verenigde Staten en Australië ratificatie hebben geweigerd. Als Rusland in 2004 zijn standpunt niet had gewijzigd, had de weigering van Australië de implementatie van het verdrag getorpedeerd, naar de uitgesproken wens van de regering van president Bush.

Hoewel het Kyotodoel van Australië was vastgesteld op een genereuze +8 procent boven het niveau van 1990, is de huidige uitstoot met een stijging van bijna 26 procent veel hoger uitgevallen. De per capita uitstoot van Australië behoort tot de hoogste ter wereld, hoger nog dan die van de Verenigde Staten. Het land zal waarschijnlijk zwaar getroffen worden door toekomstige klimaatveranderingen: meer droogtes en hittegolven, meer schade door tropische stormen en het verbleken van koralen in het Great Barrier-rif. (Het proces is al gaande: na zeven opeenvolgende jaren van droogte wankelt de staat Victoria op zijn grondvesten en het einde is nog niet in zicht.)

Tot voor kort vertrouwde premier Howard volledig op het Asia-Pacific Partnership on Clean Develoment and Climate. Dat stelt geen bindende uitstootdoelen, concentreert zich op het ontwikkelen van nieuwe technologieën en, zoals we in de paragraaf over de Verenigde Staten hebben gezien, leidt waarschijnlijk eerder tot een aanzienlijke wereldwijde stijging van broeikasgasuitstoot dan tot de reductie die we nodig hebben.

De federale regering staat nu echter onder toenemende druk stringente maatregelen te treffen en het probleem aan te pakken. Die druk is voor een deel afkomstig van de leiders van de afzonderlijke staten. New South Wales heeft in 2003 een systeem voor emissiehandel ingesteld en in 2004 verenigden alle Australische staten zich in de National Emissions Trading Task Force, om druk te zetten achter de ontwikkeling van een nationaal systeem.[21] De steun onder de bevolking groeit met de dag. Bij een peiling zei maar liefst 80 procent van de respondenten dat ze wilden dat de regering een actievere houding zou aannemen ten aanzien van de klimaatverandering.

In november 2006 vond er een opmerkelijke ommekeer plaats. Premier Howard zei toen in een speech: 'Australië zal deelnemen aan toekomstige discussies gericht op een totale internationale overeenkomst waarbij alle grote vervuilers en alle landen van de wereld betrokken zijn', en verklaarde te willen spreken over een 'effectief wereldwijd systeem voor emissiehandel'.[22]

Op 4 juni 2007, naar aanleiding van een rapport van de Prime Ministerial Task Group on Emissions Trading,[23] ging Howard nog verder en beloofde dat er in 2012 een nationaal systeem voor emissiehandel zou bestaan.

De Europese Unie

De historische verantwoordelijkheid voor het broeikasprobleem van de EU is bijna net zo groot als die van de Verenigde Staten,[24] maar in Europa neemt men een totaal andere houding aan. Liever dan het probleem te ontkennen staat klimaatverandering bij de Europese Unie al bijna tien jaar boven aan de agenda.

De EU heeft zichzelf als één blok in Kyoto gecommitteerd aan een uitstootreductie van 8 procent in 2012, met 1990 als uitgangspunt – een doel dat men naar alle waarschijnlijkheid gaat halen,[25] hoewel daar vermoedelijk een bijdrage voor nodig is van Clean Development-projecten in andere landen.

De EU initieerde ook een continentaal cap and trade-systeem, dat in 2005 van start ging en, ondanks de kinderziekten die we besproken hebben in hoofdstuk 10, verantwoordelijk is voor vrijwel de gehele koolstofwereldmarkt. Daarnaast heeft men een grondig traject uitgezet voor noodzakelijke aanpassingen in de lidstaten aan de inmiddels onvermijdelijke veranderingen.[26]

Het voornaamste wapenfeit is misschien wel dat het nu officieel EU-beleid is de ergste consequenties van de klimaatverandering te vermijden door de temperatuurstijging te beperken tot maximaal 2 °C boven het pre-industriële niveau. Zoals we in hoofdstuk 6 hebben gezien, is dat misschien niet meer mogelijk, zelfs niet met een stabilisatieniveau van 450 ppm CO_2eq.

In mei 2007 werd dit standpunt – eerder het onderwerp van twee aanbevelingen – bevestigd op de Europese Voorjaarsbijeenkomst.[27] De EU riep de ontwikkelde landen op tot een uitstootreductie van 30 procent in 2020 ten opzichte van 1990, met als uiteindelijk doel een reductie van 60-80 procent in 2050. Het plan vraagt uiteindelijk ook om een uitstootreductie in een groot aantal ontwikkelingslanden, maar pas na verloop van tijd en met behulp van investeringen in een koolstofarm traject uit de ontwikkelde wereld.[28] Het uitstootniveau zou in de komende twintig jaar moeten pieken, om vervolgens te dalen tot een mondiale halvering van het huidige niveau in 2050.

Met dit plan heeft de EU haar onderhandelingspositie voor een nieuw wereldwijd verdrag meer dan duidelijk gemaakt. Om expliciet het voortouw te nemen en de internationale bal aan het rollen te brengen, heeft Europa zich bovendien 'zonder voorbehoud' verplicht tot een unilaterale continentale reductie van minstens 20 procent in 2020.

Deze houding heeft een uitstralend effect gehad. Tijdens de top in Duitsland in juni 2007 kwamen de G8 samen met de EU en de vijf snelst ontwikkelende landen tot de volgende opmerkelijke verklaring: 'We hebben met bezorgdheid kennisgenomen van het recente IPCC-rapport en de bevindingen daarin. We zijn ervan overtuigd dat snel gezamenlijk ingrijpen noodzakelijk is. We accepteren onze verantwoordelijkheid en nemen de leiding in de aanpak van de klimaatverandering. Bij het bepalen van een wereldwijd doel voor uitstootreductie in het proces dat we in Heiligendamm hebben afgesproken met alle grote uitstoters, zullen we de beslissingen van de EU, Canada en Japan, die uitgaan van een uitstootreductie van minimaal 50 procent in 2050, serieus in overweging nemen.'

Deze verklaring kreeg de nodige kritiek te verduren vanwege het gebrek aan bindende doelen, die vooral door de Verenigde Staten waren tegengehouden, maar het is voor het eerst dat een document dat melding maakt van de noodzaak tot een zo grote reductie op een dergelijke tijdschaal door alle grote economieën in de wereld is ondertekend. (Veel commentatoren leken niet te beseffen dat de verklaring sprak over een reductie van de *wereld-*

wijde uitstoot met 50 procent in 2050, wat, zoals we eerder hebben opgemerkt, een reductie van zeker 80 procent zou betekenen voor de landen van de G8 die de verklaring ondertekenden.)

Dat er überhaupt een gezamenlijke verklaring over dit zo omstreden onderwerp tot stand kon komen, was te danken aan het onvermoeibare gelobby van de Europese G8-naties, met name Groot-Brittannië, gastland Duitsland en Frankrijk.

Frankrijk

Per capita: 9,0 ton/persoon
Historisch: 6,6 ton/persoon
Totaal: 563 megaton
Verandering in uitstoot sinds 1990: -0,4 procent
Ratificatie Kyoto? Ja
Kyotodoel voor 2012: 0 procent

Frankrijk sloot zijn laatste kolenmijn in 2004 en haalt nu 80 procent van zijn elektriciteit uit kernenergie. Hoewel de kernoptie voor veel milieugroeperingen onbespreekbaar is, behoort de per capita uitstoot van Frankrijk hierdoor tot de laagste in de geïndustrialiseerde wereld. Dankzij kerncentrales produceert Frankrijk nauwelijks een vijfde van de Europese uitstoot per eenheid opgewekte elektriciteit, al liggen de waarden voor transport en voor industriële en huishoudelijke verwarming veel hoger.

De Franse regering steunde de internationale pogingen tot uitstootreductie al vanaf een vroeg stadium in de onderhandelingen. In 2002 verklaarde de toenmalige president Jacques Chirac: 'Ons huis staat in brand en we kijken de andere kant uit', en voegde daaraan toe dat de klimaatverandering dreigde uit te lopen op een 'planetaire tragedie'.[29] De hittegolf in het jaar daarop sloeg in Frankrijk hard toe, wat leidde tot een toenemend bewustzijn onder de bevolking van de gevaren van de klimaatverandering.

In maart 2005 werd er een Handvest voor het Milieu in de Franse grondwet opgenomen. Daarin staat: 'De keuzes gericht op

POLITIEKE OPLOSSINGEN

het voorzien in de behoeftes van de huidige generatie mogen geen gevaar vormen voor het vermogen van toekomstige generaties en andere volken om in hun behoeftes te voorzien.' In datzelfde jaar werd er een energiewet aangenomen met het drieledige doel het energieverbruik met 2 procent per jaar terug te dringen, te blijven investeren in kernenergie en bijzondere aandacht te besteden aan de ontwikkeling van nieuwe, koolstofarme energiebronnen.

In lijn met de EU-voorstellen zette de Franse energienota ook een ambitieuze langetermijnstrategie uit, gericht op een nationale uitstootreductie ten opzichte van 1990 van 75 procent in 2050. Volgens de wet is de regering verplicht zich tot het uiterste in te spannen om dit doel te bereiken, hoewel het nog niet bindend is.

Na de verkiezingen van 2007 besloot de nieuwe president Nicolas Sarkozy het milieu een centrale rol toe te kennen in zijn regering door een nieuw 'superministerie' in het leven te roepen dat gaat over milieu, energie, transport, natuurlijke habitats en ruimtelijke ordening. Het hoofd van dit ministerie, Jean-Luis Borloo, is tevens Sarkozy's tweede man.

Om de beloofde reductie te realiseren richt Frankrijk zich op nieuwe technologieën, met name op biobrandstoffen voor de transportsector, en op de stimulering van efficiencyverbeteringen. Er zijn bijvoorbeeld behoorlijke belastingvoordelen gekoppeld aan efficiencyverbeteringen in particuliere huishoudens, zoals de aanschaf van zuinigere cv-ketels. Frankrijk onderhoudt ook banden met Afrikaanse landen die betrokken zijn bij het Clean Development Mechanism.

Duitsland

Per capita: 12,3 ton/persoon
Historisch: 9,0 ton/persoon
Totaal: 1015 megaton
Verandering in uitstoot sinds 1990: -17,5 procent
Ratificatie Kyoto? Ja
Kyotodoel voor 2012: -21,0 procent.

Duitsland heeft een lange en gerenommeerde geschiedenis als voorvechter van milieukwesties in het algemeen en het klimaat in het bijzonder. Het was een van de eerste landen in Europa die op grote schaal gebruikmaakte van wind- en zonne-energie. Dankzij de '100.000 daken'-campagne uit 1990, die huishoudens gunstige leningen aanbood voor de installatie van zonnepanelen, beschikt Duitsland nu over de grootste geïnstalleerde capaciteit aan zonne-energie ter wereld. Het land is ook wereldleider in de fabricage en export van apparatuur voor duurzame energie. Men schat dat een op de twee windmolens en een op de drie zonnecellen uit Duitsland komt; sommige economen denken dat duurzame energie weleens het belangrijkste Duitse exportproduct zou kunnen worden, belangrijker nog dan de auto-industrie.

In de afgelopen jaren is de drang tot handelen op het thuisfront enigszins bekoeld, gedeeltelijk vanwege de economische en politieke problemen rond de Duitse eenwording. Bondskanselier Angela Merkel heeft het Duitse gevecht tegen de klimaatverandering echter nieuw leven ingeblazen. Dankzij haar wetenschappelijke achtergrond heeft ze inzicht in het probleem en heeft ze het tot een regeringsprioriteit gemaakt.

Een van de moeilijkheden waar Duitsland mee kampt in de aanpak van de klimaatverandering – en een van de oorzaken van de relatief hoge per capita uitstoot – zijn de enorme voorraden kolen. Ondanks het algemene succes van 'groene' energiebronnen komt nog altijd de helft van de energie uit kolen, de meest vervuilende van alle fossiele brandstoffen. (En veel daarvan is zelfs bruine kool, die nog minder efficiënt en nog vervuilender is.) In maart 2007 werd er in Brandenburg een proefinstallatie in bedrijf genomen die het koolstofdioxide moet afvangen en omzetten in een voor opslag geschikte vorm. Voorlopig is het een bescheiden poging: de installatie bestaat uit slechts 50 MW en het is nog niet duidelijk waar de afgevangen CO_2 kan worden bewaard. Mocht het project echter slagen, dan is het Zweedse bedrijf dat de leiding heeft een schaalvergroting van plan.

Door de economische neergang in het voormalige Oost-Duitsland na de val van de Berlijnse Muur, is de uitstoot in Duitsland als geheel sinds 1990 flink gedaald, een feit dat weerspiegeld wordt in het Duitse Kyotodoel. Maar Merkel wil meer. In september 2007 presenteerde ze een lijst met 29 maatregelen waarmee Duitland de uitstoot nog verder kan terugdringen. Op de lijst staan alle oude bekenden die we in deel II zijn tegengekomen. Tezamen zouden ze Duitsland moeten helpen aan een uitzonderlijke uitstootreductie van 40 procent in 2020, tot op heden het meest ambitieuze streven ter wereld.

Merkel heeft ook de rol van Duitsland in de voorhoede van de internationale arena nieuw elan gegeven. In navolging van Tony Blair maakte ze de klimaatverandering tot een speerpunt van het Duitse voorzitterschap van de G8, en het is grotendeels te danken aan de enorme druk van deze twee wereldleiders en president Sarkozy van Frankrijk dat de bijeenkomst van de G8+5 in Heiligendamm in juni 2007 kon uitmonden in de eerdergenoemde opmerkelijke verklaring ten aanzien van de klimaatverandering.

Bondskanselier Merkel heeft inmiddels de Gleneagles-dialoog tussen de G8 en de vijf snelst ontwikkelende landen geformaliseerd. Hier zal men blijven proberen een basis te scheppen voor een internationaal verdrag tussen de meest vervuilende economieën ter wereld. Dat verdrag zou vervolgens weleens de grondslag kunnen vormen voor de wereldwijde overeenkomst over klimaatverandering die we zo dringend nodig hebben.

Groot-Brittannië

Per capita: 11,0 ton/persoon
Historisch: 11,2 ton/persoon
Totaal: 656 megaton
Verandering in uitstoot sinds 1990: -14,2 procent
Ratificatie Kyoto? Ja
Kyotodoel voor 2012: -12,5 procent

Groot-Brittannië is een van 's werelds meest proactieve landen op klimaatgebied, zowel qua nationale maatregelen als qua stuwende kracht achter het internationale proces, en misschien ook wel terecht, gezien het feit dat de Industriële Revolutie hier begon.

Toen de Labourpartij in 1997 aan de macht kwam, was de broeikasgasuitstoot sterk aan het dalen. Die daling was ingezet in 1990 en werd vooral veroorzaakt door een grootschalige overgang van energie uit olie op energie uit aardgas. Vice-premier John Prescott stortte zich ogenblikkelijk op de klimaatkwestie. Hij was een van de drijvende krachten achter de bijeenkomst in Kyoto in 1997, die uitmondde in het Kyotoprotocol. In 1998 stelde de minister van Financiën Gordon Brown een heffing in op energiebronnen die CO_2 produceren (en ook, merkwaardig genoeg, op kernenergie), de zogenoemde Climate Change Levy. Veel van de inkomsten uit deze heffing werden geïnvesteerd in de oprichting en organisatie van de Carbon Trust en de Energy Savings Trust, twee organisaties die op armlengte van de regering functioneren. Ze hebben de opdracht de klimaatverandering bij een breed publiek onder de aandacht te brengen en bedrijven te helpen met uitstootreductie door middel van efficiencyverbeteringen.

In april 2002 introduceerde de regering een plan dat energiebedrijven verplicht stelt voor een bepaald percentage van hun energie gebruik te maken van duurzame bronnen (10 procent in 2010 en 20 procent in 2020, exclusief kernenergie) of uit de problemen te raken door rechten te kopen van andere bedrijven.

In 2004 zette Groot-Brittannië 's werelds eerste nationale systeem voor koolstofhandel op, dat inmiddels is opgenomen in het Europese systeem. Het had voordelen om de eerste te zijn: de beurs van Londen heeft zich de koolstofmarkt toegeëigend en heeft wereldwijd alleen concurrentie te duchten van Chicago's Climate Exchange, die sinds 2003 in bedrijf is, ondanks het ontbreken van een nationaal systeem voor emissiehandel in de Verenigde Staten.

Sinds 1997 is de totale broeikasgasuitstoot van Groot-Brittannië blijven dalen, voornamelijk doordat er serieuze maatregelen zijn getroffen tegen de methaanuitstoot uit vuilstortplaatsen. De uitstoot van dit krachtige broeikasgas is zo met 55 procent gedaald. De Britten kunnen hierdoor moeiteloos aan hun Kyoto-verplichtingen voldoen.

In 2003 kondigde Groot-Brittannië een unilaterale emissiereductie aan van 60 procent in 2050 en daagde andere landen uit hetzelfde te doen. Een witboek uit hetzelfde jaar zette kort uiteen hoe dat doel bereikt zou kunnen worden en noemde als tussendoel een uitstootreductie van 20 procent in 2010, een strengere norm dan die van Kyoto.

Ondanks bovenstaande nationale maatregelen is de koolstofuitstoot echter langzaam omhooggekropen. De belangrijkste reden is de geleidelijke sluiting van verouderde Britse kerncentrales. Soms is het een nadeel als je er vroeg bij bent. Ongeveer zestig jaar geleden bouwde Groot-Brittannië de eerste commerciële kerncentrale ter wereld. De huidige generatie kerncentrales is nu echter aan het einde van hun leven. Vijftien jaar geleden was 30 procent van de elektriciteit in Groot-Brittannië nucleair; tegenwoordig is dat nog maar 19 procent, en tenzij er nieuwe centrales gebouwd worden, daalt dat cijfer tot 7 tot 8 procent in 2020. Iedere keer als een kerncentrale vervangen wordt door een krachtcentrale op fossiele brandstoffen, stijgt de Britse koolstofuitstoot. Het is nu hoogst onwaarschijnlijk dat Engeland zijn eigen target voor 2010 zal halen.

In 2007 publiceerde de regering dan ook een nieuw witboek, waarin men veel gedetailleerder uiteenzette hoe men het doel voor 2050 denkt te bereiken met behulp van een reeks energiebesparende maatregelen en de introductie van nieuwe duurzame technologieën.[30]

Om de leemtes in de huidige koolstofarme technologieën aan te pakken zette een van ons (David King), in nauwe samenwerking met de toenmalige minister van Financiën Gordon Brown, een samenwerkingsverband op tussen de overheid en de publieke sector. Dit zogenoemde Energy Technologies Institute richt zich op de ontwikkeling van nieuwe, koolstofarme technologieën. Het krijgt tien jaar lang een financiering van 100 miljoen pond per jaar, de helft uit de industrie, de helft van de overheid. In het bestuur zitten autofabrikanten, nuts- en oliebedrijven, en er zijn onderhandelingen gaande over de vacatures.

Natuurlijk is het teleurstellend dat we het doel voor 2010 waarschijnlijk niet halen, maar we hebben onze les geleerd. Voor betere toekomstige resultaten heeft Groot-Brittannië nu stappen ondernomen om de toegezegde reductie wettelijk vast te leggen. De Climate Change Bill verplicht het land tot een reductie van de CO_2-uitstoot van 60 procent in 2050 en een tussentijdse daling van 26 tot 32 procent in 2020. Hiermee is Groot-Brittannië het eerste land ter wereld dat een dergelijk langetermijndoel wettelijk bindend maakt. (Uiteindelijk zal er een nog grotere reductie nodig zijn, maar het is desalniettemin een belangrijke stap.) Ook komt er een onafhankelijke klimaatcommissie, die op armlengte van de regering zal functioneren, naar het model van de Bank of England, en de vrijheid krijgt ingrijpende maatregelen te nemen ten behoeve van de vereiste uitstootdaling.

Op het internationale podium heeft Groot-Brittannië zich gemanifesteerd als een cruciale speler, die vaak het voortouw heeft genomen door in het gat te springen dat ontstond toen Amerika de klimaatverandering (tijdelijk, hopen we) de rug toekeerde. Naast actieve participatie in het Kyotoproces en een baanbrekende rol in het opzetten van het Europese systeem voor emissiehandel, heeft Groot-Brittannië veel in het werk gesteld om de wereld te verenigen onder de vlag van de klimaatverandering. In 2005 maakte Tony Blair de klimaatverandering tot een van de twee speerpunten van het Britse voorzitterschap van de G8. Hij nodigde de vijf snelst ontwikkelende landen en andere grote industriële vervuilers uit voor de G8-bijeenkomst in Gleneagles. Dat vormde het startschot voor de Gleneagles-dialoog, die werd voortgezet op een bijeenkomst in Mexico, waar men probeerde de basis te leggen voor een nieuw internationaal verdrag.

Het proces werd in 2007 in Duitsland geformaliseerd en is vermoedelijk een fundamentele stap in het doorbreken van de internationale impasse, omdat het druk zet op de Verenigde Staten en tegelijkertijd de belangrijkste ontwikkelingslanden bij het proces betrekt. De premier oefende ook persoonlijk druk uit op president Bush om zich aan te sluiten bij de gemeenschappelijke verklaring van de G8 inzake de klimaatverandering die in 2007 in Duitsland werd uitgegeven.

Wanneer we er eindelijk in slagen een goede overeenkomst van de grond te krijgen, zullen de afzonderlijke landen die vervolgens moeten implementeren. Elk zal dat op zijn eigen manier doen, maar er zal een aantal gemeenschappelijke elementen zijn. In het bijzonder wordt van alle landen het volgende gevraagd:

- Aanpassingsstrategieën om de veranderingen in de komende decennia het hoofd te bieden uitwerken (zie hoofdstuk 4)
- Overstappen op bestaande koolstofarme technologieën en (met name in de rijkere landen met een meer solide wetenschappelijke infrastructuur) financiering van onderzoek naar en ontwikkeling van nieuwe technologieën (zie hoofdstuk 8 en 9)
- Energie-efficiency stimuleren en de energiebehoefte reduceren (zie hoofdstuk 7)
- Motivatieprikkels instellen, zoals belastingvoordelen, boetes, en nationale of internationale systemen voor emissiehandel (zie hoofdstuk 10)
- Inspringen op de groeiende behoefte aan handelend optreden bij de consument. Overheden zullen consumenten kennis

moeten verschaffen op grond waarvan ze adequate keuzes kunnen maken, onder andere door producten te laten voorzien van een label waarop de koolstofdioxide-uitstoot van het gehele productieproces staat aangegeven, en een kwaliteitsstandaard in te stellen voor compensatiesystemen (zie hoofdstuk 14).

Zoals uit dit hoofdstuk en het voorgaande hopelijk duidelijk is geworden, zullen regeringen en overheden alle deelnemers onder druk moeten blijven zetten om mee te doen. Op de een of andere manier zullen landen die al overtuigd zijn van de gevaren van de klimaatveranderingen hun bezorgdheid moeten overbrengen op de rest. We vergeten gemakkelijk hoe kwetsbaar we zijn. De mensen in de rijkste landen zijn als vliegtuigpassagiers in de eerste klasse, met zijn bedden en gratis champagne. Aangezien de klimaatverandering de meest kwetsbare wereldburgers het eerst zal treffen, kan de rest achteroverleunen, zich ontspannen en denken dat er geen reden is tot paniek. Maar als de vleugels van het vliegtuig vallen, zijn we uiteindelijk allemaal dood.

Nederland

Per capita: 13,2 ton/persoon
Historisch: 7,6 ton/persoon
Totaal: 218 megaton
Verandering in uitstoot sinds 1990: +1,6 procent
Ratificatie Kyoto? Ja
Kyotodoel voor 2012: -6,0 procent

In Nederland leeft 60 procent van de bevolking onder het zeespiegelniveau. De befaamde zeeweringen die het land beschermen, behoren dan ook tot de sterkste ter wereld. Desalniettemin is Nederland een van de landen in Europa die het meest te vrezen heeft van de klimaatverandering, vanwege de gevaarlijke combinatie van een stijgende zeespiegel en heviger stormen. De regering neemt dan ook de nodige voorzorgsmaatregelen, variërend van de aanleg van zandbanken langs de kust tot aanpassingen van rivierdijken, zowel in plaatsing als in hoogte.

Hoewel het land een behoorlijk 'groen' imago heeft, mede dankzij het eeuwenlange gebruik van windkracht voor het aandrijven van gemalen, en als een van de eerste het Kyotoprotocol ratificeerde, zal het alle zeilen moeten bijzetten als het de verplichte emissiereductie wil realiseren op basis van interne maatregelen alleen.

De belangrijkste oorzaken hiervan zijn de geringe afmetingen, de hoge bevolkingsdichtheid, en de noodzakelijkerwijs zeer intensieve industrie en landbouw. Ook is de economie tussen 1990 en 2004 met bijna 40 procent gegroeid.

De Nederlandse regering heeft zich derhalve opvallend proactief opgesteld in de eerste fase van het Clean Development Mechanism, dat ontwikkelde landen in staat stelt hun uitstootreductie te verlichten door projecten in ontwikkelingslanden te financieren. Het land onderhoudt ook afzonderlijke, op de lange termijn gerichte, bilaterale of multilaterale samenwerkingsverbanden met 22 ontwikkelingslanden. De regering heeft te kennen gegeven tot 50 procent van zijn reductieverplichtingen te vervullen door middel van dergelijke programma's en de internationale koolstofmarkt. Het is een controversieel standpunt dat door een aantal milieugroeperingen wordt gezien als een keuze voor de weg van de minste weerstand.

Voor de eigen markt wordt slechts in zeer geringe mate gebruikgemaakt van koolstofarme energiebronnen – minder dan 5 procent van het totaal. De uitstoot per kWh elektriciteit is dan ook relatief hoog. De landelijke broeikasgasuitstoot is momenteel echter min of meer stabiel en de regering heeft onlangs ambitieuze nieuwe nationale doelen aangekondigd voor 2020, waaronder een uitstootreductie van 30 procent en een toename van het gebruik van duurzame energie tot 20 procent van het totaal.

In januari 2005 riep de Nederlandse regering het Task Force Energietransitie in het leven, een advieslichaam dat bestaat uit zakenlieden, wetenschappers en vertegenwoordigers van onderzoeksinstituten en maatschappelijke organisaties. Het jaar daarop presenteerde deze groep een reeks aanbevelingen die zouden moeten leiden tot een meer verantwoord energiegebruik in 2050, waaronder een energiebesparing van ruim 30 procent, een afname van het gebruik van olie met 75 procent ten opzichte van 2000, een toename van de hoeveelheid primaire energie uit bioenergie met een derde, en als laatste een uitstootreductie van minimaal 50 procent ten opzichte van 1990, overeenkomstig het algemene doel van de EU als geheel.

Het publieke bewustzijn in Nederland ten aanzien van het broeikasprobleem is de afgelopen jaren toegenomen en manifesteert zich soms op ongebruikelijke wijze. In december 2006 sloot een groep schoolkinderen een weddenschap af met de toenmalige staatssecretaris voor Milieuzaken, Pieter van Geel. Zij dachten een grotere bijdrage aan de uitstootreductie te kunnen leveren dan hij. Hoewel Van Geel een dappere poging deed zijn persoonlijke broeikasgasuitstoot te beperken, moest hij zich gewonnen geven. De schoolkinderen kregen een cheque van € 2000. Als ze verloren hadden, hadden ze Van Geel een dag lang in een riksja door Den Haag moeten rijden.

14

Hoe je de wereld kunt veranderen

Je kunt de opwarming van de aarde gemakkelijk terzijde schuiven als andermans probleem – andere mensen zullen eronder lijden en andere mensen zullen met een oplossing komen. Dat is echter ver bezijden de waarheid. De opwarming van de aarde is in eerste en laatste instantie een planetaire kwestie. Niemand van ons is veilig voor de gevolgen (hoewel sommigen zich beter zullen kunnen aanpassen). We maken allemaal deel uit van het probleem en ieder zal deel van de oplossing moeten vormen.

Vandaag de dag leven er meer dan 6 miljard mensen op aarde. Halverwege de eeuw zullen dat er 9,5 miljard zijn. Zelfs zonder klimaatproblemen zouden onze hulpbronnen onder druk komen te staan. In combinatie met de klimaatverandering zal de bevolkingsexplosie ons nog zwaarder vallen.

Als je op deze manier denkt, bekijk je de mensheid als een ongedefinieerde klodder. Maar we leven ons leven en maken onze keuzes als individuen. Iedere keer dat een van ons een lamp aandoet, iets pakt in de supermarkt, in een auto of bus stapt, kiest welke kleren hij koopt of welke film hij gaat zien, drukt hij een stempel op de economie. Dergelijke keuzes hebben de wereldeconomie in de twintigste eeuw steeds verder opgestuwd. Ze hebben ook geleid tot een steeds grotere stijging van de broeikasgasuitstoot. Nu zullen we onze keuzes moeten aanpassen aan de nieuwe realiteit van de eenentwintigste eeuw.

In de vorige paar hoofdstukken hebben we laten zien in hoeverre het antwoord op het klimaatprobleem van bovenaf moet komen, van regeringen en overheden, industrieën en grote internationale verdragen. Maar niets van dat alles zal ooit van de grond komen als wij, de bevolking, niet van onderaf druk uitoe-fenen. Door middel van de keuzes die we maken over vrijwel ie-der aspect van ons persoonlijke leven kunnen we producenten en fabrikanten dwingen een duurzaam traject te volgen. Via de keu-zes die we maken in het stemhokje, en via de druk die we uitoefe-nen op onze plaatselijke vertegenwoordigers en in de gemeen-schap, moeten we politici zover zien te krijgen dat ze onze landen op het juiste pad brengen. Wij hebben de macht tot verandering in handen.

Hieronder schetsen we hoe ieder van ons de klimaatkwestie in zijn eigen leven kan aanpakken en waarom dit van belang is. Dit is de culminatie van vrijwel alles wat we tot nu toe hebben ge-schreven. Vooral in de hoofdstukken 7 ('Meer uit minder') en 8 ('Vliegtuigen, auto's en treinen') is veel van het materiaal al de re-vue gepasseerd. Maar we vertellen hier ook hoe je politici onder druk kunt zetten om te zorgen dat ze de juiste nationale doelen stellen en tot de juiste internationale overeenkomsten komen.

Een aantal van deze punten zal de lezer bekend voorkomen, maar andere zijn misschien verrassend. En tezamen leiden deze keuzes tot iets groots. Ze zullen een wereldwijde cultuuromslag tot stand brengen. In voorgaande hoofdstukken hebben we ge-zien dat we energie tot op heden beschouwd hebben als iets wat zo goed als gratis is, en ongelimiteerd voorhanden. We hebben onze hulpbronnen verspild en de gevaren van het steeds maar dieper delven in het kapitaal van onze planeet veronachtzaamd. Om het vege lijf te redden moeten we allemaal onze houding ver-anderen en beseffen hoe waardevol onze energiebronnen zijn.

Voor we ons op de details storten, wijden we eerst een paar woor-den aan twee bijzonder omstreden kwesties: de klimaatcompen-saties en de voedselkilometers.

Kiezen voor koolstofneutraal

De laatste tijd wordt er veel gepraat over 'koolstofneutraal' leven. Aangezien je momenteel in de ontwikkelde wereld onmogelijk kunt bestaan zonder broeikasgas te produceren, is de enige oplossing de controversiële klimaatbijdrage.

In principe is het een prima plan, verwant aan het Clean Development Mechanism van het Kyotoprotocol dat we beschreven in hoofdstuk 10. Eenvoudig gesteld kun je met een klimaatcompensatie bijvoorbeeld een ton van je eigen uitstoot compenseren door iemand elders in de wereld te betalen om die ton daadwerkelijk terug te dringen. Aangezien het de lucht niet uitmaakt waar het broeikasgas vandaan komt, ontstaat er een evenwicht. Je hebt je eigen uitstoot 'gecompenseerd'.

Meestal is dat 'elders' een ontwikkelingsland, omdat daar de kansen het gemakkelijkst en het goedkoopst zijn. Een ziekenhuis in India dat gebruikmaakt van kerosineverlichting, kan met compensatiegelden de overgang naar zonnepanelen bekostigen. Op deze manier zou India een sprong kunnen maken naar de nieuwste, schoonste technologieën zonder eerst dezelfde sterk vervuilende tussenstappen te hoeven nemen als het Westen.

Milieuactivisten van de harde lijn staan in principe negatief tegenover dit idee. Ze klagen dat mensen zo vrijuit gaan en zelfs ontmoedigd worden hun eigen gewoontes te veranderen. Milieujournalist George Monbiot heeft een geestige vergelijking getrokken tussen de klimaatbijdrage en de middeleeuwse verkoop van aflaten, stukjes door de Kerk uitgegeven papier waarop stond dat een bepaalde zonde vergeven was, zodat je van alles kon doen zonder daar enig schuldgevoel aan over te houden.

Daar schuilt een kern van waarheid in, en klimaatcompensaties zouden zeker geen eerste keus mogen zijn. Er zijn meer dan voldoende andere manieren om je koolstofuitstoot terug te dringen, waarvan we er later in dit hoofdstuk een groot aantal op een rijtje zetten. Friends of the Earth, Greenpeace en het WNF hebben gezamenlijk de volgende verklaring uitgegeven over de klimaatbijdrage: 'Wij sporen privé-personen, bedrijven en regeringen aan eerst al het mogelijke te doen om de eigen broeikasgasuitstoot te reduceren of te vermijden, en dan pas over te gaan op de aankoop van klimaatcompensaties.'[1]

Er zijn echter niveaus waarop je niet lager kunt en er zijn vormen van uitstoot (zoals lange vluchten) waarvoor geen alternatieven bestaan, anders dan de reis helemaal niet maken. In die gevallen, en zolang je er op andere gebieden in je leven alles aan doet, is het toch zinvol te overwegen je uitstoot te compenseren.

Het volgende probleem met klimaatbijdragen is of ze ook doen wat ze zeggen. Momenteel schieten bedrijven in klimaatcompensaties als paddenstoelen uit de grond en er bestaan nog maar weinig regels voor. Het mooie certificaat waarop staat dat je 20 ton broeikasgas hebt gecompenseerd, is misschien niet meer dan een waardeloos vodje papier.

De problemen zijn vergelijkbaar met de problemen rond het Clean Development Mechanism, die we in hoofdstuk 10 beschreven. Hoe kun je er zeker van zijn dat de bijdrage die je hebt gekocht (1) ook echt plaatsvindt; (2) echt zoveel broeikasgas verwijdert als je denkt; en (3) niet hoe dan ook zou hebben plaatsgevonden, ook zonder jouw geld?

In de eerste periode bijvoorbeeld, boden veel bedrijven aan bomen te planten uit naam van hun klanten. Maar bomen hebben veel tijd nodig om koolstofdioxide op te nemen en als ze in die tijd hetzij opzettelijk, hetzij per ongeluk verbrand worden, komt de CO_2 gewoon weer in de lucht. Het is ook ontzettend moeilijk precies te berekenen hoeveel koolstofdioxide een boom tijdens zijn leven opneemt. Een ander probleem is dat het planten van bomen op plaatsen waar voorheen geen bomen stonden, de zaken zelfs kan verergeren, althans buiten de tropen. De reflectiviteit van het land verandert namelijk, zodat er meer zonlicht wordt opgenomen.[2] En dan is er het gevaar dat mensen koolstofkredieten opeisen voor aanplant die ze toch al van plan waren[3]. Zonder een betrouwbare standaard zullen de klimaatbijdragen

POLITIEKE OPLOSSINGEN

altijd gevoelig zijn voor opzettelijke fraude, maar zelfs goedbe-
doelde pogingen tot betrouwbare uitstootreductie kunnen jam-
merlijk mislukken.[4] Verschillende ngo's hebben daarom hun
krachten gebundeld en een onafhankelijke maatstaf voor com-
pensatieprojecten in het leven geroepen, de Gouden Standaard.[5]
De Gouden Standaard is voorbehouden aan projecten op het gebied van duurzame energie en efficiency, omdat die gedragsver-
anderingen stimuleren en niet de afhankelijkheid van fossiele
brandstoffen in stand houden. De projecten worden bovendien
aan een rigoureus onderzoek ontworpen om te zien of ze echt additioneel zijn (d.w.z. of ze niet toch wel zouden hebben plaatsgevonden) en of ze de beloofde emissiereductie kunnen realiseren.

Dus als je besluit je uitstoot geheel of gedeeltelijk te compenseren, dan raden we aan te kiezen voor projecten met dit stempel.
Andere initiatieven zouden weleens knollen voor citroenen kunnen verkopen.

Voedselkilometers

Eenvoudiger dan dit kan een klimaatconcept niet worden. Voedsel legt een bepaalde afstand af van boerderij naar bord. Hoe langer de reis, hoe groter de transportuitstoot. Vanuit klimaatperspectief is het dus beter voedsel te kopen dat een zo klein
mogelijke afstand heeft afgelegd en derhalve de minste 'voedselkilometers' telt.

De werkelijkheid is echter ingewikkelder. Het maakt bijvoorbeeld een groot verschil hoe het voedsel vervoerd is. Wat uitstoot
betreft, is het vliegtuig de slechtste optie, gevolgd door auto's en
zwaar vrachtverkeer, hoewel volledig geladen vrachtauto's soms
relatief efficiënt zijn in hun uitstoot.

Verrassender is dat, zelfs als je rekening houdt met de transportmiddelen, het eenvoudige idee van voedselkilometers je op
het verkeerde been kan zetten. Het is van belang de totale broeikasgasuitstoot te bekijken die aan een bepaald product is gerelateerd, niet alleen die van het vervoer. Het telen van tomaten in

kassen in Groot-Brittannië, met alle verwarming en verlichting die daarvoor nodig zijn, veroorzaakt in totaal misschien wel meer uitstoot dan het telen van tomaten in zonnig Spanje, die je vervolgens naar Engeland verscheept.[7] Een onderzoek uit 2006 door de Agribusiness and Economics Research Unit van Lincoln University in Christchurch, Nieuw-Zeeland, concludeerde dat melkproducten uit Nieuw-Zeeland die naar de EU getranspor- teerd werden, twee keer zo energiezuinig waren als producten uit de EU; schapenvlees uit Nieuw-Zeeland was vier keer zo zui- nig.[8]

Voor een gedeelte reflecteren dergelijke anomalieën ons groei- ende verlangen naar voedsel dat plaatselijk buiten het seizoen valt. Hier dienen ze ter illustratie van het feit dat de afgelegde af- stand van een product niet noodzakelijkerwijs iets zegt over de uitstoot die het gekost heeft. De verwarring is op te lossen door producten van overheidswege te voorzien van een label met hun 'van wieg tot graf'-uitstoot, een beleid dat we zeker moeten na- streven.

In de tussentijd is een goede vuistregel dat een lokaal seizoens- sproduct waarschijnlijk minder uitstoot heeft veroorzaakt dan iets wat buiten het seizoen valt en van ver komt. Als een lokaal product buiten het seizoen valt, is het moeilijker vast te stellen.

Er zit nóg een addertje onder het gras: de kwestie van duurza- me ontwikkeling. Het afwijzen van voedselproducten uit ontwik- kelingslanden zou ernstige gevolgen kunnen hebben voor hun economieën, zonder per se bij te dragen aan een gezonder kli- maat. Het International Institute for Environment and Develop- ment heeft in 2006 een rapport gepubliceerd waarin staat dat de import van fruit, groente en bloemen naar Groot-Brittannië van- uit Afrikaanse landen onder de Sahara een vitaal onderdeel vormt van de economieën van de betrokken landen en voorziet in het levensonderhoud van 1,5 miljoen mensen in een aantal van de armste landen op aarde. Het rapport wijst er daarnaast op dat, ook al worden de meeste producten ingevlogen, de import nog niet eens 0,1 procent bijdraagt aan de totale broeikasgasuitstoot in het land vanwege de gebrekkige infrastructuur in de landen van herkomst en het gevaar dat de producten onderweg vergaan. Uitstoot uit gebouwen, personenvervoer, landbouw en zelfs weg-kilometers voor het vervoer van voedsel binnen de landsgrenzen dragen vele malen meer bij aan het probleem.[9]

Bereken je koolstofvoetafdruk

Als je je eigen koolstofuitstoot wilt reduceren, is het handig te weten wat die precies bedraagt. Op internet zijn programma's te vinden die je helpen uitrekenen voor hoeveel broeikasgas je persoonlijk verantwoordelijk bent. Wat het klimaat betreft, hebben we tot op heden allemaal met een aandachtsstoornis te kampen, of misschien eerder een informatiestoornis. Velen van ons hebben geen idee voor hoeveel broeikasgas ze verantwoordelijk zijn, of zelfs maar welke gebieden in hun leven de meeste uitstoot veroorzaken of het gemakkelijkst te veranderen zijn.

Thuis, op het werk of op school

Uitschakelen bij de muur
Een van de eenvoudigste en meest effectieve dingen die je kunt doen in het gevecht tegen de klimaatverandering is elektrische apparaten uitschakelen die je niet gebruikt. En dat betekent hélemaal uitzetten – bij het stopcontact, als het moet –, niet ze op stand-by laten staan. Het is al te gek dat we zo spilziek met energie zijn geworden dat de apparaten die we ontwerpen zelfs energie nodig hebben als ze niets doen. En het maakt echt verschil. Het Internationaal Energie Agentschap schat dat apparaten op stand-by wereldwijd voor een volle procent van de broeikasgasuitstoot verantwoordelijk zijn – bijna net zoveel als de gehele luchtvaartindustrie.

En al dat onnodige elektriciteitsgebruik is niet alleen een verspilling van uitstoot, maar ook van geld. Volgens onderzoekers van Lawrence Berkley National Laboratory in Californië geven huishoudens in de Verenigde Staten meer dan 4 *miljard* dollar per jaar uit aan stand-byelektriciteit.[10]

Blijf warm, blijf koel
Vanuit klimaatperspectief is het zinvol je huis zo goed mogelijk te beschermen tegen de elementen. Hoe meer warme lucht er ontsnapt in de winter, en koele lucht in de zomer, hoe meer uitstoot je genereert. Als je in een huis woont, zorg dan voor een zo goed mogelijke isolatie van de verblijfsruimten. Breng tochtstrips aan rond de ramen en schaf goede gordijnen aan. En denk er ook eens over je thermostaat op een andere stand te zetten. Veel huizen zijn 's winters te warm en 's zomers te koud. Als je verhuist, vraag de verkoper of de huisbaas dan hoe efficiënt het nieuwe huis is en wees niet bang om verbeteringen te vragen, zoals betere isolatie.

Neem energiebesparende lampen
Het is hoog tijd dat de oude, energievretende gloeilampen verbannen worden naar de schroothoop van de geschiedenis. De nieuwe spaarlampen werken geweldig en gebruiken slechts een fractie van de elektriciteit (en dus uitstoot). Ze zijn duurder in aanschaf (hoewel dat nog kan veranderen), maar ze betalen zichzelf ruimschoots terug aan energiebesparing. Het is echt de moeite waard iedere lamp in huis te vervangen.

Koop de zuinigste elektrische apparaten
Het meeste witgoed, zoals koelkasten, wasmachines, enzovoort, is steeds zuiniger geworden in gebruik. Fabrikanten hebben daar hard aan gewerkt, omdat regeringen hun verplicht hebben het energieverbruik op de apparaten aan te geven en de klanten hebben gestemd met hun portemonnee. Het is echt raadzaam de nieuwste, meest efficiënte modellen aan te schaffen telkens wanneer je een nieuw apparaat nodig hebt. Het heeft ook zin je kleding zo koud mogelijk te wassen.

De Energy Saving Trust wijst erop dat elektronische hebbedingen zich juist in omgekeerde richting ontwikkelen: ze vreten steeds meer energie. Digitale radio's kosten bijvoorbeeld veel meer elektriciteit dan analoge, en plasmaschermen gebruiken monsterlijke hoeveelheden stroom. Als je een platte tv wilt, kies dan voor een veel zuiniger lcd-scherm.

Het is in het algemeen een goede zaak het aantal elektronische snufjes zoveel mogelijk te beperken en altijd de meest energiezuinige modellen aan te schaffen. Het is geen kwestie van krenterigheid. Het gaat erom dat we energie gaan zien als de kostbare hulpbron die het daadwerkelijk is. Bovendien geldt, net als bij witgoed, dat hoe meer klanten gespitst zijn op energiezuinige spullen, hoe meer druk er op de fabrikanten komt te staan om aan de eisen te voldoen.

Recycling en hergebruik

Het is een cliché, maar het helpt echt als je plastic tasjes hergebruikt, zo min mogelijk verpakkingsmateriaal gebruikt en zoveel mogelijk recyclet, vooral aluminium blikjes. Iedere energiebesparing dringt uitstoot terug en hergebruik van een plastic zak, ook al is het maar één keer, betekent dat er minder energie opgaat aan het maken van nog meer tasjes. Hetzelfde principe geldt voor alle verpakkingsmaterialen die supermarkten je proberen aan te smeren. Bovendien komen veel van de spullen die je weggooit op vuilstortplaatsen terecht, waar ze methaan vrijgeven, een nog krachtiger broeikasgas dan koolstofdioxide.

Houd de elektriciteitsmeter goed in de gaten

Kijk of je een 'smartmeter' kunt bemachtigen. Dat is een eenvoudig apparaatje voor in de huiskamer of keuken, dat je in één oogopslag laat zien hoeveel elektriciteit je verbruikt. Sommige geven ook aan hoe het verbruik zich verhoudt tot de week of het jaar daarvoor. Onderzoek heeft uitgewezen dat mensen die weten hoeveel elektriciteit ze verbruiken, geneigd zijn dit gebruik te verlagen. Het is bovendien uiterst bevredigend om te zien dat je pogingen tot uitstootreductie worden beloond.

Ga over op een 'groene' energieleverancier

Kijk of je kunt overschakelen op een energiebedrijf dat alleen duurzame of koolstofarme energie levert. Er is nog niet genoeg groene energie voor iedereen, maar hoe meer mensen ernaar vragen, hoe groter de druk op de energiebedrijven om alternatieven te vinden.

Doe-het-zelven

Er bestaan al technologieën voor om windturbines en zonnepanelen op gebouwen te installeren. Momenteel zijn ze nog kostbaar, maar naarmate de vraag stijgt, zullen de prijzen dalen. En naarmate de publieke opinie verandert, zullen ook vergunningen waarschijnlijk gemakkelijker worden verleend. Kijk vooral uit naar de cogeneratie-eenheden die binnenkort op de markt komen. Hiermee kun je gas verbranden om elektriciteit te winnen en direct gebruikmaken van de warmte die daarbij vrijkomt.

Reizen

Bespaar op je auto

Het wegverkeer is verantwoordelijk een schrikbarende 10 procent van de wereldwijde broeikasgasuitstoot. Bovendien gaat het bij een verbijsterend deel van de autoritjes om bijzonder korte afstanden. Ga lopen of fietsen. Probeer carpoolen, of neem de bus of de trein. In sommige delen van het land en voor lange afstanden kan de trein een geweldige, ontspannen manier van reizen zijn tegen niet meer dan een tiende van de uitstoot per passagier van een doorsneeauto.

Als je in een stad woont, maak dan zoveel mogelijk gebruik van het openbaar vervoer. Woon je op het platteland, probeer de plaatselijke overheid dan te overtuigen van het nut van een belbus, zoals de Wigglybus in Groot-Brittannië, die flexibele routes heeft en zelfs na vertrek nog gereserveerd kan worden.

Als je een nieuwe auto koopt, denk dan aan een hybride of een auto op biodiesel. Kies de zuinigste modellen. Overweeg een cursus 'ecorijden', om zoveel mogelijk profijt te trekken van iedere kostbare druppel benzine. En zorg altijd dat je banden hard genoeg zijn.

Vlieg minder – en als je wel vliegt, kies dan voor een klimaatbijdrage

Het is niet helemaal eerlijk om met een beschuldigende vinger naar de luchtvaartindustrie te wijzen, alsof dat de grootste boosdoener is in het klimaatverhaal. Driekwart van de mondiale transportuitstoot is afkomstig van het wegverkeer en vliegen is slechts voor een paar procent van het wereldwijde totaal aan broeikasgassen verantwoordelijk.

Vliegen draagt echter onevenredig bij aan je koolstofvoetafdruk. Er zijn ontwikkelingen gaande ter verbetering van de brandstofzuinigheid van vliegtuigen en men doet hernieuwde pogingen om een koolstofarm alternatief voor de huidige brandstof te vinden. Helaas ziet het er niet naar uit dat zo'n nieuwe brandstof binnen afzienbare tijd beschikbaar komt en verbeteringen in efficiency zullen naar alle waarschijnlijkheid teniet worden gedaan door de explosieve groei van het aantal passagiers.

Het is dus in alle opzichten een goed idee om minder te vliegen. Als je wel vliegt, probeer dan een maatschappij te vinden met een relatief jonge en daarom energiezuinige vloot. Als het een korte vlucht is, vraag je dan af of je niet beter de trein kunt nemen. Overweeg de uitstoot van de vlucht te compenseren en áls je dat doet, zoek dan een betrouwbaar bedrijf met projecten die voldoen aan de Gouden Standaard.

Laat je invloed gelden

Blijf op de hoogte

Het klimaatverhaal ontwikkelt zich elke dag, zowel op wetenschappelijk als op technologisch en met name op politiek niveau. Het is met de stortvloed aan informatie niet altijd gemakkelijk om door de bomen het bos nog te zien, maar het loont de moeite op de hoogte te blijven. Achter in dit boek geven we een aantal goede websites en betrouwbare informatiebronnen. (En als je je afvraagt wie je kunt vertrouwen, kijk dan naar wat ze te winnen hebben.) We doen ons best op onze eigen website, www.thehottopic.net, de laatste ontwikkelingen bij te houden.

Wees onbevooroordeeld

Je kunt een groot verschil maken als je bereid bent een aantal van de meer controversiële oplossingen voor het probleem in overweging te nemen. De planning van nieuwe windparken wordt dikwijls gedwarsboomd op het niveau van de plaatselijke vergunningen en kernenergie heeft een luidruchtige groep tegenstanders, die dikwijls niet bereid zijn de voors en de tegens tegen elkaar af te wegen. Blijf zo onbevooroordeeld mogelijk en bekijk alle argumenten in het licht van de ernstige dreiging van een klimaatverandering. Vergeet vooral niet dat iedere verandering – zeker de totale cultuuromslag die we nodig hebben – altijd gepaard gaat met moeilijke keuzes. Wij mensen zijn in principe uiterst conservatief, maar in de praktijk hebben we met onze flexibiliteit en inventiviteit veel tot stand gebracht in de wereld. Dit zijn de kwaliteiten die we nu allemaal moeten inzetten ten gunste van het klimaat.

Het is ook van belang open te staan voor creatieve nieuwe ideeën en oplossingen. Een intrigerende suggestie is het persoonlijke koolstofquotum, mogelijk in de vorm van een 'koolstofcreditcard'. Die moet net zo werken als een beltegoed voor de mobiele telefoon. Iedere volwassene krijgt een bepaalde toegestane hoeveelheid koolstofuitstoot, te gebruiken voor bijvoorbeeld elektriciteit, verwarming en vervoer. Voor iedere aankoop op een van deze gebieden moet je de creditcard gebruiken. Als je meer nodig hebt dan toegestaan, kun je tegen betaling je kaart opwaarderen. Als je minder nodig hebt, kun je het teveel verkopen. Het systeem voor het uitgeven of ontvangen van geld zou net zo eenvoudig kunnen werken als een chipknip.

In de meeste versies gaat men ervan uit dat zo'n systeem landgebonden is. Er zijn echter een paar interessante variaties mogelijk. We krijgen bijvoorbeeld allemaal een persoonlijk tegoed voor huishoudelijke uitstoot, maar voor internationale reizen zou je ook een koolstofkrediet nodig hebben van een buitenlands project met de Gouden Standaard.

Een groot voordeel van een dergelijke benadering is dat die zich precies richt op de uitstoot waarvoor we verantwoordelijk zijn en ons prikkelt daar iets aan te doen. De Britse regering heeft een verkennend rapport laten opstellen waarin de schaal van de verschillende voorgestelde systemen wordt onderzocht, en dat is fascinerend leesvoer.[11]

Maak gebruik van je stemrecht, je portemonnee en je loyaliteit

Als je gaat stemmen, kijk dan goed welk standpunt de kandidaten innemen ten opzichte van het klimaat en zet ze onder druk om de opwarming van de aarde serieus te nemen. Er zijn meer dan voldoende websites waarop je kunt vinden wat de vertegenwoordigers over het onderwerp te melden hebben. Aan het eind van het boek noemen we er een aantal. Zelfs als de verkiezingen nog ver in het verschiet liggen, kun je bij de lokale vertegenwoordigers lobbyen per brief of mail. In hoofdstuk 11 staat te lezen waar ze op moeten letten bij een internationaal klimaatverdrag. Vertel ze dat ze wereldwijd overeenstemming moeten bereiken over een broeikasconcentratie van maximaal 450 CO_2eq. Vraag ze om druk te zetten achter belangrijk nationaal beleid, zoals producten voorzien van een label met hun broeikasimpact, zodat wij als consument zelf geïnformeerde keuzes kunnen maken.

Zoals we hierboven hebben aangegeven, kun je ook zonder volledige informatie over uitstoot van de wieg tot het graf invloed uitoefenen door wat je koopt en hoe je reist. Het loont de moeite bij iedere financiële beslissing het klimaat in gedachten te houden.

Zet je lokaal in voor wereldwijde verandering

Overal ter wereld zie je steeds meer dat het nationale beleid ten aanzien van de klimaatverandering kan omslaan onder druk van lokale organisaties, gemeenteraden en provincies of staten. We hebben in hoofdstuk 13 al gezien hoe in de Verenigde Staten de activiteiten van burgemeesters, van Californië en van de staten in het noordoosten van Amerika de onwillige houding van president Bush in een steeds slechter licht hebben geplaatst. En wat te denken van Austin in Texas, dat in het hart van de oliewereld ligt, in een van de meest conservatieve staten van het land, maar dat een van de meest progressieve steden is op het gebied van de klimaatverandering? Het Austin Climate Protection Plan is zo veelomvattend dat het iedere regering het schaamrood op de kaken zou brengen.[12] Austin streeft naar de koolstofneutraliteit van ieder aspect van het stedelijke reilen en zeilen in 2020. Daarnaast is men van plan 'het meest agressieve emissiereductieplan voor nutsbedrijven in het land' te implementeren, de stedelijke bouwnormen tot de meest energiezuinige van Amerika te maken, en alle bedrijven en particulieren te stimuleren hun koolstofvoetafdruk tot nul te reduceren.

Overal ter wereld nemen afzonderlijke steden, stadjes en dorpen het heft in eigen hand; in plaats van regeringsmaatregelen af te wachten, komen ze zelf in actie. In Groot-Brittannië bijvoorbeeld, heeft de stad Newcastle de ambitie de eerste stad ter wereld te worden die volledig koolstofneutraal is. Men heeft alle mogelijke beleidsmaatregelen ingesteld, allereerst voor de gemeente zelf, maar in tweede instantie met de bedoeling zowel plaatselijke bedrijven als individuele burgers aan te moedigen hun klimaatgedrag te veranderen zonder hun levensstijl te schaden. Het initiatief is immens populair en lokale politici concurreren nu om het hardst om te laten zien hoe groot hun toewijding is aan de oplossing van het klimaatprobleem.[13]

Dit soort druk is niet eens voorbehouden aan de ontwikkelde wereld. De klimaatveranderingen brengt grote risico's met zich mee voor de Westelijke Kaapprovincie in Zuid-Afrika en de inwoners zijn zich daar terdege van bewust. In plaats van achterover te leunen en te wachten totdat de landelijke overheid ingrijpt, heeft de regionale overheid daarom besloten zelf maatregelen te treffen. In juli 2007 publiceerde deze een gedetailleerde strategie waarin precies uiteen wordt gezet hoe men van plan is de efficiency te verhogen, de overstap naar duurzame energie te maken en de algemene koolstofvoetafdruk te verlagen.[14] De doelstellingen zijn indrukwekkend: in 2014 wil de regionale overheid de totale energiezuinigheid voor de regio met 15 procent verhoogd hebben, voor 15 procent gebruikmaken van de elektriciteit van duurzame bronnen en de totale broeikasgasuitstoot met 10 procent hebben teruggedrongen. Dat is uitzonderlijk nieuws. Zo'n eenzijdige stap, genomen in een ontwikkelingsland, zou politieke repercussies kunnen hebben die nog belangrijker zijn dan de uiteindelijke uitstootreductie.

De voornaamste boodschap van dit alles is dat druk zetten achter verandering op school, het werk of in de gemeenteraad daadwerkelijk iets oplevert. Naarmate plaatselijke initiatieven zich verspreiden en plaatselijke politici doordrongen raken van de boodschap dat klimaatbeleid van belang is, kunnen kleine zaadjes snel en effectief tot bloei komen. Als Newcastle, Austin en de Westkaap het kunnen, kunnen we het allemaal.

Wees positief

Word geen groene heilige. Als je mensen een schuldgevoel bezorgt, neemt de kans dat ze iets doen eerder af dan toe. En niemand van ons heeft het recht zelfingenomen te zijn, wat we ook aan onze uitstoot doen. Sinds onze geboorte hebben we allemaal onbewust bijgedragen aan het broeikasprobleem en de welvaart die we nu genieten berust op de uitstoot van vorige generaties. Alles wat we nu doen, is nog altijd niet meer dan een fractie van die oude schuld terugbetalen. Als je er anders over denkt, geloof je misschien dat het klimaat niet langer jouw probleem is zodra jij eenmaal die Prius voor de deur hebt staan. Dat is niet zo. We zijn allemaal verantwoordelijk en dat blijven we totdat we de

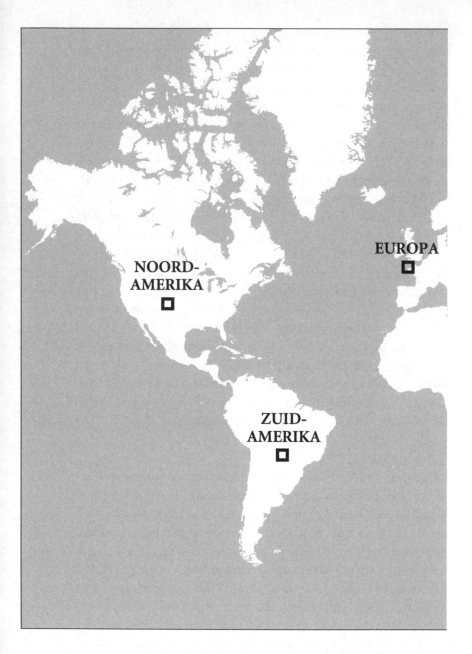

Als al het zonlicht op de gebieden binnen de zes vierkantjes volledig geoogst zou kunnen worden, zou dat voldoende zijn om de gehele wereld van energie te voorzien. (Bron: Nathan Lewis)

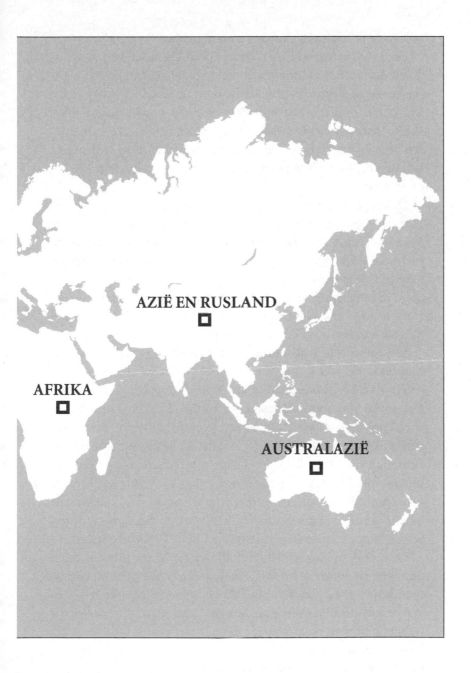

AZIË EN RUSLAND
□

AFRIKA
□

AUSTRALAZIË
□

mondiale broeikasgasuitstoot een halt hebben toegeroepen.

Het is wél een goed idee je bewondering te uiten voor wat anderen doen aan het klimaat. Uit recent onderzoek blijkt dat mensen eerder geneigd zijn zich altruïstisch op te stellen ten aanzien van het klimaat als dat hun reputatie ten goede komt.[15] Ook zachte druk kan helpen, evenals de leiding nemen. Als je manieren hebt gevonden om je eigen koolstofuitstoot terug te dringen, kijk dan of je diezelfde maatregelen kunt doorvoeren op je werk of op school.

Opiniepeilingen verschillen van mening over hoe mensen de klimaatproblematiek ervaren en wat ze op dit moment geloven, maar er bestaat nog altijd een groot aantal mensen datiebleem niet belangrijk vinden of denken dat ze er niets mee te maken hebben.[16] Je kunt hierop inspringen door de mensen die je tegenkomt in een gesprek te overtuigen van het belang van het klimaat. (Ons handige overzicht van veelvoorkomende fabeltjes over het klimaat kan hierbij goed van pas komen.)

Een valkuil die je absoluut moet vermijden, is denken dat het niet uitmaakt wat je zelf doet. Dat doet het wel. Zelfs al is de daadwerkelijke hoeveelheid uitstoot die je terugdringt slechts een fractie van het mondiale totaal, we kunnen het klimaatprobleem alleen oplossen als we allemaal een steentje bijdragen. Britse onderhandelaars merkten dat de unilaterale beslissing van Groot-Brittannië om te streven naar een uitstootreductie van 50 procent in 2050 maakte dat ontwikkelingslanden als China en Brazilië hen onmiddellijk serieus namen. En de acties van individuele burgers kunnen een regering werkelijk onder druk zetten om in actie te komen, zoals we duidelijk zien in de Verenigde Staten.

En vooral: wanhoop niet. Het klimaatprobleem is lastig, maar niet onomkeerbaar. Voor wie dat nog steeds niet gelooft, besluiten we met een opbeurend beeld. Als we leren hoe we het licht van de zon efficiënt kunnen opvangen, vinden we alle energie die we nodig hebben recht voor de deur. In het gebied binnen de zes kleine vierkantjes kan genoeg energie verzameld worden om aan de eisen van de gehele wereld te voldoen.[17]

POLITIEKE OPLOSSINGEN

Appendix

Het klimaat: fabeltjes, halve waarheden en misvattingen

Wetenschap en opwarming

Het wordt niet werkelijk warmer
Jazeker wel. De jaren 1998 en 2005 waren de warmste jaren ooit gemeten (dat wil zeggen, in de afgelopen 150 jaar). De jaren 2002, 2003 en 2004 bezetten respectievelijk de derde, vierde en vijfde plaats. In feite staan tien van de afgelopen elf jaar in de top-elf. Reconstructies van temperaturen in het verleden gebaseerd op koralen, ijskernen en andere technieken laten zien dat de temperatuur op dit moment hoger ligt dan in 1000 jaar het geval is geweest, en waarschijnlijk langer (zie hoofdstuk 1).

In de middeleeuwen was het warmer dan nu
Dat is niet waar. De temperatuur is in 1000 jaar niet zo hoog geweest (zie hoofdstuk 1).

De ijskernen geven aan dat de temperatuur aan het eind van ijstijden eerder stijgt dan het CO_2, dus CO_2 kan geen opwarming veroorzaken
De ijskernen laten inderdaad zien dat er aan het einde van iedere ijstijd een tijdsinterval bestaat tussen de inzet van opwarming en een toename van het CO_2. Dat betekent echter niet dat koolstofdioxide geen opwarming veroorzaakt. Niemand denkt dat het einde van een ijstijd wordt ingeluid door het koolstofdioxide in de lucht. De echte aanleiding is een hobbel in de omloop van onze planeet, waardoor de verdeling van het zonlicht op het aardoppervlak verandert. Als gevolg daarvan ontstaat er een lichte op-

warming, die processen in werking stelt waarbij koolstofdioxide vrijkomt. Een warmere oceaan bijvoorbeeld, bevat minder koolstofdioxide, zodat er meer in de atmosfeer terechtkomt. In een warmer, natter klimaat wordt er ook minder ijzerhoudend stof over zee geblazen. In ijstijden voedt dit ijzer waarschijnlijk de aanwas van plankton, dat koolstofdioxide opneemt. Als deze voedselbron verdwijnt, krijg je minder plankton en meer CO_2.

Vooral belangrijk is wat er daarna gebeurt. Het extra koolstofdioxide zorgt voor meer opwarming, waardoor er meer koolstofdioxide vrijkomt, waardoor de opwarming nog verder toeneemt. Volgens de ijskernen duurt het totale opwarmingsproces ongeveer 5000 jaar. De kleine verschuiving in zonlicht door de hobbel in de baan van de aarde zou de klus nooit alleen kunnen klaren. Het leeuwendeel van de opwarming (na de eerste paar honderd jaar) wordt veroorzaakt door feedbacks, waaronder koolstofdioxide.

Dit is een volstrekt natuurlijk proces dat door klimaatwetenschappers alleen wordt aangehaald om aan te tonen dat er maar een klein beetje koolstofdioxide nodig is om de aarde op te warmen. Overigens heeft geen enkele toename van koolstofdioxide aan het einde van een ijstijd ooit geleid tot een koolstofdioxidegehalte op het huidige niveau (zie hoofdstuk 1).

De temperaturen daalden halverwege de twintigste eeuw, ondanks een toename van CO_2, dus CO_2 kan geen opwarming veroorzaken

Dit is een populair argument onder klimaatsceptici, maar het laat buiten beschouwing dat er een wetenschappelijke verklaring bestaat voor het feit dat de temperatuur halverwege de twintigste eeuw op het noordelijk halfrond licht is gedaald. Bij de verbranding van vuile fossiele brandstoffen komen er zwavelhoudende deeltjes vrij, de zogenoemde aërosolen, die het zonlicht terugkaatsen naar de ruimte en daarmee een verkoelend effect op de planeet hebben. Je zou kunnen zeggen dat ze wedijveren met koolstofdioxide en een verkoeling veroorzaken die het broeikaseffect tegengaat.

Onderzoekers denken nu dat deze aërosolen verantwoordelijk waren voor de lichte afkoeling tussen ongeveer 1940 en 1970. De reden dat de afkoeling niet blijvend was, is tweevoudig: ten eerste maakten we een eind aan de vervuiling door de brandstoffen uit te bannen die onze steden verstikten, en ten tweede steeg het koolstofdioxide zo sterk, dat het als winnaar uit de bus kwam. De reden dat de verkoeling alleen op het noordelijk halfrond plaatsvond, was dat er op het zuidelijk halfrond niet voldoende land en niet voldoende industrie waren om genoeg aërosolen te produceren en zo het effect van koolstofdioxide tegen te gaan (zie hoofdstuk 2).

De menselijke uitstoot van koolstofdioxide is gering vergeleken met de uitstoot uit natuurlijke bronnen, dus die is niet van belang

Het is waar dat natuurlijke bronnen veel meer koolstofdioxide afgeven dan mensen, maar tegelijkertijd nemen die natuurlijke bronnen ook veel meer koolstofdioxide op. Grofweg bestaat er in de natuur een koolstofevenwicht. Onze eigen menselijke uitstoot heeft dit evenwicht verstoord.

De concentratie van koolstofdioxide in de atmosfeer is miniem vergeleken met andere gassen, en kan dus niet van belang zijn

Koolstofdioxide maakt inderdaad maar in geringe mate deel uit van de atmosfeer; er zitten slechts vier moleculen CO_2 in iedere 10.000 moleculen lucht. Maar koolstofdioxide heeft een onevenredig grote invloed op het broeikaseffect. De belangrijkste bestanddelen van lucht, stikstof en zuurstof, houden helemaal geen straling vast. Koolstofdioxide daarentegen is zelfs in kleine hoeveelheden een uiterst effectieve hittevanger. Het zet ook feedbacks in werking, waardoor de lucht meer waterdamp opzuigt, dat ook weer een broeikasgas is. Zodoende kan een kleine verandering in de hoeveelheid CO_2 en andere broeikasgassen grote gevolgen hebben voor de temperatuur van de gehele atmosfeer, net zoals een paar druppels inkt de kleur van een bad vol water kunnen veranderen (zie hoofdstuk 1)

Mensen zijn niet verantwoordelijk voor de opwarming – die heeft te maken met een natuurlijke cyclus/ veranderingen van de zon

De opwarming van de afgelopen decennia draagt een duidelijk menselijk stempel. Er bestaat geen natuurlijke cyclus die kan verklaren wat er gaande is en de zon ontwikkelt zich in omgekeerde richting. (Als het van de zon had afgehangen, was het iets koeler geworden!) Bovendien vertellen de modellen dat de huidige toename van broeikasgassen exact de veranderingen zou moeten veroorzaken die inmiddels hebben plaatsgevonden. Er is hier geen ruimte meer voor twijfel. Wij zijn de schuldigen (zie hoofdstuk 2).

Gevolgen van de klimaatverandering

**Het klimaat op aarde verandert voortdurend.
Waarom zouden we ons zorgen maken?**

Het klimaat van onze planeet is inderdaad erg rusteloos en in het verleden is het zowel veel warmer als veel kouder geweest dan tegenwoordig. Maar de menselijke beschaving is gebouwd op het klimaat dat we nu hebben. Slechts een paar honderdduizend jaar geleden bijvoorbeeld, was de zeespiegel een paar meter hoger dan tegenwoordig, maar in die tijd waren er nog geen kuststeden die konden overstromen (zie hoofdstuk 1).

Een lichte opwarming is misschien juist positief

Er zijn delen in de wereld waar een lichte opwarming goed zou kunnen uitpakken. Op de middelste breedtegraden bijvoorbeeld (Noord-Europa, de VS en delen van Rusland) zou een temperatuurstijging van maximaal 2 °C tot een hogere voedselopbrengst leiden. Het probleem met klimaatverandering is echter dat je de effecten niet voor het uitkiezen hebt. Zelfs voor die landen zal een grotere voedselopbrengst gepaard gaan met een verschuiving van stormroutes naar het noorden (minder regen, meer branden en droogte), heviger regenbuien (overstromingsgevaar), een stijgende zeespiegel, zwaardere stormen (gevaar voor kuststeden) en meer intense hittegolven (massasterfte en oogstschade). In de armste delen van de wereld zullen de gevolgen ernstiger zijn, zelfs bij een bescheiden temperatuurstijging. Dat proces is al gaande. Zelfs als je hier niet uit een gevoel van sociale rechtvaardigheid naar wilt handelen, zul je moeten beseffen dat in een volledig mondiale economie het lot van sommige landen uiteindelijk ook repercussies heeft op de rest.

Naar alle waarschijnlijkheid krijgen we hoe dan ook te maken met de gevolgen van een opwarming van een aantal graden – dat kunnen we niet meer tegenhouden. Maar als we nu in actie komen, kunnen we een ergere opwarming, die zelfs de rijkste, meest noordelijke landen pijnlijk zou treffen, misschien voorkomen (zie hoofdstukken 4, 5 en 6).

Als de wereld warmer wordt, zullen er minder mensen sterven van de kou

Het is waar dat er mindere periodes van extreme kou zullen optreden en de terugval in het aantal sterfgevallen door koude zal vrijwel zeker groter zijn dan de toename van het aantal sterfgevallen door de warmte. Dat wil echter niet zeggen dat de mensheid als geheel meer overlevingskansen heeft. Naast directe slachtoffers van de warmte zullen er ook meer mensen sterven door overstromingen, besmettelijke ziektes en honger. Het IPCC-rapport laat hier geen twijfel over bestaan. In 'Impacts and Adaptations', Werkgroep II, hoofdstuk 8, staat duidelijk dat de dreigende gevaren voor onze levens vele malen groter zijn dan de afname van het aantal sterfgevallen door de koude.

Veel van deze sterfgevallen zijn echter te voorkomen, zolang we ons aanpassen aan de inmiddels onvermijdelijke veranderingen (hoofdstuk 3) en de broeikasgassen reduceren, zodat de veranderingen niet erger worden (hoofdstuk 6 en verder). In de woorden van de Duitse wetenschapper John Schellnhuber moeten we 'het oncontroleerbare vermijden en het onvermijdelijke controleren'.

'Klimaatporno' of rampen die niet per se plaats hoeven te vinden

De oceanische transportband staat op instorten, waardoor de wereld met een ijstijd te maken krijgt

Het was een populair rampscenario in de Hollywoodfilm *The Day After Tomorrow*, maar in werkelijkheid hoeven we daar in elk geval deze eeuw niet bang voor te zijn, zelfs niet als we niets aan onze broeikasgasuitstoot doen (zie hoofdstuk 5).

Antarctica staat op het punt in zee te glijden

Het oude, koude oosten van Antarctica zal, ook als de temperatuur drastisch oploopt, waarschijnlijk niet smelten. Niemand weet precies hoe veilig de meer kwetsbare West-Antarctische ijskap is, maar als we snel ingrijpen, kunnen we het smeltproces waarschijnlijk grotendeels tegenhouden (zie hoofdstuk 5).

Het Amazoneregenwoud is ten dode opgeschreven

Hoewel één model aangeeft dat grote delen van de Amazone halverwege de eeuw in gevaar komen, wijzen de meeste uit dat de Amazone vermoedelijk in elk geval tot het einde van de eeuw intact blijft, zelfs als we de broeikasgasuitstoot niet bestrijden. Als we de kettingzagen uitschakelen en onze aandacht in plaats daarvan richten op het aanpakken van de uitstoot kan de Amazone nog heel lang mee.

Misrekeningen en misvattingen

Het smelten van de sneeuw op de Kilimanjaro bewijst/weerlegt het bestaan van mondiale opwarming

De Kilimanjaro is een speciaal geval, dat helemaal niets zegt over de opwarming van de aarde. De ijskap bestaat inderdaad al ongeveer 11.000 jaar, wordt momenteel kleiner en zou binnenkort weleens kunnen verdwijnen. We weten alleen nog niet waarom. Omdat de smelting al aan het begin van de negentiende eeuw begon, kunnen die eerste ontwikkelingen niet het gevolg zijn van de door mensen veroorzaakte klimaatverandering (hoewel er misschien wel sprake is van een andere menselijke aanleiding, zoals veranderingen in het grondgebruik). Mogelijk zorgt de opwarming van de aarde nu dat het proces niet meer te stoppen is. Het feit dat de gletsjer duizenden jaren van natuurlijke klimaatfluctuaties heeft doorstaan en pas nu op het punt staat te verdwijnen, onderschrijft deze gedachte, maar voorlopig weten we het gewoon niet. Onderzoekers hebben nog maar een paar jaar gedetailleerde metingen verricht op de gletsjer van de Kilimanjaro; pas over vele jaren zullen ze genoeg gegevens hebben verzameld om uitsluitsel te kunnen geven over de reden dat de gletsjer verdwijnt.

Door alle drukte rond de Kilimanjaro verliezen we echter het totale plaatje uit het oog. Overal ter wereld, van de tropen tot de polen, nemen de gletsjers af en in veel gevallen is dat zonder enige twijfel te wijten aan de opwarming van de aarde.

De oorlog in Darfur/de orkaan Katrina werd veroorzaakt door opwarming

Eerlijk gezegd weten we dat niet. Wetenschappers kunnen geen onomstotelijke verbanden aangeven tussen afzonderlijke gebeurtenissen en de opwarming van de aarde. Wat ze wél kunnen zeggen, is dat we ten gevolge van de klimaatverandering met meer en intensere orkanen/droogte/overstromingen/hongersnoden te maken krijgen. Ook kunnen we leren van problemen in het verleden. Of de gebeurtenissen in New Orleans en Darfur nu wel of niet door opwarming werden veroorzaakt, ze laten hoe dan ook zien hoe verwoestend klimaatveranderingen kunnen toeslaan als we niet goed zijn voorbereid (zie hoofdstuk 3).

De macht van de technologie

De komende decennia staan ons geen rampen te wachten, dus kunnen we gewoon afwachten tot er nieuwe technologieën komen die het probleem oplossen
We hebben nieuwe technologieën nodig om ons uit de klimaatproblemen te redden, maar daarnaast zullen we ook de technologieën en energiezuinige strategieën moeten toepassen waarover we al beschikken (hoofdstukken 7 t/m 9). We hebben al te maken met een gevaarlijke klimaatverandering en er staat ons hoe dan ook nog meer te wachten (zie hoofdstukken 3 en 4). Wat belangrijker is: hoe langer we wachten, hoe moeilijker het wordt om de meest ernstige gevolgen van een toekomstige klimaatverandering het hoofd te bieden. Zoals we in hoofdstuk 6 al hebben uitgelegd, moeten we zorgen dat het broeikasgasgehalte niet hoger uitvalt dan 450 ppm CO_2eq. Om dat te realiseren zal de uitstoot in de komende vijftien jaar moeten pieken en dan gaan dalen. De enige optie is onmiddellijk ingrijpen.

Economie

We kunnen het ons niet veroorloven de klimaatverandering aan te pakken
Het aanpakken van de klimaatverandering blijkt verrassend goedkoop. Veel van de strategieën die we nodig hebben om energie te besparen, zullen zelfs geld opleveren (zie hoofdstuk 10) en investeringen in nieuwe technologieën zouden tot een groeispurt kunnen leiden.

We kunnen ons geld beter besteden aan ontwikkelingshulp

Dit is op z'n best misplaatst. Om te beginnen is het zeer onwaarschijnlijk dat geld dat we niet gebruiken voor de klimaatverandering in plaats daarvan naar ontwikkelingshulp gaat. (Zo voorspelt het Internationaal Energie Agentschap dat er tussen nu en 2030 meer dan 20 biljoen dollar geïnvesteerd zal moeten worden om aan de groeiende honger naar energie in de wereld te voldoen. De vraag is of we dat geld investeren in fossiele brandstoffen of in koolstofarme energievormen, en niet waar we het nog meer aan kunnen uitgeven.)

Het gaat er ook niet om alle problemen in de wereld op te lossen – en dat is maar goed ook, want daar zijn we tot op heden nog in geen enkel opzicht in geslaagd. Het gaat erom een oplossing te vinden voor een specifiek probleem dat ons allemaal raakt, zodat we een klimaat achterlaten waar onze kleinkinderen in kunnen leven.

Zoals gezegd zijn de komende twintig jaar onze enige mogelijkheid om het broeikasgasgehalte voldoende in te tomen. Daarna zal geen enkele generatie meer in staat zijn het probleem in de hand te houden. Voor onszelf, voor onze kinderen of onze kleinkinderen is het dan te laat.

Om die reden geven wij er de voorkeur aan de kosten van de klimaatverandering op te vatten als een verzekeringspolis tegen een gevaarlijke toekomst, en niet als een gift. En zo geformuleerd is het een koopje. In 2005 was de omzet uit het verzekeringswezen wereldwijd ongeveer de helft van het bedrag dat we nodig hebben om de klimaatverandering te keren (zie hoofdstuk 10).

Politiek

Ingrijpen is zinloos omdat de nieuwe krachtcentrales in China alles weer tenietdoen

We zullen nooit een mondiale overeenkomst over de klimaatverandering bereiken als niet iedereen zijn verantwoordelijkheid neemt voor de eigen uitstoot. China heeft momenteel inderdaad de grootste uitstoot en groeit nog altijd sneller dan welk land ook. Tegelijkertijd stoot het nog altijd veel minder broeikasgas uit per hoofd van de bevolking dan de industrielanden. Het land is ook slechts in zeer geringe mate verantwoordelijk voor de historische uitstoot. Als we de ontwikkelingslanden willen overhalen mee te werken aan een internationaal verdrag, zullen de industrielanden, tot op heden de belangrijkste veroorzakers van het probleem, hun eigen uitstoot moeten aanpakken. Britse onderhandelaars merkten dat de eenzijdige belofte van hun regering een uitstootreductie te realiseren van 60 procent in 2050 een groot verschil maakte voor hun ontvangst in ontwikkelingslanden, ook al betrof het slechts een klein deel van het mondiale totaal (zie hoofdstukken 12 en 13).

Het is al te laat. Er is niets meer aan te doen
Het is níét te laat en er is nog wél iets aan te doen. Hoewel we de eerste gevolgen van de klimaatveranderingen niet meer kunnen tegenhouden – en sommige laten zich al gelden – zijn we nog altijd in staat het tij te keren. In dit boek hebben we de oplossingen voor het probleem op een rijtje gezet: aanpassingen (hoofdstuk 3), in de technologie (hoofdstuk 6-9), in de economie (hoofdstuk 10) en in de politiek (hoofdstuk 11-13). We hebben ook precies aangegeven wat ieder mens er zelf aan kan doen (hoofdstuk 14). Dit is geen tijd voor paniek of om je kop in het zand te steken. Het is tijd om in actie te komen.

Verklarende woordenlijst

Business as usual Deze zinsnede wordt in de IPCC-rapporten en vele andere broeikasanalyses gebruikt voor een mogelijk scenario waarin niets wordt gedaan om de broeikasgasuitstoot in de toekomst in bedwang te houden

Clean Development Mechanism (CDM) Een voor het Kyotoprotocol ontworpen mechanisme waarbij een (rijk) industrieland koolstofkrediet kan winnen door een project voor uitstootreductie op te zetten in een (armer) ontwikkelingsland, zoals India.

CO_2eq Dit is de notatie van 'koolstofdioxide-equivalent' en is de maateenheid voor het gecombineerde effect van alle broeikasgassen: koolstofdioxide, stikstofmonoxide, methaan en meer zeldzame broeikasgassen als de chloorfluorkoolwaterstoffen. Het is een belangrijk cijfer, omdat de verschillende broeikasgassen niet allemaal evenveel opwarming veroorzaken. Om te weten hoeveel opwarming we van alle broeikasgassen samen kunnen verwachten, is het niet voldoende hun concentraties bij elkaar op te tellen. In plaats daarvan kennen onderzoekers ieder gas op grond van zijn broeikaseffect een eigen gewicht toe, met koolstofdioxide als norm.
Het getal dat daaruit voortkomt, geeft aan hoeveel pure koolstofdioxide hetzelfde verwarmende effect zou geven als alle broeikasgassen samen. Het is een betere manier om het broeikaseffect te meten dan alleen te kijken naar koolstofdioxide en dit is de methode die we in het gehele boek gebruiken.

IPCC Het Intergovernmental Panel on Climate Change (IPCC) is een internationale organisatie van wetenschappers en regeringsvertegenwoordigers die tot taak heeft de risico's vast te stellen van door mensen veroorzaakte veranderingen in het klimaat. De organisatie werd in 1988 opgericht en staat open voor alle leden van de Verenigde Naties en de Wereld Meteorologische Organisatie. Het IPCC doet geen eigen onderzoek. In plaats daarvan schrijft het rapporten die een overzicht bieden van de stand van zaken in de klimaatwetenschap.

Omdat iedere uitspraak van het IPCC gebaseerd moet zijn op consensus tussen de vele deelnemers, heeft het een conservatieve reputatie. Het wordt ook alom gezien als de ultieme wetenschappelijke autoriteit op het gebied van de klimaatverandering. In 2007 won het de Nobelprijs voor de vrede.

Als we het in dit boek over 'het IPCC-rapport' hebben, refereren we aan de laatste versie, het *Fourth Assessment Report*, dat in november 2007 verscheen bij Cambridge University Press. Het rapport bestaat uit vier delen: de wetenschappelijke basis, gevolgen en aanpassingen, klimaatbeheersing en een algemene synthese. Het is een paar duizend pagina's dik, er is zes jaar aan gewerkt en het bevat bijdragen van duizenden wetenschappers en regeringsvertegenwoordigers uit meer dan 130 landen.

Joint Implementation (JI) Een voor het Kyotoprotocol ontworpen mechanisme waarbij een (rijk) industrieland koolstofkrediet kan winnen door een project voor uitstootreductie op te zetten in een (armer) relatief goed ontwikkeld land, zoals de voormalige Oostbloklanden.

Koolstofafvang en -opslag (Carbon Capture and Storage, CCS) Het idee is op de gebruikelijke manier fossiele brandstoffen te verbranden voor energiewinning, maar het vrijkomende koolstofdioxide vervolgens vast te houden en te begraven voordat het in de atmosfeer terechtkomt. Dit heeft als groot voordeel dat de uitstoot uit traditionele krachtcentrales op fossiele brandstoffen verwijderd kan worden, zodat de wereld iets meer tijd heeft om nieuwe koolstofarme alternatieven te vinden. CCS zal vermoedelijk vooral van belang zijn voor landen als India en China, die momenteel in een steeds sneller tempo hun enorme kolenvoorraden exploiteren om hun extreem snelle economische groei van brandstof te voorzien. CCS bevindt zich echter nog niet in een commercieel stadium en centrales die van CCS gebruikmaken, zullen altijd duurder zijn dan centrales die hun uitstoot gewoon lozen in de atmosfeer. Er is dus een economisch mechanisme nodig om deze oplossing haalbaar te maken.

Kyotoprotocol Het Kyotoprotocol ontstond in 1997 uit de UNF-CCC (zie hieronder). Het kent uitstootdoelen toe aan alle ondertekenaars en heeft als algemeen doel een mondiale uitstootreductie van 5 procent in 2012. Voor een verdere uitleg van de kracht en zwakheden van het protocol en de noodzaak van een nieuw internationaal verdrag verwijzen we naar deel III, met name naar de hoofdstukken 10 en 11.

ppm Dit staat voor *parts per million* en is de gebruikelijke maateenheid voor broeikasgassen, die maar in relatief kleine hoeveelheden in de atmosfeer voorkomen. Een ppm is 0,0001 procent.

United Nations Framework Convention on Climate Change (**UNFCCC**) Dit is het eerste internationale klimaatverdrag ter wereld. Het werd in 1994 van kracht en is sindsdien door 189 landen ondertekend, inclusief de Verenigde Staten en Australië. Het officiële doel van het verdrag is het bereiken van 'stabilisatie van de concentratie broeikasgassen in de atmosfeer op een niveau dat gevaarlijke [door mensen veroorzaakte] inmenging met het klimaatsysteem moet voorkomen'.

Noten

Voorwoord

1 D.A. King, *Science*, vol. 303 (2004), pp. 176-7. Dit artikel is gebaseerd op
de Zuckermanlezing 'The Science of Climate Change: Adapt, Mitigate of
Ignore?' die David King hield in 2002. De tekst is na te lezen op
www.foundation.org.uk/events/pdf/20021031_King.pdf

Hoofdstuk 1: Een warmere wereld

1 Dit is gevaarlijk omdat zelfs een ogenschijnlijk concrete temperatuurme-
ting iets heel anders kan zijn. Een goed voorbeeld zijn de befaamde
ijsfeesten op de bevroren rivier de Theems in Londen. Hoewel er tijdens
de periode die we kennen als de Kleine IJstijd inderdaad weleens zulke
evenementen hebben plaatsgevonden, is de rivier sinds de dertiende
eeuw in totaal 22 keer dichtgevroren, ook in periodes dat het elders in de
wereld warm was. De werkelijke oorzaak waren plaatselijke korte periodes van hevige kou, in combinatie met smalle brugoverspanningen,
waardoor het stijgende tij veilig stroomafwaarts bleef. Sinds 1835, toen de
pieren van de London Bridge verbreed werden en het tij zich veel verder
stroomopwaarts kon bewegen, is de rivier nooit meer helemaal dichtgevroren. Zie P.D. Jones, T. J. Osborn en K.R. Briffa, 'The Evolution of
Climate over the Last Millennium', *Science*, vol. 292/5517 (april 2001), pp.
662-3, DOI: 10.1126/science.1059126, en de discussie op http://www.real-
climate.org/index.php/archives/2006/03/art-and-climate/

2 Het is niet zo eenvoudig als het klinkt, omdat de groei beïnvloed kan
zijn door de hoeveelheid zonlicht, de hoeveelheid vocht en zelfs door de
groei van het voorgaande jaar. Wetenschappers zijn echter zo bedreven
geraakt in het combineren van deze gegevens, dat ze in staat zijn een
betrouwbaar beeld te vormen van de geschiedenis van de boom.

3 Zuurstof komt voor in verschillende vormen, elk met een iets andere atoommassa. Die verschillende vormen noemen we 'isotopen'. Veranderingen in temperatuur hebben invloed op de ratio waarmee deze isotopen vanuit de lucht in de sneeuw worden opgeslagen.

4 Voor een veel gedetailleerdere bespreking, zie 'Climate Change 2007: The Physical Science Basis' (geschreven door Wergroep 1 en voorzien van de ondertitel 'Working Group 1 Contribution to the Fourth Assessment Report of the IPCC Corporate Author Intergovernmental Panel on Climate Change', en hierna aangeduid als IPCC WGI), hoofdstuk 6, sectie 6.6., IPCC reports, Cambridge University Press (2007), met name figuur 6.10c. De volledige details zijn te vinden op http://www.cambridge.org/browse/browse_highlights.asp?subjectid=710

5 Het is moeilijk te zeggen omdat er voor het zuidelijk halfrond minder gegevens zijn, zowel omdat de landmassa kleiner is als omdat er minder onderzoek naar is gedaan. In de conclusies voeren de temperaturen op het noordelijk halfrond derhalve de boventoon. Zie P.D. Jones, T.J. Osborn en K.R. Briffa, 'The Evolution of Climate over the Last Millennium', Science, vol. 292/5517 (27 april 2001), pp. 662-7, DOI: 10.1126/science.1059162; en Timothy Spall et al., 'The Spatial Extent of 20th Century Warmth in the Context of the Past 1200 Years', Science, vol. 311 (2006), p 841, DOI: 10.1126/science.1120514.

6 Geciteerd in Spencer Weart, The Discovery of Global Warming. Harvard University Press, Cambridge, Mass., 2003, p. 1.

7 Zie IPCC WGI, hoofdstuk 6, met name figuur 6.10c, waarin alle verschillende temperatuurreconstructies zijn samengevoegd.

8 IPCC WGI, hoofdstuk 3.

9 Tijdens de laatste ijstijd was het tussen 3 °C en 5 °C kouder dan tegenwoordig; zie IPCC WGI, hoofdstuk 6. Merk ook op dat de temperaturen die tot op heden zijn gemeten, door twee effecten gedrukt worden: het verkoelende effect van deeltjes luchtvervuiling en het tijdsinterval veroorzaakt door de thermische inertie van de oceaan.

10 Zie IPCC WGI, hoofdstuk 3. 1996 was het enige jaar in het nabije verleden waarin het relatief koel was.

11 IPCC WGI, Summary for Policymakers.

12 Het belangrijkste broeikasgas in de atmosfeer (afgezien van waterdamp)

is koolstofdioxide, maar daarnaast hebben we te maken met substantiële hoeveelheden methaan, stikstofmonoxide (ook bekend als lachgas) en kleine hoeveelheden van een verzameling gassen die chlorine bevatten en die niet alleen broeikasgassen zijn, maar ook nog eens de ozonlaag aantasten.

13 Water in de atmosfeer is uitzonderlijk dynamisch. Voor de volledige cyclus van opgezogen worden uit de oceaan tot weer uitgeregend worden door een wolk heeft de gemiddelde watermolecuul slechts tien dagen nodig.

14 Deze zogenaamde 'waterdampfeedback' vormde de basis van een van de sterkste kritische argumenten contra de gevaren van het broeikaseffect. Richard Lindzen, een gerespecteerd onderzoeker van het MIT en een vermaard scepticus, meende dat de bovenste laag van de troposfeer zou uitdrogen bij een toename van koolstofdioxide en dat dit de toename aan vocht lager in de atmosfeer zou compenseren. Metingen hebben sindsdien echter aangetoond dat deze redenatie niet klopt. Meer hier-over is te vinden in hoofdstuk 2.

15 Hoewel het een fascinerend verhaal is, hebben we hier niet genoeg ruimte om in te gaan op de geschiedenis van de ontdekking van het broeikaseffect. Wie geïnteresseerd is, verwijzen we naar Weart, *The Discovery of Global Warming*, of Gabrielle Walker, *An Ocean of Air*. Bloomsbury, Londen (2007), hoofdstuk 3.

16 Als er relatief weinig lucht voorhanden is, zal een gedeelte van het kool-stof worden omgezet in zwart roet. Dat is de reden dat dingen die ooit 'levend' waren zoals toast, zwart worden als je ze verbrandt. Een gedeelte zal waarschijnlijk ook uitgestoten worden als koolstofmonoxide, het dodelijke gas dat uit de uitlaat van auto's komt en dat mensen gebruiken om zelfmoord te plegen.

17 Zie voor meer informatie het uitstekende hoofdstuk 8, 'Digging Up the Dead', in Tim Flannery, *The Weather Makers*. Penguin Books, Londen (2007).

18 De kringloop waarbij we koolstofdioxide binnenkrijgen via ons voedsel en dat vervolgens weer uitademen, zodat er weer nieuw voedsel uit kan ontstaan, zou in principe voor mensen koolstofneutraal moeten zijn. De landbouw heeft daar echter verandering in gebracht. Hoewel onze

jagende en verzamelende voorouders inderdaad in koolstofharmonie leefden met hun voedsel, betekent de energie die wij in de landbouw investeren en de broeikasgassen die daarbij vrijkomen, dat ademhalen niet langer een koolstofneutrale activiteit is. Zie hoofdstuk 8 voor meer informatie over directe uitstoot uit de landbouw.

19 Het lijkt misschien verrassend dat de ouderdom van het ijs niet overal op het continent gelijk is. Het ijs op Antarctica is echter voortdurend in beweging, dus hoewel het continent al miljoenen jaren met een ijskap is bedekt, is het onderste ijs op punten waar het ijs het dikst is, al lang uitgesmeerd, als tandpasta uit een tube, en verdwenen in de richting van de kust. Op andere plaatsen is het gesmolten, omdat het ijs aan de onderkant van de kap dicht bij het smeltpunt ligt. De ouderdom van het resterende ijs is afhankelijk van de hoeveelheid sneeuwval in een gemiddeld jaar. Er valt meer sneeuw in Vostok dan bij Dome C, dus waar de ijskap even dik is, is het ijs aan de onderkant jonger.

20 Zie J-R. Petit et al., 'Climate and Atmospheric History of the Past 420.000 Years from the Vostok Ice Core, Antarctica', *Nature* vol. 399 (1999), pp. 429-36; en R. Spahni et al., 'Atmospheric Methane and Nitrous Oxide of the late Pleistocene from Antarctic Ice Cores, *Science* vol. 310 (2005), pp. 1317-21. De ijskernen laten ook overduidelijk zien dat een hoger koolstofdioxide (en methaan) altijd hand in hand gaat met hogere temperaturen. De twee lopen nadrukkelijk in de pas. Zie het gedeelte 'Climate Myths, Half-Truths and Misconceptions' voor verschillen in timing tussen temperatuurstijgingen en kooldioxidestijgingen, en waarom dat hier niet relevant is.

21 De curve laat ook zien dat het koolstofdioxidegehalte ieder jaar licht fluctueert door het 'ademen' van de lucht. Omdat er op het noordelijk halfrond meer land is dan op het zuidelijke, zakt het koolstofdioxidegehalte in het noorden iedere zomer, wanneer planten het opslaan als voedsel, en stijgt het iedere winter, wanneer de planten sterven of hun stofwisseling vertraagt.

22 Zie IPCC WGI, hoofdstuk 6, met name Vraag 6.2.

23 Er zijn momenteel ook tekenen dat het methaan stabiliseert. Niemand weet precies waarom, dus het is niet duidelijk of deze gunstige trend zal doorzetten. Zie I.J. Simpson, F.S. Rowland, S. Meinardi en D.R. Blake,

'Influence of Biomass Burning During Recent Fluctuations in the Slow Growth of Global Tropospheric Methane', *Geophysical research Letters* vol. 33, L22808 (2006). DOI:10.1029/2006GL)2733u.

Hoofdstuk 2: Wie is de schuldige?

1 F. Foukal, C. Frohlich, H. Spruit en T.M.L. Wigley, 'Variations in solar luminsosity and their effect on the Earth's climate', *Nature* vol. 433 (2006), pp. 161-6.

2 Mike Lockwood en Claus Fröhlich, 'Recent oppositely directed trends in solar climate forcings and the global mean surface air temperature', *Proc. R. Soc. A*; DOI:10.1098/rspa.2007.1880 (2007), beschikbaar op het web op http://www.pubs.royalsoc.ac.uk/media/proceedings_a/ rspa20071880.pdf

3 Het effect van wolken op het klimaat is niet helemaal zo eenvoudig als dit. Hoewel laaghangende wolken de temperatuur inderdaad op deze manier drukken, kunnen wolken in de bovenste regionen van de troposfeer het klimaat juist opwarmen door infrarode straling terug te kaatsen naar de aarde. Minder wolken betekent ook dat er overdag meer warmte wordt doorgelaten, maar dat er 's nachts minder warmte blijft hangen. Het geworstel om deze kwesties te verhelderen en precieze voorspellingen te kunnen doel over hoeveel en wat voor bewolking we in de toekomst kunnen verwachten, is een van de redenen dat er zoveel verschillen bestaan in de voorspellingen over de te verwachten hoogte van de temperatuurstijging bij een gegeven koolstofdioxidestijging.

4 Deze deeltjes kunnen de planeet op twee manieren afkoelen. Bij het zogenaamde 'directe effect' weerkaatsen ze het zonlicht rechtstreeks naar de ruimte. Bij het 'indirecte effect' dragen ze bij aan de vorming van wolkendruppels, die ook het zonlicht weerkaatsen. Als er rond aërosolen wolken ontstaan, zijn de gevormde druppels meestal kleiner. Ze regenen pas neer als ze groot genoeg zijn en blijven dus langer hangen in de atmosfeer. Op die manier verlengen aërosolen vaak de levensduur van wolken.

5 Zie bijvoorbeeld de informatie van de University of East Anglia's Climate Research Unit op http://www.cru.uea.ac.uk/cru/info/volcano

6 IPCC WGI, hoofdstuk 9, paragraaf 9.7.

7   Deze verkoeling is gedeeltelijk te danken aan het verdwijnen van de
    ozonlaag, die zich in de lagere stratosfeer bevindt. Aangezien ozon ook
    een broeikasgas is, verwarmt het de stratosfeer rondom, en met het
    verdwijnen van ozon koelt de stratosfeer af. Het verdwijnen van ozon is
    echter niet voldoende om de trend volledig te verklaren. Pas wanneer de
    modellen zowel de vastgestelde hoeveelheid ozonverlies als de vastge-
    stelde hoeveelheid koolstofdioxide en methaan invoeren, koelt de
    modelstratosfeer precies evenveel af als de werkelijke stratosfeer. Er
    ontstaan natuurlijke pieken in het temperatuuroverzicht door inciden-
    tele vulkaanuitbarstingen, maar desondanks zijn broeikasgassen de
    motor achter de algemene verkoeling. Zie bijvoorbeeld V. Ramaswamy et
    al., 'Anthropogenic and natural influences in the evolution of lower stra-
    tospheric cooling', Science vol 311, no 5764 (24 februari 2006), pp. 1138-41.
    DOI: 10.1126/science.1122587. Ook in IPCC WGI, hoofdstuk 9, is hier meer
    over te vinden.

8   GCM was oorspronkelijk een afkorting voor 'General Circulation
    Models', de alleen op de atmosfeer gerichte voorlopers van de moderne
    klimaatmodellen.

9   V. Ramanathan et al., 'Warming trends in Asia amplified by brown cloud
    solar absorption', Nature vol. 448 (2 augustus 2006), pp. 575-8; DOI:
    10.1038/nature 06019.

10 De hervatting van grootscheepse vulkanische activiteit na 1956 droeg
    hier waarschijnlijk aan bij, maar deze kwam tien jaar te laat om het
    inzetten van de verkoeling te kunnen verklaren.

11 Zie bijvoorbeeld Peter A. Stott et al., 'External control of 20th-century
    temperature by natural and anthropogenic forcings', Science vol. 290
    (2000), p. 2133; DOI: 10.1126/science.290.5499.2133, en het bijgaand
    commentaar, Francis W. Zwiers en Andrew J. Waver, 'The causes of 20th-
    century warming', Science vol. 290 (2000), p. 2081-3; DOI:
    10.1126/science.290.5499.2081. Zie ook Gerald A. Meehl et al., 'Combina-
    tions of natural and anthropogenic forcings in twentieth-century
    Climate', Journal of Climate vol. 17, no. 19 (2004), pp. 3721-7.

12 Brian J. Soden et al., 'The radiative signature of upper tropospheric
    moistening', Science vol. 310 (2005), p. 841. DOI: 10.1126/science.1115602.

Hoofdstuk 3: De warmte slaat toe

1 David W. Inouye, Billy Barr, Kenneth B. Armitage en Brian D. Inouye, 'Climate change is affecting altitudinal migrants and hibernating species', *Proceedings of the National Academy of Sciences* vol. 97 (4) (15 februari 2000), pp. 1630-33.

2 Zie 'Climate Change 2007: Impacts sand Adaptation' (geschreven door Werkgroep II en voorzien van de ondertitel 'Working Group II Contribution to the Fourth Assessment Report of the IPCC Corporate Author Intergovernmental Panel on Climate Change', en hierna vermeld als IPCC WGII), hoofdstuk 1, paragraaf 1.3.5.6, IPCC reports. Cambridge University Press, Cambridge (2007).

3 J. Alan Pounds et al., 'Widespread amphibian extinctions from epidemic disease driven by global warming', *Nature* vol. 439 (12 januari 2006), pp. 161-7. DOI: 10.1038/nature04246. Andere onderzoekers beweren dat de teruggloop te wijten zou kunnen zijn aan klimaatgerelateerde reductie van bladafval op de grond. Zie Steven M. Whitfield et al., 'Amphibian and reptile declines over 35 years at La Selva, Costa Rica', *PNAS* vol. 104 (2007), pp. 8352-6.

4 Zie IPCC WGII, hoofdstuk 4.

5 J.C. Stroeve et al., 'Tracking the Arctic's shrinking ice cover: another extreme September minimum in 2004', *Geophysical Research Letters,* vol. 32, L04501 (2005).

6 Gabrielle Walker, 'The tipping point of the iceberg', *Nature* vol. 441 (2006), pp. 802-5.

7 J.E. Overland, M.C. Spillane, D.B. Percival, M. Wang en H.O. Mofield, 'Seasonal and Regional Variation of Pan-Arctic Surface Air Temperature over the Instrumental Record', *Journal of Climate* vol. 17, no. 17 (2004), pp. 3263-82.

8 Zie Gabrielle Walker, 'The tipping point of the iceberg', *Nature* vol. 441 (2006), pp. 802-5, en R.C. Johns et al., 'Anthropogenic climate change for 1860 to 2100 simulated with the HadCM3 model under updated emissions scenarios', *Climate Dynamics,* vol. 20, pp. 583-612, 2003.

9 IPCC WGII, hoofdstuk 4, kader 4.3.

10 Het plankton in de open oceaan heeft mogelijk baat bij het verdwijnen van de ijsafsluiting, maar er zijn zo weinig nutriënten in het noordpool-

gebied dat dit waarschijnlijk weinig compensatie biedt. Zie V. Smetacek en V. en S. Nicol, 'Polar ocean ecosystems in a changing world', *Nature* vol. 437, pp. 362-8, 2005; DOI: 10.1038/nature04161.

11 'Ocean acidification due to increasing atmospheric carbon dioxide', Royal Society policy document 12/05 (2005).

12 K. Caldeira en M.E. Wickett, 'Anthropogenic carbon and ocean pH', *Nature* vol. 425 (2003), p. 365.

13 http://www.tos.org/oceanography/issues/issue_archive/issue_pdfs/20_2/20.2_caldeira.pdf

14 Zie IPCC WGII, Summary for Policymakers.

15 Zie IPCC WGII, hoofdstuk 4, voor veel meer over de specifieke diensten die verschillende niet gereguleerde ecosystemen ons leveren.

16 Zie hiervoor de discussie in IPCC WGI, hoofdstuk 9, alinea 9.5.4.3.1.

17 Michela Biasutti en Alessandra Giannini, 'Robust Sahel drying in response to late 20th century forcings', *Geophysical Research Letters* vol. 33, L11706 (2006). DOI: 10.1029/2006GL026067, 2006.

18 'Scorched' door Julian Borger, *Guardian* (zaterdag 28 april 2007).

19 In de afgelopen dertig jaar is het totale aantal orkanen in de meeste delen van de tropische oceaan licht gedaald. Er zijn in negen van de afgelopen elf jaar echter ongebruikelijk veel orkanen geweest in de Noord-Atlantische Oceaan, met het jaar 2005 als absoluut record.

20 T. P. Barnett et al., 'Penetration of human-induced warming into the world's oceans', *Science* vol. 309 (2005), p. 284. DOI: 10.1126/science.1112418.

21 K.A. Emanuel, 'Increasing destructiveness of tropical cyclones over the past 30 years', *Nature* vol. 436 (2005), pp. 686-8. Zie ook Emanuels uitstekende essay op http://wind.mit.edu/~emanuel/anthro2.htm, dat veel gedetailleerder ingaat op de mechanismen van orkanen. Hij wijst erop dat de toenemende orkaanschade in de VS in de afgelopen dertig jaar tot op heden meer te maken heeft met migratie naar de kust en met ondeugdelijke bouwnormen, dan met de impact van sterkere orkanen. Bedenk ook dat de toenemende windkracht hoog in de atmosfeer babyorkaantjes kan versnipperen voordat die zich ontwikkelen tot gevaarlijke volwassenen.

23 Christof Schär en Gerd Jendritzky, 'Hot news from summer 2003',

Nature vol. 432 (2 december 2004), pp. 559-60.

24 Zie voor argumenten ten faveure van het hogere cijfer http://www.earth-policy.org/Updates/2006/Update56.htm

25 P.A. Stott, D.A. Stone en M.R. Allen, 'Human contribution to the European heat wave of 2003', *Nature* vol. 432 (2 december 2004), pp. 610-14.

Hoofdstuk 4: In de pijplijn

1 Zie bijvoorbeeld Peter A. Stott en J.A. Kettleborough, 'Origins and estimates of uncertainty in predictions of twenty-first century temperature rise', *Nature* vol. 416 (18 april 2002), pp. 723-6.

2 Jeffrey A. Yin, 'A consistent poleward shift of the storm tracks in simulations of 21st century climate', *Geophysical Research Letters* vol. 32, L18701. DOI: 10.1029/2005GL023684 (2005). Er staat ook een goede bijdrage over dit onderwerp op http://www.realclimate.org/index/php/archives/2006/12/on-mid-latitudes-storms/

3 Nicholas Stern, *The Economics of Climate Change: The Stern Review*. Cambridge University Press, Cambridge (2007) (hierna aangeduid als het Sternrapport).

4 P.A. Stott, D.A. Stone en M.R. Allen, 'Human contribution to the European heat wave of 2003', *Nature* vol. 432 (2 december 2004), pp. 610-14.

5 Zie W.R. Keatinge et al., 'Heat related mortality in warm and cold regions of Europe: observational study', *British Medical Journal* vol. 321 (2000), pp. 670-73, online op http://www.bmj.com/cgi/reprint/321/7262/670

6 Sternrapport, kader 3.5.

7 In 1957/8 was het 0,23 km^2 en in 1997 was dat uitgegroeid tot 1,65 km^2. Zie hiervoor en voor verdere details over het Tsho Rolpa-aanpassingsplan IPCC WGII, hoofdstuk 17, kader 17.1.

8 Zie hiervoor IPCC WGII, hoofdstuk 17, paragraaf 17.2.2.

9 W.R. Keatinge et al., 'Heat related mortality in warm and cold regions of Europe: observational study', *British Medical Journal* vol. 321 (2000), pp. 670-73, online op http://www.bmj.com/cgi/reprint/321/7262/670

Hoofdstuk 5:

1 De andere reden is dat het noorden van Europa een zeeklimaat heeft – maar weinig landen liggen ver van de relatieve warmte van de zee – terwijl centrale delen van Noord-Amerika midden in een continent zijn opgesloten.

2 Gabrielle Walker, 'The tipping point of the iceberg', Nature vol. 441 (2006), pp. 802-5 en de verwijzingen in het artikel; zie ook Stephen Battersby, 'The Great Atlantic Shutdown', New Scientist (15 april 2006).

3 Een compenserende daling van de zeespiegel op het zuidelijk halfrond zou minder hard aankomen, omdat die over een groter gebied verdeeld zou zijn.

4 S. Rahmstorf et al., 'Thermohaline circulation hysteresis: a model inter-comparison', Geophysical Research Letters vol. 32, L23605 (2005). DOI: 10.1029/2005GL023655.

5 Gabrielle Walker, 'The tipping point of the iceberg', Nature vol. 441 (2006), pp. 802-5.

6 Andrew Shepherd en Duncan Wingham, 'Recent sea-level contributions of the Antarctic and Greenland Ice Sheets', Science vol. 315 (16 maart 2007), pp. 1529-32. DOI: 10.1126/science.1136776.

7 C.H. Davis, Y. Li, J.R. McConnell, M.M. Frey en E. Hanna, 'Snowfall-driven growth in East Antarctic Ice Sheet mitigates recent sea-level rise', Science vol. 308, no. 5730 (2005), pp. 1898-1901. DOI: 10.1126/science.1110662.

8 E. Domack et al., 'Stability of the Larsen B ice shelf on the Antarctic Peninsula during the Holocene epoch', Nature vol. 436 (2005), pp. 681-5. DOI: 10.1038/nature03908.

9 T.A. Scambos, J.A. Bohlander, C.A. Shuman en P. Skyarca, 'Glacier acceleration and thinning after ice shelf collapse in the Larsen B Embayment, Antarctica', Geophysical Research Letters vol. 31, L18401 (2004). DOI: 10.1029/2004GL020670.

10 Zie bijvoorbeeld Andrew Sepherd et al., 'Inland thinning of Pine Island glacier, West Antarctica', Science vol. 291 (2 februari 2001), pp. 862-4. DOI: 10.1126/science.291.5505.862.

11 O.M. Johannessen et al., 'Recent ice-sheet growth in the interior of Greenland', Science vol. 310 (2005), pp. 1013-16 en W. Krabill et al.,

'Greenland Ice sheet: increased coastal thinning', *Greenland Research Letters* vol. 31 (2004).

12 E. Rignot en P. Kanagaratnam, *Science* vol. 311 (2006), p. 986.

13 J.M. Gregory en P. Hybrechts, 'Ice-sheet contributions to future sea level change', *Philosophical Transactions of the Royal Society of Lonndon* A, 364 (2006), pp. 1709-31. DOI: 10.1098/rsta.2006.1796.

14 H. Jay Zwally et al., 'Surface melt-induced acceleration of Greenland Ice-Sheet flow', *Science* vol. 297 (2002), pp. 218-22.

15 Gabrielle Walker, 'A world melting from the top down', *Nature* vol. 446 (2006), pp. 718-21, plus verwijzingen in het artikel.

16 V. Romanovsky et al., 'Permafrost Temperature Records: Indicators of Climate Change', EOS, AGU *Transacitons* vol. 83, no. 50 (10 december 2002), pp. 589-94.

17 'Methane bubbling from Siberian thaw lakes as a positive feedback to climate warming', K.M. Walter et al., *Nature* vol. 443 (7 september 2006), pp. 71-5. DOI: 10.1038/nature05040.

18 T. Johansson et al., 'Decadal vegetation changes in a northern peat land, greenhouse gas fluxes and net radiative forcing', *Global Change Biology* vol. 12 (2006), pp. 1-18. DOI: 10.1111/j.1365-2486.2006.01267.x.

19 J.E. Hanson, 'Scientific reticence and sea level rise', *Environmental Research Letters,* 2:024002 (2007). DOI: 10.1088/1748-9326/2/2/024002.

20 Zie IPCC WGII, hoofdstuk 7.

21 Zie bijvoorbeeld Jim Lovelock, *The Revenge of Gaia.* Allen Lane, Londen, 2006, en Fred Pearce, *The Last Generation: How Will Nature Take her revenge for Climate Change?* Eden Books, Nottingham, 2006.

Hoofdstuk 6: Waar moeten we naar streven?

1 Deze data zijn ontleend aan IPCC WGII, hoofdstuk 19, tabel 9.1, en hoofdstuk 20, tabel 20.7. Merk op dat er ogenblikkelijk kans op verwarring bestaat wanneer iemand het over een specifieke temperatuurstijging heeft, omdat sommigen refereren aan stijgingen boven pre-industriële temperaturen, voordat er sprake was van planetaire opwarming, terwijl anderen het hebben over stijgingen ten opzichte van de huidige periode, waarin al een stijging van 1,4 °C heeft plaatsgevonden. Wanneer iemand een specifieke temperatuurstijging noemt, loont het altijd de moeite het

referentiepunt vast te stellen. In dit boek spreken we altijd over stijgingen ten opzicht van de pre-industriële periode, tenzij anders vermeld.

2   Aangehaald door Michael Oppenheimer en Annie Petsonk in 'Article 2 of the UNFCCC: Historical Origins, Recent Interpretations', *Climatic Change*, vol. 73 (2005), pp. 195-226. DOI: 10.1007/s10584-005-0434-8.

3   'Climate Protection Strategies for the 21st Century. Kyoto and Beyond', WBGU, 2003, beschikbaar op het internet op http://www.wbgu/de/wbgu_sn2003_engl.html

4   'Meeting the Climate Challange', International Climate Change Taskforce, beschikbaar op http://www.americanprogress.org/kf/climatechallenge.pdf en http://www.consilium.europa.eu/pdf/en/05/st07/st07242.en05.pdf

1   Omdat deze waarden zo onzeker zijn, hebben we ze afgerond op 0.5 °C. Deze getallen zijn een combinatie van de resultaten beschreven in 'Climate Change 2007: Mitigation of Climate Change' (verder aangeduid als IPCC WGII), hoofdstuk 3, met name tabel 3.9 en de discussie in paragraaf 3.5 (Cambridge University Press, Cambridge, 2007), en in G.R. Harris et al., 'Frequency distributions of transient regional climate change from perturbed physics ensembles of general circulation model simulations', *Climate Dynamics* vol 27, no. 4 (2006), pp. 357-375. DOI: 10.1007/s00382-006-0142-8.

5   Sternrapport, hoofdstuk 7.

6   IPCC WGIII, hoofdstuk 1.

7   S. Pacala en R. Socolow, 'Stabilisation wedges: solving the climate problem for the next 50 years with current technologies', *Science*, vol. 205, 13 augustus 2004, pp. 968-72.

8   Fred Pearce beschrijft dit goed in de appendix van *The Last Generation* (2006).

9   Anders dan de wiggen, die op dit moment bij nul beginnen en in de loop van de komende vijftig jaar lineair stijgen, vereist de Virginprijs dat er minimaal een decennium lang ieder jaar een vaste hoeveelheid van een miljard ton verwijderd wordt. Als we hiermee over tien jaar beginnen en het veertig jaar volhouden, zou dat in totaal 40 miljard ton opleveren, ongeveer een halve wig van Socolow.

10 Johannes Lehmann, 'A handful of carbon', *Nature* vol. 447 (2007), pp. 143-4.

11 Oliver Morton, 'Is this what it takes to save the world?', *Nature*, vol. 447 (2007), pp. 132-6. DOI: 10.1038/447132a2007.

12 P. J. Crutzen, 'Albedo Enhancement by Stratospheric Sulfur Injections: A Contribution to Resolve a Policy Dilemma?' *Climate Change* vol. 77 (2006), pp.211-20.

Hoofdstuk 7: Meer uit minder

1 IPCC WGIII, hoofdstuk 6. Dit cijfer is exclusief halogeenkoolwaterstoffen, die voor een extra 1,5 gigaton CO_2eq per jaar zorgen, maar waarschijnlijk sowieso geëlimineerd worden.

2 http://www.eere.energy.gov/consumer/your_home/lighting/index.cfm/mytopic=11980

3 IPCC WGIII, hoofdstuk 6, paragraaf 6.4.9.

4 Zie de IEA-informatie op http://www.iea.org/textbase/papers/2005/standby_fact.pdf

5 Sternrapport, kader 24.9, pagina 600.

6 Klassiek onderzoek door Robert Socolow van Princeton University uit 1978 liet zien dat de energieconsumptie van identieke huizen met verschillende bewoners met een factor twee kon verschillen.

7 http://kim.foresight.gov.uk/horizon_scanning_centre/Energy/Potential_Role_ST/Potential_Role_ST.html

8 Ibid.

9 Ibid.

10 Zie IPCC WGIII, hoofdstuk 8, paragraaf 8.3.2.

11 IPCC WGIII, hoofdstuk 8.

12 Sternrapport, hoofdstuk 25, figuur 25.1. Deze cijfers zijn per onderzoek verschillend en WGIII, hoofdstuk 9 van het IPCC-rapport kwam met een iets lager, maar nog altijd indrukwekkend cijfer van 5,8 gigaton CO_2/yr 'in de jaren 1990'. Hoofdstuk 3 van hetzelfde rapport stelde de uitstootcijfers voor ontbossing en bodemverlies na kappen op 7-16 procent van de totale broeikasuitstoot in 2004.

13 Selectief kappen kan met een beetje zorg veel duurzamer worden aangepakt. Certificering waarop de herkomst van tropisch hardhout staat aangegeven en of het hout op een duurzame manier is gekapt, zou houtvesters kunnen dwingen op de juiste manier te werken.

14 Het planten van bomen doet niet altijd wonderen voor het klimaat. Sommigen beweren dat de aanplant van nieuwe bomen op de middelste en hogere breedtegraden leidt tot het verdwijnen van heldere grond ten gunste van donkere boomtoppen, waardoor de aarde meer zonlicht absorbeert en dus verder opwarmt. Zie S. Gibbard, K. Caldeira, G. Bala, T.J. Philips en M. Wickett, 'Climate effects of global land cover change', *Geophysical Research Letters* 32 (23) L23705, 2005. Dat geldt echter niet voor de tropen.

15 Dit is het resultaat van de 'top down'-modellen die uitgaan van de variabele concentraties CO_2 in verschillende delen van de atmosfeer en dan met terugwerkende kracht kijken waar ze vandaan zijn gekomen. Modellen die 'van onderaf' rekenen, op grond van bestaande grondgebieden, komen op lagere waarden uit – hoewel ze mogelijk het vermogen van bossen tot koolstofopslag onderschatten. Zie IPCC WGIII, hoofdstuk 9, voor een verdere bespreking van dit onderwerp.

16 De mate waarin bossen zich al als nettokoolstofopslag gedragen, is controversieel. Zie bijvoorbeeld het recente artikel in *Science* dat aantoont dat tropische bossen aanzienlijk meer koolstof vasthouden dan men eerder aannam: B. Stephens et al., 'Weak Northern and Strong Tropical Land Carbon Uptake from Vertical Profiles of Atmospheric CO_2', *Science* vol. 316 (2007), pp. 1732-5.

17 Sternrapport, hoofdstuk 25, kader 25.2.

18 Sternrapport, hoofdstuk 25, p. 607.

19 Zie IPCC WGIII, hoofdstuk 9, tabel 9.3.

20 Geciteerd in IPCC WGIII, hoofdstuk 10, paragraaf 10.1.

Hoofdstuk 8: Vliegtuigen, auto's en treinen

1 In 2004 bedroeg de uitstoot 6,3 miljard ton CO_2eq, een stijging van 120 procent ten opzichte van 1970.

2 IPCC WGIII, hoofdstuk 1.

3 http://kim.foresight.gov.uk/horizon_scanning_centre/Energy/Potential_Role_St/Potential_Role_ST.html

4 Het zei ook dat de prijsstijgingen in 2007 voor de ontwikkelingslanden een stijging in de kosten van geïmporteerd voedsel zou veroorzaken van 9 procent. Het rapport is beschikbaar op http://www.fao.org/docrep/010/ah864e/ah864e00.htm

5   A.E. Farrell et al., 'Ethanol can contribute to energy and environmental goals', *Science* vol. 311 (27 januari 2006), pp. 506-8. De cijfers in het artikel zijn iets anders dan de cijfers die wij hier nocmen, maar zie ook het toegevoegde erratum.

6   http://www.iea.org/textbase/techno/essentials2pdf

7   Zie bijvoorbeeld de briefing van Friends of the Earth op http://www.foe.co.uk/resource/briefings/palm_oil_biofuel_postition.pdf

8   'Sustainable Bioenergy: A Framework for Decision Makers', beschikbaar op http://esa.un.org/un-energy/pdf/susdev.Biofuels.FAO.pdf. Zie ook Fred Pearce, 'Fuels gold: big risks of the biofuel revolution', *New Scientist* (25 september 2006) voor een uitstekend overzicht van alle ins en outs van biobrandstoffen.

9   Gedeeltelijk vanwege de mogelijke problemen bij de broeikasberekeningen voor biobrandstoffen concludeerde het VN-rapport ook dat bio-energie de broeikaszaak het best zou dienen als het in plaats van kolen gebruikt zou worden voor het genereren van elektriciteit en warmte. Maar het onderkende ook dat de schaarste aan alternatieve brandstoffen voor de transportsector verder onderzoek naar biobrandstoffen zeer aantrekkelijk maakt.

10 Sternrapport, p. 388, kader 15.6.

11 Sternrapport, p. 388, kader 15.6 en IPCC WGIII, hoofdstuk 5.

12 Zie bijvoorbeeld de analyse van de Britse Royal Commission on Environmental Pollution: 'The Environmental Effects of Civil Aircraft in Flight', uitgegeven in 2002 en te lezen op http://www.rcep.org.uk/avreport.htm

13 IPCC WGIII, hoofdstuk 5, paragraaf 5.3.3.

14 IPCC WGIII, hoofdstuk 5, paragraaf 5.3.3., tabel 5.7. Zie ook een uitstekende samenvatting van de potentiële technologische ontwikkelingen en hun mogelijke gevaren in Bennett Daviss, 'Green sky thinking', *New Scientist* (22 februari 2007).

15 IPCC WGIII, hoofdstuk 5, paragraaf 5.4.2.1. en tabel 5.13.

16 Er staat een uitstekende bespreking van deze kwesties in een speciaal verslag voor de Britse krant *Observer*: 'The big green dilemma', door Tom Robbins (1 juli 2007), op het web te vinden als http://www.guardian.co.uk/travel/2007/jul/01/escape.green.

17 IPCC WGIII, hoofdstuk 5, figuur 5.7. Merk op dat de waarden hier gegeven worden in koolstof in plaats van koolstofdioxide. Voor een omrekening moet je vermenigvuldigen met 44 en delen door twaalf. Zie ook V. Eyring et al., 'Emissions from international shipping: 1. The last 50 years', Journal of Geophysical Research-Atmospheres vol. 110 (D17) (15 september 2005), p. 17305. Een korte samenvatting staat op het internet: http://www.mpg.de/english/researchResults/researchPublications/researchReports/GEO/200541_043.shtml

18 IPCC WGIII, hoofdstuk 5, tabel 5.4.

19 http://www.railteam.eu/

20 http://ww.acea.be/files/463-8.pdf

21 Sternrapport.

22 Mogelijk kunnen brandstofcellen ook voor opslag gebruikt worden bij grillige duurzame energiebronnen als wind- en zonne-energie.

23 Sternrapport, p. 405, kader 16.1.

Hoofdstuk 9: Kracht voor verandering

1 IPCC WGIII, hoofdstuk 1, p. 3

2 IPCC WGIII, hoofdstuk 4, tabel 4.2.

3 IPCC WGIII, hoofdstuk 1, p. 13.

4 'IPCC Special Report on Carbon Capture and Storage', 2005, hoofdstuk 1. Beschikbaar op http://www.ipcc.ch/activity/srccs/index.htm

5 Sternrapport, p. 40.

6 http://www.worldenergyoutlook.org/press_rel06.asp

7 Tenzij anders vermeld is de informatie in dit hoofdstuk ontleend aan hetzij IPCC WGIII, hoofdstuk 4, of het Foresight Horizon Scanning Technology-rapport op http://kim.foresight.gov.uk/horizon_scanning_centre/Energy/Potential_Role_ST/Potential_Role_ST.html

8 IPCC WGIII, hoofdstuk 4, paragraaf 4.3.3.1, voor de details in deze paragraaf.

9 IPCC WGIII, hoofdstuk 4, tabel 4.2.

10 IPCC WGIII, hoofdstuk 4.

11 IPCC WGIII, hoofdstuk 4, tabel 4.2.

12 http://www.newwindenergy.com/wind-farms/jersey-atlantic-wind-farm/

13 Sternrapport, kader 9.2.

14 'IPCC Special Report on Carbon Capture and Storage', 2005, beschikbaar op http://www.ipcc.ch/activity/srccs/index.htm

15 http://www.futuregenalliance.org/

16 Sternrapport, kader 24.7, p. 593.

17 Zie IPCC WGIII, hoofdstuk 4, paragraaf 4.3.6.

18 'IPCC Special Report on Carbon Capture and Storage', 2005, beschikbaar op http://www.ipcc.ch/activity/srccs/index.htm

19 Bij het fusieproces komen er enige verdwaalde neutronen vrij die de wanden van de reactor binnendringen, die daardoor na verloop van tijd radioactief wordt. De as uit de reactie is echter volledig vrij van radioactiviteit en de totale hoeveelheid afval is vele malen kleiner dan bij een splitsingscentrale.

Hoofdstuk 10: Het ligt aan de economie, sufferd

1 Nicholas Stern, *The Economics of Climate Change: The Stern Review.* Cambridge University Press, Cambridge, 2007, hoofdstuk 6. De minimale kosten bedroegen 5 procent van het bbp. Inclusief 'niet marktgebonden' invloeden op het milieu en de gezondheid van de mens kwam dat cijfer uit op 11 procent; inclusief de mogelijkheid dat het klimaat gevoeliger is dan we denken, werd het 14 procent; en ervan uitgaande dat de armere delen van de wereld een buitensporig aandeel te verwerken zouden krijgen, was de uiteindelijke uitkomst 20 procent. Bedenk dat deze cijfers gebaseerd zijn op de mogelijke gevolgen van een business as usual-scenario en als zodanig pas na een paar eeuwen werkelijkheid zouden worden.

2 Eenvoudig gezegd weerspiegelt dit cijfer het feit dat een procentuele inkomensdaling voor iemand die van € 1 per dag moet zien leven veel erger is dan voor iemand die € 100 per dag te besteden heeft. Stern koos voor dit cijfer de parameter één. Dat betekent in dit voorbeeld dat een voordeel voor de persoon die € 1 per dag verdient, 100 keer zoveel waard wordt geacht als hetzelfde procentuele voordeel voor degene met € 100 per dag. Als we het meer gebruikelijke cijfer twee hanteren, komt de waarde in dit voorbeeld uit op 10.000.

3 William Nordhaus, 'Critical assumptions in the Stern Review on Climate

Change', *Science* vol. 317 (13 juli 2007), pp. 201-2. Er stond ook een verhelderend redactioneel commentaar in *The Economist*, 'Shots across the Stern' (13 december 2006).

4 Nicholas Stern and Chris Taylor, 'Climate Change: Risk, Ethics and the Stern Review', *Science* vol. 317 (13 juli 2007), pp. 203-4.

5 Zie IPCC WGIII, hoofdstuk 20, p. 16.

6 Dasgupta schreef: 'Dit accepteren staat gelijk aan beweren dat de huidige generatie in de modeleconomie zichzelf letterlijk moet verhongeren zodat toekomstige generaties zich mogen verheugen in een steeds hoger consumptieniveau. (In feite ga je er bij een ETA van 1 van uit dat verhongeren helemaal niet zo onaangenaam is!)' Zie 'Comments on the Stern Review's Economics of Climate Change by Sir Partha Dasgupta', beschikbaar op http://www.econ.cam.ac.uk/faculty/dasgupta/STERN. pdf

7 IPCC WGII, hoofdstuk 20, p. 16.

8 Partha Dasgupta, 'Discounting Climate Change', *Review of Environmental Economics and Policy*, in druk.

9 IPCC WGIII, Summary for Policymakers.

10 Beschikbaar op http://www..mckinseyquarterly.com/article_abstract_ visitor.aspx?ar+1911&L2=3&l3=0&srid=246 (gratis registratie vereist)

11 Sternrapport, p. XVIII.

12 Sternrapport, p. 386.

13 Het Kyotosysteem werd in februari van dat jaar actief, bij het van kracht gaan van het protocol.

14 Groot-Brittannië, Ierland, Spanje, Italië, Oostenrijk en Griekenland hadden allemaal hun uitstootquotum overschreden, maar de uitstoot in de rest van de Europese Unie was lager. Zie bijvoorbeeld A.D. Ellerman en D.K. Buchner, 'The European Union Eissions Trading Scheme: Origins, Allocations and Early Results', *Review of Environmental Economics and Policy* vol. 1, no 1 (winter 2007), pp. 66-87.

15 Maratin Brough, 'Emission trading – can the carbon market drive investment decisions?' *Power Engineering International* beschikbaar op http://pepei.pennnet.com/display_article/297274/17/ ARTCL/none/none/Emission-Trading-Can-the-carbon-market-drive-investment-decisions?

16 Om die redenen hebben economen al voorzichtig 'ja' gezegd tegen het experiment. Zie bijvoorbeeld de verzameling artikelen in *Review of Environmental Economics and Policy* vol. 1, no. 1 (winter 2007).

17 'State of the Carbon Market 2007', beschikbaar via de koolstofsite van de Wereldbank op http://carbonfinance.org/

18 Zie Sternrapport, hoofdstuk 17, voor meer hierover.

19 http://assets.panda.org/downloads/emission_impossible_final_.pdf

20 M. Wara, 'Is the global carbon market working? *Nature* vol. 445 (18 februari 2007), p. 595-596.

21 Nick Davies, 'Abuse and incompetence in fight against global warming', *Guardian* (2 juni 2007).

22 www.cdmgoldstandard.org

23 Sternrapport, p. 610.

24 Zie http://unfccc.int/methods_and_science/luluc/items/3757.php. Voor een verdere bespreking van deze kwestie zie Raymond E. Gullison et al., 'Tropical forests and climate policy', *Science* vol. 316 (18 mei 2007), pp. 985-6. Online gepubliceerd op 10 mei 2007 (DOI: 10.1126/science.1136163); en M. Santilli et al., 'Tropical deforestation and the Kyoto Protocol', *Climatic Change* vol. 71, no. 3 (augustus 2005), pp. 267-76 (10).

25 Sternrapport, p. 616, kader 25.5.

26 Sternrapport, p. 626, kader 26.1.

27 Sternrapport, p. 628, kader 26.2.

28 Er staat een uitstekende samenvatting van de houding van het bedrijfsleven in Kurt Kleiner, 'The corporate race to cut carbon', *Nature Reports Climate Change* (DOI: 10.1038/climate.2007.31), beschikbaar op http://nature.com/climate/2007/0708/full/climate.2007.31.html

29 http://www.pewclimate.org/docUploads/PEW_CorpStrategies.pdf.

Hoofdstuk 11: De weg na Kyoto

1 Het Nucleaire Non-proliferatieverdrag is een van de weinige dat in de buurt komt.

2 http://unfccc.int/files/kyoto_protocol/background/status_of_ratification/application/pdf/kp_ratification.pdf

3 M.R. Rapauch et al., 'Global and regional drivers of accelerating CO_2

emissions', PNAS vol. 104, no 24 (12 juni 2007), pp. 10288-93.

4 Ibid.

5 Zie het Ecyofysrapport, 'Factors underpinning future action', p. 13, beschikbaar op http://www.defra.gov.uk/science/project_data/DocumentLibrary/GA01093/GA01093_4191_FRP.pdf (hierna aangeduid als 'Ecofysrapport') voor meer details over deze kwestie en hoe het afhangt van de manier waarop de nationale targets verdeeld worden. Voor de goede orde: 550 ppm equivalent zou voor de industrielanden een reductie van 70 procent betekenen in 2050; 650 ppm equivalent een reductie van 60 procent.

6 Verklaring van Friends of the Earth voor het Britse Environmental Audit Committee, juli 2007. Zie het volledige rapport op: http://www.publications.parliament.uk/pa/cm200607/cmselect/cmenvaud/460/460.pdf

7 Zie John Vidal en David Adam, 'China overtakes US as world's biggest CO_2 emitter', *Guardian* (2 juni 2007).

7 Ecofysrapport factsheets.

8 Ecofysrapport, p. 13. N.b. De exacte cijfers zijn afhankelijk van bevolkingsontwikkelingen en zouden waarschijnlijk in de loop der tijd moeten worden aangepast aan de werkelijke bevolkingscijfers.

9 Ecofysrapport, p. 16.

10 Ecofysrapport.

11 Sternrapport, p. 527.

Hoofdstuk 12: Snel ontwikkelende landen

1 Het Ecofysrapport geeft veel meer informatie over de gegevensbronnen en hun betrouwbaarheid.

2 Zie http://www.mnp.nl/en/dossiers/Climatechange/moreinfo/China-nowno1inCO2emissionsUSAinsecondposition.html

3 Zie het rapport van het World Resource Institute op http://www.wri.org/biodiv/topic_content.cfm?cid=4218

Hoofdstuk 13: Industrielanden

1 Aangehaald in Michael Oppenheimer en Annie Petsonk, 'Article 2 of the UNFCCC: Historical Origins, Recent Interpretations', *Climatic Change* vol. 73 (2005), pp. 195-226; DOI: 10.1007/s10584-005-0434-8.

2 http://www.nrdc.org/media/docs/020403.pdf

3 Allemaal namen ze ontslag voor een ministerspost, en de olietanker die Chevron naar Rice had vernoemd, ter ere van haar bijdrage aan het bedrijf, werd omgedoopt nadat daar consternatie over was ontstaan.

4 Clinton zei later over de regering-Bush: 'Ik heb Kyoto getekend en zij hebben zich eraan onttrokken.' http://www.washinigtonpost.com/wp-dyn/content/article/2005/07/13/AR2005071302350.html

5 Zie bijvoorbeeld het rapport 'Atmosphere of Pressure' van de Union of Concerned Scientists and Government Accountability Project (februari 2007), waarin veel van dit soort incidenten vermeld staan. Het is beschikbaar op http://www.ucsusa.org/assets/documents/scientific_integrety/Atmosphere-of -Pressure.pdf

6 Zie http://oversight.house.gov/story.asp?ID=1214

7 https://cf.iats.missouri.edu/news/NewsBureauSingleNews.cfm?newsid=9842

8 http://www.climateinstitute.org.au/cia1/downloads/AP6_Report.pdf

9 http://dir.salon.com/story/opinion/feature/2005/08/06/muckraker/index.html

10 Ook bekend als Assembly Bill 32 of AB32.

11 Zie http://www.rggi.org/about.htm

12 http://www.usmayors.org/climateprotection/

13 http://www.post-gazette.com/pg/07011/753072-28.stm

14 http://www.rollingstone.com/politics/story/15051506/global_warming_a_real_solution

15 Zie het volgende verslag van het American Council for an Energy Efficient Economy: http://www.aceee.org/press/0302carbongap.htm

16 Lees voor een fascinerend inkijkje in dit proces het van dikke rode strepen en markeringen voorziene document met het commentaar van de VS op het voorlopige voorstel van Duitsland, dat later door Greenpeace werd uitgelekt: http://weglog.greenpeace.org/makingwaves/G8%20summit%20Declaration%20-%20US%20comments%20May%202014-1.pdf

17 http://news.bbc.co.uk/1/hi/sci/tech/6651295.stm

18 Greg Walters, 'President Has Not Decided on Kyoto', *Moscow Times* (20 september 2003), beschikbaar voor abonnees op http://www.themoscowtimes.com/stories/2003/09/30/001.html. Putin erkende in dezelfde speech dat bepaalde delen van het land getroffen zouden kunnen worden door overstromingen en droogte.

19 IPCC WGII, hoofdstuk 12.

20 Zie bijvoorbeeld Anthony Faiola, 'Japanese Putting All Their Energy Into Saving Fuel', *Washington Post* (dinsdag 16 februari 2006).

21 http://www.cmissionstrading.nsw.gov.au/

22 http://www.pmgov.au/media/Speech/2005/speech2218.cfm

23 Zie www.pmc.gov.qu/publications/emissions/index.cfm

24 M.R. Rapauch et al., 'Global and regional drivers of accelerating CO_2 emissions', *PNAS* vol. 104, no. 24 (2007), pp. 10288-93, fig. 5, 12 juni 2007. De VS zijn verantwoordelijk voor ongeveer 29 procent van de historische uitstoot, de EU voor ongeveer 26 procent.

25 Voor een verdeling van de reducties onder de lidstaten maakte de EU gebruik van de pas ontwikkelde triptiekmethode (zie hoofdstuk 12). De resultaten liepen sterk uiteen, geheel in overeenstemming met de grote verschillen tussen de landen. Luxemburg stemde bijvoorbeeld in met een zware reductie van -28 %, terwijl Griekenland met +25 % mocht groeien en Portugal met +27%. Een overeenkomt naar dit model gaat mogelijk het uitgangspunt vormen van een volledig nieuw internationaal verdrag.

26 http://ec.europa.eu/environment/climat/adaptation/index_en.htm

27 http://www.consilium.europa.eu/ueDocs/cms_Data/docs/pressData/en/ec/93135.pdf

28 Het idee is dit aan te pakken door middel van een mechanisme vergelijkbaar met het Clean Development Mechanism van het Kyotoprotocol. In hetzelfde document staat dat CDM-projecten verbonden blijven aan het European Trading Scheme, ook nadat het Kyotoprotocol in 2012 afloopt.

29 Het witboek 'Meeting the energy challenge', is beschikbaar op http://www.dtistats.net/ewp/

Hoofdstuk 14: Hoe je de wereld kunt veranderen

1   http://www.foe.co.uk/resource/briefings/carbon_offsetting.pdf
2   S.G. Gibbard et al., 'Climate effects of global land cover change', *Geophysical Research Letters* vol. 32 (23) L23705, 2005.
3   George Monbiot heeft bijzonder duidelijk onder woorden gebracht waarom het planten van bomen een slechte manier is om koolstofuitstoot te compenseren en waarom de klimaatbijdrage zelf ons op het gevaarlijke af zelfingenomen kan maken. Zijn artikel 'Buying Complacency' stond in de *Guardian* van 17 januari 2006 en is te vinden op http://www.monbiot.com/archives/2006/01/17/buying-complacency/
4   Zie bijvoorbeeld 'The inconvenient truth about the carbon offset industry' door Nich Davies, *Guardian* (16 juni 2007), http://www.guardia. co.uk/environment/2007/jun/16/climatechange.climatechange
5   http://www.cdmgoldstandard.org/
6   'The Validity of Food Miles as an Indicator of Sustainable Development', DEFRA (2005), beschikbaar op http://statistics.defra.gov.uk/esg/ reports/foodmiles/final.pdf
7   Ibid.
8   Caroline Saunders, Andrew Barber en Greg Taylor, 'Food Miles – Comparative Energy/Emissons Performance of New Zealand's Agriculture Industry', AERU *Research Report* no. 285 (juli 2006), beschikbaar op http://www.lincoln.ac.nz/story_images/2328_rr285_s9760.pdf
9   James MacGregor en Bill Vorley, 'Fair miles? The concept of "food miles" through a sustainable development lens', International Institute for Environment and Development (2006). Beschikbaar op http://www.iied.org/pubs/pdf/full/11064IIED.pdf
10 http://standby.lbl.gov/faq.html
11 http://www.defra.gov.uk/environment/climatechange/uk/individual/ 291pca/pdf/pca-scopingstudy.pdf
12 http://www.ci.austin.tx.us/council/downloads/mw_acpp_points.pdf
13 Zie http://www.carbonneutralnewcastle.com/home/
14 Manfred Milinski et al., 'Stabilizing the Earth's climate is not a losing game: supporting evidence from public goods experiments', *Proceedings of the national Academy of Sciences* vol. 103 (14 maart 2006), pp. 3994-8.
15 In 2007 publiceerde de *New Statesman* een uitstekend artikel waarin de

implicaties hiervan worden besproken. Zie 'Climate change: why we don't believe it', door Lois Rogers (23 april 2007), beschikbaar op http://www.newstatesman.com/200704230025

16 Zie voor meer hierover, en over nieuwe technologieën op dit gebied, Oliver Mortons uitstekende *Eating the Sun*. Fourth Estate, Londen, 2007.

Dankbetuiging

De auteurs bedanken de volgende mensen:

Voor inspiratie en advies, vooral over het onderwerp van de klimaatverandering: Richard Alley, Michael Bender, Henry Derwent, Laura Garwin, John Houghton, Geoff Jenkins, Ralph Keeling, Oliver Morton, Robert Napier, Fred Pearce, John Pyle, Dan Schrag, Jeremy Webb en David Warrilow.

Voor het lezen en becommentariëren van het gehele manuscript of delen ervan: Fred Barron, David Bodanis, Partha Dasgupta, Michael Evans, Tim Flannery, Jim Lovelock, Rosa Malloy, Oliver Morton, Nick Rowley en Bob Watson.

Voor hun steun tijdens het schrijven: Fred Barron, Stephen Battersby, Yann Golzio, Ben King, Toby King, Emily King en Zach King, Jane Lichtenstein, Rosa Malloy, Damian Malloy, Dominick McIntyre, Philippe Mottin, Christine Nesme, Jean-Chris Sinardet, Helene Sinardet, Sammy en Minnie Sinardet, Simon en Anita Singh, Karen Southwell, Helen, Ed en Christian Southworth, Jayne Thomas en John Vandecar.

Speciale dank zijn wij verschuldigd aan onze redacteuren Bill Swainson en Emily Sweet van Bloomsbury en Andrea Schulz van Harcourt, en aan onze agenten Michael Carlisle en Susan Hobson van Inkwell. En onze zeer bijzondere dank gaat uit naar Michael Evans en Hubert Sinardet, zonder wie we dit boek niet hadden kunnen schrijven.

Register